Grischka Voss
Wer nicht kämpft, hat schon verloren

GRISCHKA VOSS

Wer nicht kämpft, hat schon verloren

Erinnerungen eines Gauklerkindes

Mit 67 Abbildungen

Amalthea
Verlag

Bildnachweis
Alle Abbildungen aus dem Privatarchiv der Autorin, außer
S. 183 und 184 sowie 191 und 192: Herzlichen Dank dafür an
Klaus Vyhnalek und Günter Macho!

1. Auflage Oktober 2017
2. Auflage Dezember 2017

Besuchen Sie uns im Internet unter: amalthea.at

Umschlaggestaltung: Elisabeth Pirker/OFFBEAT
Umschlagfotos: Privatarchiv Grischka Voss
Lektorat: Maria-Christine Leitgeb
Herstellung und Satz: VerlagsService Dietmar Schmitz GmbH, Heimstetten
Gesetzt aus der 11,35/13,9 pt Chaparral Pro
Designed in Austria, printed in the EU
ISBN 978-3-99050-105-4

Für meinen Sohn Emil
und Markus

Inhalt

Prolog   9

I Frühe Kindheit   13

München   13
Stuttgart   15
Bodensee   44
China   52

II Lebenswege   70

Bochum   70
Wien   103
New York   139
Rückkehr nach Wien   154
Mein Weg   168

III Loslösung und Sterben   193

Mein Vater   193
Meine Mutter   216
Wiederauferstehung   245

Epilog   248

Personenregister   250

Ich mit »Grischka«-T-Shirt und
meine Mutter im Jahr 1975

Prolog

Angefangen hat es schon einmal damit, dass ich keinen richtigen Namen habe ... Bis zu meinem sechsten Lebensjahr war mein Vorname – und daran bestand für mich kein Zweifel – Grischka, was wohl auf eine intuitiv-romantische Entscheidung meiner Eltern im Geiste der Siebzigerjahre, genau genommen, des Jahres 1969 zurückgeht. Mit Schulbeginn habe ich dann erfahren, dass ich laut Geburtsurkunde Christina Marion heiße. Zu alledem war auch mein Nachname aufgrund einer Beamtenschlamperei falsch geschrieben, nämlich Voß. Ich gehörte also nicht einmal zur selben Familie wie meine Eltern ...

Damals durfte man seine Kinder noch nicht auf poetische Namen wie Majolie oder Bluesky taufen, daher haben meine Eltern wohl hektisch im Namensregister geblättert und sind gerade einmal bis zum Buchstaben C wie Christina (die Christliche) gekommen. Marion haben sie mich nach der Mutter meines Vaters benannt.

Von einem Tag auf den anderen wurde ich nun mit einem mir völlig fremden Namen gerufen, und meine Mutter verwendete ihn ab diesem Zeitpunkt, wenn sie besonders wütend auf mich war, quasi als Schimpfwort. Eine Zeit lang kämpfte ich noch verzweifelt um meinen richtigen Namen. Ich bastelte mir zum Beispiel T-Shirts, auf denen Grischka stand, aber irgendwann wurden mir die ewig gleichen Fragen – »Ja, aber wieso heißt du dann Christina im Pass und was ist Krisska für ein komischer Name? Man kann ihn ja nicht einmal aussprechen!« – zu dumm.

Ich gründete den sogenannten inneren Kreis von Menschen, die mich Grischka nannten und mir sehr nahestanden, Familienmitglieder etwa oder Theaterfreunde, und den sogenannten äußeren Kreis, der aus Menschen bestand, mit denen ich amtlich, gewissermaßen also offiziell verkehrte, Mitschüler etwa, Lehrer, später auch Kollegen und Arbeitgeber.

Als ich sechzehn Jahre alt war, schenkte mir ein Freund das Buch *Grischka und sein Bär*, und ich erfuhr, dass Grischka die Koseform des russischen Namens Grigori war, eines Männernamens also. Nach dem Tod meiner Eltern im Jahr 2014 entdeckte ich beim Räumen ihres Hauses einen kleinen Ordner, in dem meine Großmutter Marion alle Briefe meiner Eltern aufbewahrt hatte. In diesen Briefen fand ich endlich die Bestätigung für ein Gefühl, das mich zeitlebens begleitet hatte: Ich hätte eigentlich ein Sohn werden sollen. Ich hatte also nicht nur keinen richtigen Vornamen, sondern auch noch das falsche Geschlecht!

Mein Vater schrieb am 4.3.1969 in Braunschweig an seine Mutter Marion:

Liebstes Muggelchen!

Vergiss nie, dass wir deinen Rat immer brauchen und die Heimat, die du uns gibst! Wir brauchen dich unendlich!
Der Mümmelmann bekommt die wunderbarste Großmutter der Welt! Und wir beide haben die wunderbarste und liebste Mutter der Welt in dir! So ein kleines Kerlchen würde eigentlich gerade noch zu unserer kleinen Familie passen. Er soll Kai Oliver heißen oder Marc Oliver, wenn er ganz dunkle Haare haben sollte …

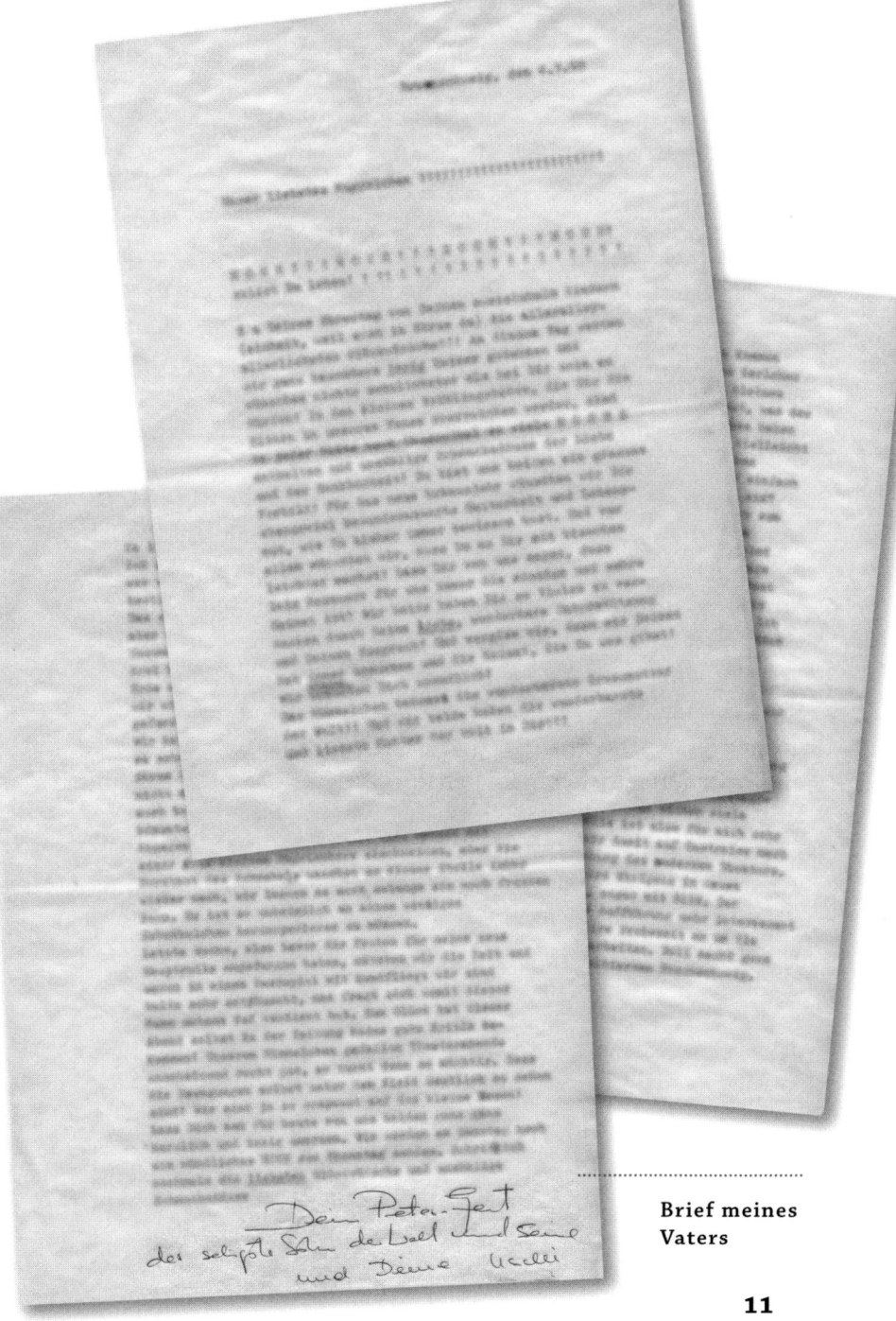

Brief meines
Vaters

11

Meine Mutter schrieb ihr am 20.3.1969:

Mein liebes Muggelchen!

Inzwischen geht es mir wieder sehr gut, ich stehe schon wieder nachts auf, um nochmals zu futtern. Der Mümmelmann wird also die Woche Hungerkur in einigen Tagen wieder überstanden haben. Zum Glück kann man sich auf die Plazenta verlassen, und ich brauche mich nicht zu sorgen, dass der Mümmelmann irgendwelche Krankheitskeime abbekommen hat. Außerdem strampelt er so ungestüm, dass es ihm bestimmt gut geht ...

Mein drittes Problem zeigte sich bereits im Sandkasten: Ich war ein Kind, das sich ungerührt von anderen Kindern das Spielzeug aus der Hand reißen ließ und dabei weder weinte, noch wütend wurde, geschweige denn das Eigentum zurückholte. Vielmehr schaute ich eine Weile mit großen, überraschten Augen herum und suchte mir dann genügsam, wie ich war, etwas Neues zum Spielen. Man könnte also sagen, mir fehlte angeborenerweise der Selbstverteidigungstrieb oder die Fähigkeit, mich abzugrenzen. Großartige Voraussetzungen für das Leben in einer Leistungsgesellschaft!

Ich bei der
Buchauswahl,
München 1971

I *Frühe Kindheit*

München

Ich habe die Siebzigerjahre als eine Zeit wahrgenommen, in der alle Erwachsenen zutiefst politisch waren, ständig diskutierten, viel lasen, demonstrierten und sehr aufgeregt waren. Meine früheste Erinnerung: Als fast Dreijährige wurde ich auf dem Balkon vom Enthusiasmus der vorbeiziehenden Demonstranten mitgerissen und stimmte, so laut ich konnte, begeistert in das *Ho-Ho-Ho-Chi-Minh* unten auf der Straße ein. Schon sehr früh interessierte ich mich auch für Bücher. Ich war leidenschaftliche Daumenlutscherin, und wenn mein *Böti*, eine alte zerfetzte Stoffwindel, in der Wäsche war, räumte ich großflächig die Bücherregale meiner lesebegeisterten Eltern leer und wählte meine nächste Lektüre, indem ich eine Seite aufschlug, eine Ecke abriss, über meinen Daumen faltete und sie *las,* respektive abnuckelte.

Beim »Lesen«

Mein Vater fristete nach Engagements in Konstanz und Braunschweig relativ frustriert eine Spielzeit am Residenztheater in München. Während draußen beinahe täglich gegen die Vietnampolitik demonstriert wurde, fanden im Theater hitzige Auseinandersetzungen zwischen Bühne und Zuschauerraum statt. Das Publikum forderte progressives Theater.

Eines Tages brachte mein Vater eine Schachtel mit einem Hundebaby nach Hause. Jemand hatte sie einfach im Garderobengang abgestellt, mit einem Zettel, auf dem »Bitte mitnehmen!« stand. Sofort nahm ich mich des Hundebabys an und taufte es auf den Namen *Übü*. Im Prinzip nannte ich zu dieser Zeit alles *Übü*, weil ich das Wort Rüssel noch nicht sagen konnte und geradezu besessen von Elefantenrüsseln war ...

Durch Übü bekam ich zumindest für ein Jahr – danach wurde er zu meiner größten Empörung von meinen Eltern weggegeben, weil in der nächsten Wohnung, die wir im Begriff waren zu beziehen, Hunde verboten waren – einen Eindruck, wie sich das Leben mit einem Geschwisterchen anfühlen würde. Übü, eine wilde Mischung aus Chow-Chow, Schäferhund und noch einigem mehr, brachte regelmäßig meine mühevoll errichteten und fein ausbalancierten Holzklötzchentürme zum Einsturz, woraufhin ich als Vergeltungsmaßnahme stets sein gesamtes Feuchtfutter herunterwürgte. Ich knabberte übrigens auch mit Begeisterung die säuerlich schmeckenden Schwefelköpfe von Streichhölzern ab – ganze Schachteln voll, mit Übü unter dem Tisch sitzend, während die Erwachsenen über uns langweilige Sachen diskutierten.

Nicht selten brachte Übü meine Mutter und mich in Situationen, in denen wir von aggressiven Passanten beinahe körperlich angegriffen wurden. Er hatte die Angewohnheit, mit einem extralangen Stock im Maul zwischen den Beinen der Fußgänger hindurchzurennen und sie mit gezielten Stockschlägen in die Kniekehle reihenweise zu Fall zu bringen. Nicht gerade sehr höfliche Bayern schrien uns »Sie Wühdsau!« hin-

Meine Eltern und
Übü, München 1971

terher. Wurden wir zusätzlich auch noch verfolgt, schnappte mich meine Mutter schnell und rannte mit uns in den schützenden Englischen Garten. Während meine Mutter einmal versuchte, Übü den Stock zu entreißen, nützte ich die Zeit dazu, mir so viele Vogelbeeren wie nur irgend möglich in die Nase zu stopfen. Der Ausflug endete mit meiner ersten Blaulichtfahrt ins Krankenhaus ...

Stuttgart

1972 zogen wir nach Stuttgart um. Übü kam auf einen Bauernhof, wo ihm ein Jahr später eine Kuh das Genick brach.

Mein Vater war vom umstrittenen, weil als zu unpolitisch geltenden Hans Peter Doll engagiert worden, und ich machte die Bekanntschaft mit für mich zutiefst beeindruckenden Schauspielerpersönlichkeiten wie Kirsten Dene, Lore Brunner,

15

Therese Affolter, Branko Samarovski, Peter Sattmann, Traugott Buhre, Edith Heerdegen und Martin Schwab, der mich mit seinen weißen Synthetikrollkragenpullovern irgendwie immer an Cary Grant erinnerte ...

Komischerweise wurde ich ausgerechnet in einen katholischen Nonnenkindergarten geschickt, obwohl meine Mutter Nonnen hasste und, wie sie mir am Höhepunkt meiner Engelverehrungsphase mitteilte, eine erklärte Atheistin war und an Engel schon gar nicht glaubte. Sie hatte selber eine katholische Nonnenschule besucht und einschlägige Erfahrungen gesammelt. Aber der Kindergarten war zu Fuß von unserer Wohnung leicht zu erreichen, man musste einfach nur die Treppen hinunterlaufen – in Stuttgart befand sich alles entweder oben auf einem Berg oder unten im Tal.

Bereits an meinem ersten Kindergartentag beschloss ich kurz vor dem Mittagessen, dass dies nicht der passende Ort für mich war. Die seltsamen Kopfbedeckungen der Nonnen, die nicht nur die Haare verhüllten, sondern auch das Gesicht nur eingeschränkt freigaben, waren mir suspekt, außerdem fand ich, dass die *Pinguinfrauen* gemein funkelnde, kleine Äuglein hatten. Lächelnd, aber bestimmt nahmen sie mir das Spielzeug, mit dem ich gerade beschäftigt war, aus der Hand, da sie befanden, dass nun Zeit für das Mittagsgebet und das Mittagessen war. Die freundliche Art, mit der sie das sagten, war für mich leicht zu durchschauende Verlogenheit, hinter der ich das Schlimmste vermutete. Abgesehen davon beteten wir zu Hause nie und Hunger hatte ich auch gerade nicht. Ich lächelte genauso verlogen zurück, gab ihnen die Spielsachen und teilte ihnen freundlich mit, ich müsse noch auf die Toilette, um meine schmutzigen Hände zu waschen. Immer noch lächelnd, zog ich mich langsam in den Vorraum zurück, wo sich die Toiletten befanden, wartete, bis ich nicht mehr beobachtet wurde, schlüpfte geräuschlos durch die Eingangstür in den Garten und kletterte beherzt und unbemerkt über den Zaun und marschierte nach Hause. Meine Mutter war sehr überrascht, als ich plötzlich klingelte und freudig »Bin da-a!« durch die Gegensprechanlage piepste. Sie fragte, was denn geschehen sei. Nach meiner dramatischen Schilderung der empörenden Ereignisse wurde sie furchtbar wütend, nahm mich an der Hand und wir gingen zurück zum Nonnenkindergarten. Ich wurde erstmals Zeuge, wie meine Mutter jemanden wegen mir regelrecht zur Sau machte, wie man so schön sagt. Sie schrie sich, glaube ich, ihren ganzen Kindheitsärger über katholische Nonnen, gepaart mit der Wut, weil man ihr Kind nicht gut betreut hatte, von der Seele. Die *Pinguinfrauen* blickten mit verschreckten Maulwurfsäuglein zu Boden und machten verbissen lächelnde Mündchen.

Daraufhin kamen meine Eltern zu der Ansicht, ich sei hochsensibel, und meldeten mich in einem Waldorfkindergarten an. Dort blieb ich freiwillig.

Kabale und Liebe (1973) war mein erster Theaterbesuch. Ich war vier Jahre alt und derart begeistert, meinen Vater auf der Bühne zu sehen, dass ich mich nach nur wenigen Minuten auf den Klappstuhl stellte, in Windeseile splitternackt auszog und meine Kleider ins Publikum schleuderte, weil mir vor Aufregung so heiß geworden war.

Im Herbst 1975 übernahm Claus Peymann die Intendanz am Staatstheater Stuttgart, und ich kam in die Freie Waldorfschule am Kräherwald, gewissermaßen also in den Adlerhorst der Waldorfschulen. Auch hier machte ich bereits am ersten Tag einen Abgang. Nach der Begrüßungsfeier, bei der jeder Erstklässler eine Sonnenblume von einem Abiturienten überreicht bekam, beschloss ich, dass es nun genug mit der Schule war und trottete nicht brav mit den anderen Schulanfängern in die erste Klasse, sondern überredete ein kleines Mädchen, mit mir abzuhauen und ein Eis essen zu gehen. Als wir ein-

einhalb Stunden später mit eisverschmierten Gesichtern zur Schule zurückschlenderten, weil wir dort von den Eltern abgeholt werden sollten, erwarteten uns vier Polizeibusse und ein Suchtrupp mit Hunden. Im benachbarten Kräherwald waren des Öfteren Kinder verschwunden. Wir blickten in eine Runde von etlichen besorgten Lehrern, Mitschülern und völlig aufgelösten Eltern.

Als Initiatorin dieser Missetat musste ich zum Schulleiter. Gemeinsam mit meiner Mutter stieg ich die knarzende Holztreppe des alten ehrwürdigen Schulgebäudes für die Oberstufe hinauf, wo sich – logischerweise ganz oben – das Büro des Direktors befand. Er wirkte sehr ausgezehrt, blickte mich ernst an und begann mir ins Gewissen zu reden. Wie immer, wenn mich etwas emotional überforderte, senkte sich in meinem Inneren ein dickes Eisentor. Ich hörte zwar peripher zu, war aber innerlich vollkommen distanziert und zog mich in eine meiner Fantasiewelten zurück. Erholt und gestärkt kehrte ich daraus zurück, als mich meine Mutter mit dem Ellbogen anstieß. Lächelnd schüttelte ich die knochige Hand des Direktors und nickte. Das schien mir in diesem Moment angebracht. Im Treppenhaus blieb meine Mutter plötzlich stehen, zog die Augenbrauen nach oben und sah mich fragend an. Ich grinste, senkte den Blick und sagte: »Tut mir leid …!« Ich dachte, wir könnten jetzt endlich nach Hause gehen, aber weit gefehlt. Da ich dem Direktor ja nicht zugehört hatte, wurde ich nun von meiner Mutter über den nächsten Programmpunkt aufgeklärt. Ich musste mich bei jedem meiner neuen Lehrer vorstellen, ihm die Hand geben – ein geradezu exzessiv betriebenes Ritual aller Anthroposophen – und mich entschuldigen. Das Ganze in einem unvergesslichen Outfit, einem schwarzen Samthosenanzug, der mir eigentlich schon zu klein war. Meine Omi mütterlicherseits, die wegen Geldmangels meine gesamte Garderobe strickte und nähte und dabei immer nur Reste verarbeitete, was gelegentlich zu äußerst gewagten Farbkombinationen

Erster Schultag in Omis
Hosenanzug, Stuttgart 1975

führte, hatte an den zu kurz gewordenen Ärmeln und Beinen meines Hosenanzugs rotweiß geblümten Stoff angestückelt.

Natürlich wollte ich nach diesem Einstand erst einmal raus aus dem Rampenlicht, was sich als schwierig herausstellte, da ich damals eines der wenigen Einzelkinder war, und das an einer Waldorfschule, wo die Durchschnittsfamilie vier bis fünf Kinder hatte. Einzelkinder waren dort eine suspekte, als bösartige Egoschweine verschriene Minderheit. Folglich antwortete ich auf die Frage meiner Mitschüler, ob ich noch Geschwister hätte, mit: »Ja, aber meine beiden älteren Brüder sind gerade bei einem schweren Verkehrsunfall gestorben!« Daraufhin wurde meine Mutter mit zahllosen Beileidsanrufen bombardiert. Meine kleine Geschichte flog auf und ich galt von da an nicht nur als Schulschwänzerin, sondern auch noch als Lügnerin.

Auch wenn ich kaum die Fähigkeit besaß, mich selbst zu verteidigen, war mein Bedürfnis, anderen zu helfen und sie zu beschützen, sehr groß. Kurz gesagt, ich hatte einen ausgeprägten Messiaskomplex. Stets kümmerte ich mich aufopfernd um jedes welke Pflänzchen, jedes verwundete Tier oder unbeliebte Kind – später kamen dann noch Männer dazu ... Meine besten Freunde waren stets sehr schüchterne, skeletthaft dünne Mädchen oder Jungen, die sonst keine Freunde hatten, oder Brillenträger mit chronischem Mundgeruch, Sommersprossen und roten Haaren, im besten Fall waren sie auch noch Vollwaisen, die bei ganz strengen Zieheltern lebten.

Ich werde nie den stoischen Gesichtsausdruck des entführten Industriellen Hanns Martin Schleyer vergessen (1977). In regelmäßigen Abständen wurden in den Nachrichten Fotos von ihm gezeigt, mit einem demütigenden Schild um den Hals, auf dem die Anzahl der Tage seiner RAF-Gefangenschaft stand. Die Gefasstheit, mit der Schleyer in einer Videobotschaft den Staat anklagte, ihn einfach zu opfern, wühlte mich entsetzlich auf. Drei Tage vor seiner Ermordung richtete sein ältester Sohn einen verzweifelten Appell an Helmut Schmidt und die Regierung, den Forderungen der Geiselnehmer doch nachzugeben. Es zerriss mir beinahe das Herz vor Mitleid.

Das Gefühl der Ohnmacht im Angesicht einer derart dramatischen sozialen und politischen Entwicklung, die in einer Katastrophe zu enden drohte, gehört sicher zu den prägendsten Erfahrungen meiner Kindheit. 1972 waren die Anführer der Roten Armee Fraktion, Andreas Baader, Gudrun Ensslin, Ulrike Meinhof, Holger Meins und Jan-Carl Raspe, wegen mehrfachen Mordes und Bombenanschlägen in Kaufhäusern und auf das Axel-Springer-Hochhaus verhaftet worden. Überall an den Stuttgarter Hauswänden prangte das RAF-Symbol und verbreitete eine angstvolle und aufgebrachte Stimmung unter der Bevölkerung. Die Stuttgarter schienen in zwei Lager gespalten zu sein, und es fanden regelrechte Generationenschlachten statt zwischen Studenten und jungen Leuten wie auch meinen Eltern und deren Eltern, die mit Vergangenheitsbewältigung beziehungsweise mit der Verdrängung derselben kämpften und sich in ihrem konservativen, materialistischen Weltbild bedroht sahen.

In den Nachrichten wurde über den Bau des neuen Gerichtsgebäudes berichtet, das extra für den Baader-Meinhof-Prozess neben dem Gefängnis in Stuttgart Stammheim errichtet worden war. Der Gerichtssaal hatte keine Fenster und Wände aus rohem Beton, er wurde mit Neonlicht beleuchtet, über den Hof war ein Stahlnetz gezogen worden, weil man Angst vor Befreiungsversuchen aus der Luft hatte. Immer wieder hörte man von unwürdigen Haftbedingungen. Holger Meins, einer der angeklagten Terroristen, trat in den Hungerstreik und starb noch vor Prozessbeginn an den Folgen. Das Bild seines bis aufs Skelett abgemagerten Körpers hat sich tief in meine Erinnerung eingegraben. Es hieß, die Inhaftierten würden durch Isolationshaft gequält und gedemütigt. Gleichzeitig begingen die RAF-Mitglieder der sogenannten zweiten Generation ein Terrorverbrechen nach dem anderen, um die Gefangenen freizupressen. Vertreter des Staates und der Wirtschaft, etwa Siegfried Buback und Jürgen Ponto, wurden regelrecht hingerichtet, Bombenanschläge folgten und das Flugzeug *Landshut* wurde entführt. Beinahe täglich waren die Menschen – so auch ich – hin- und hergerissen zwischen Mitleid mit den Terroristen, Entsetzen über ihre brutalen Morde und tiefem Mitgefühl für die Angehörigen der Opfer.

Nach dem *Sandmännchen* um 19 Uhr setzte sich mein Vater jeden Abend zu mir vor den Fernseher in Erwartung der *Tagesschau*. Wir hatten uns dafür ein nervenaufreibendes Ritual zurechtgelegt: Beide zogen wir die schlimmsten Grimassen, und zwar bis kurz vor dem Gong, mit dem die *Tagesschau* um 20 Uhr begann. Wenn man die Grimasse bis über den Gong hinaus beibehielt, blieb sie für immer und ewig im Gesicht haften – behauptete mein Vater zumindest ...

Im Jahr 1975 begann der Stammheim-Prozess. Man sah eine Heerschar von Polizisten auf dem Gelände des Gerichtsgebäudes, das an eine Festung erinnerte. Die Richter ließen sich von den Beschimpfungen seitens der Angeklagten provozieren, das Verfahren selbst hatte eine Art polizeistaatlichen Charakter, was den Vorwurf der Angeklagten diesem Staat und seiner Justiz gegenüber nur bestätigte, angefangen von den sogenannten Zwangsverteidigern und haftbedingten Gesundheitsschäden. Ein Jahr nach Prozessbeginn erhängte sich Ulrike Meinhof in ihrer Zelle. Es wurde bekannt, dass Briefe zu den anderen Gefangenen durchgelassen worden waren, die Stricke enthielten und die Aufforderung, das Gleiche zu tun.

Der Rechtsanwalt und spätere Politiker Otto Schily bezeichnete das Verfahren damals als »systematische Zerstörung aller rechtsstaatlichen Garantien«.

Im *Deutschen Herbst* 1977 überschlugen sich die Katastrophen und gipfelten in der Befreiung des entführten Flugzeugs

Landshut in Mogadischu durch ein Kommando der GSG 9, einer Spezialeinheit der deutschen Bundespolizei. Noch in derselben Nacht nahmen sich Andreas Baader, Gudrun Ensslin und Jan-Carl Raspe das Leben – ein bis heute von Mordtheorien umranktes Ereignis – und das Entführungsopfer Hanns Martin Schleyer wurde erschossen. Nur wenige Tage danach sah man Bilder von Helmut Schmidt bei seiner Trauerfeier. Schmidt, der Mann, der hart geblieben war und sich von den Terroristen nicht in die Knie hatte zwingen lassen. So charismatisch ich den kettenrauchenden Politiker auch immer gefunden habe, so sehr hasste ich ihn damals – als Achtjährige – für seine Härte.

Die Folge all dieser Ereignisse war eine regelrechte Hetzjagd nach geistigen Helfern des Terrors und seinen Sympathisanten. Die machte naturgemäß auch nicht vor dem Theater halt, dem Ort, wo ja angeblich Menschen ohne Moral ihr Unwesen trieben, Orgien feierten, dem Alkohol und Drogen frönten, provozierten und politisch verdächtig waren. Aus diesem Grund wurde ich als Kind übrigens so gut wie nie zu Geburtstagspartys eingeladen. Claus Peymann war wegen seines politisch engagierten Spielplans ohnehin suspekt, zusätzlich hatte er aus Mitleid einhundert D-Mark für die Zahnbehandlung der inhaftierten Terroristen gespendet. Sein Kopf wurde als einer der ersten gefordert, er blieb jedoch, wie damals auch Helmut Schmidt, hart und war bis zum Ende seiner Spielzeit im Jahr 1979 Intendant des Stuttgarter Staatstheaters. Dennoch nahmen ihn diese Anfeindungen, glaube ich zumindest, sehr mit: Ich erinnere mich an ihn in dieser Zeit als einen an ein trauriges Walross gemahnenden, schnurrbärtigen Mann, der sich ab und an auf dem Schoß von Frauen sitzend – ich kannte es bis dato nur umgekehrt – trösten ließ. Jedenfalls tat er mir sehr leid.

Mit einem Mal waren alle, die mit dem Theater zu tun hatten, verdächtig. Meine Mutter und ich wurden einmal, nachdem wir meinen Vater ins Theater begleitet hatten, beim Spaziergang über den Rasen des Stuttgarter Schlossparks plötzlich von zwei bedrohlich wirkenden Männern, die wie aus dem Nichts aufgetaucht waren, flankiert. Sie drängten sich zwischen meine Mutter und mich und wollten von meiner Mutter wissen, woher sie käme, wohin sie wolle, und forderten ihren Ausweis. Wir waren beide furchtbar erschrocken und hatten Angst. Meine Mutter begann aggressiv zu werden, fragte, wer die Herren seien und was das solle. Die Männer behaupteten, Polizisten in Zivil zu sein. Meine Mutter forderte sie dazu auf, ihr erst einmal ihre Polizeiausweise zu zeigen, was sie nicht taten. Meine Mutter selbst hatte keinen Pass bei sich, nur ihren Studentenausweis. Der gelte nicht, sagten die Männer und packten sie rechts und links am Arm. Sie schrie, man solle sie gefälligst loslassen. Die Männer antworteten, sie müsse mit aufs Revier, bis jemand mit ihrem Pass dorthin käme. Meine Mutter wiederum schrie, dass das gänzlich unmöglich sei, und bat sie, wenigstens das Kind in Ruhe zu lassen. Als die Männer infrage stellten, ob ich überhaupt ihr Kind sei und nicht vielleicht eine Tarnung, geriet ich in Panik und bekam Angst, die Männer würden meine Mutter einfach verschleppen und mich alleine im dämmrigen Park zurücklassen. Ich fing an zu weinen und rief laut: »Hilfe, die nehmen meine Mama mit!« Das wurde den Herren rasch unangenehm, weil nun auch erste Spaziergänger stehen blieben. Sie ließen meine Mutter los. Einer der Spaziergänger kam näher und fragte, was da los sei. Ich schluchzte und erklärte ihm, dass sie meine Mutter wegbringen wollten. Auch meine Mutter fing an zu weinen. Der Spaziergänger forderte die Männer daraufhin auf, sich auszuweisen, und fragte, was sie denn von meiner Mutter wollten. Ihm zeigten die Männer ihren Polizeiausweis sofort und antworteten, meine Mutter sei wahrscheinlich eine gesuchte Terroristin und leiste Widerstand gegen die Staatsgewalt, man müsse sie daher mitnehmen und ihre Personalien überprüfen. Ich weinte vor Angst und Empörung, dass meine Mutter eine Verbrecherin sein sollte und eingesperrt würde, noch lauter. Unangenehm berührt von meinem Geheule, lenkten die Männer etwas ein und fragten, ob meine Mutter freiwillig mitkommen würde auf die Wache. Sie dürfe dann auch jemanden anrufen, der sie legitimieren könne. Ich packte ganz fest die Hand meiner Mutter und war mir in diesem Moment ganz sicher, dass ich sie gerettet hatte.

Die Eltern meiner Mutter waren gerade bei uns zu Besuch, und als schließlich mein Opa mit dem Pass und seiner Aura als Berufssoldat in beigem Kurzarmhemd, Bügelfalten-Shorts, weißen Socken und beigen Leisetretern (meine Bezeichnung für unerotische Kreppsohlenschuhe) in Erscheinung trat, galten wir sofort wieder als ordentliche Staatsbürger und durften gehen.

Ich mochte meinen Opa nicht besonders, weil er ein Grapscher war, und hätte ihm am liebsten gegen das Schienbein getreten, als er meiner Mutter vorwarf, man gehe auch nicht einfach so verlottert gekleidet – sie trug Jeans, Stiefel, ein altes Hemd meines Vaters, eine Schafwollweste und eine Kassenbrille – über einen Rasen, noch dazu ohne Handtasche!

Kurz darauf konnte ich auch meinen Vater aus einer ähnlich prekären Situation retten. Wiederum weinte ich lauthals ... Wir waren gerade in der Lebensmittelabteilung eines Kaufhauses einkaufen oder besser gesagt *klaufen*, wie es familienintern genannt wurde. Da meine Eltern fast kein Geld hatten, war es absolut üblich, dass das eine oder andere Lebensmittel einfach *geklauft* wurde, meine Lieblingswurst, die Gelbwurst, etwa. Ich war darauf trainiert, sie in Windeseile auf dem Weg zur Kasse hinunterzuschlingen und den Wurstzettel dezent verschwinden zu lassen. Auch für meine Versorgung mit Süßigkeiten war ich selbst verantwortlich. Meine Spezialität waren gezuckerte Erdbeeren, die innen aus einer Art Marshmallowteig bestanden. Nach dem Vertilgen der ganzen Tüte war mir regelmäßig kotzübel. Auch Spielsachen wie zum Beispiel klitzekleine Gabeln und Messer für meine Puppenstube oder ähnliche Accessoires fanden ihren Weg in meine Hosentasche. Meine Technik war zwar extrem auffällig, aber immer erfolgreich. Ich stellte mich vor das Objekt der Begierde, betrachtete es lange, nahm es in die Hand, legte es wieder zurück, schaute wieder, nahm es erneut in die Hand und wiederholte diesen Vorgang etliche Male. Irgendwann ließ ich es dann einfach in der Hand und tat nur so, als würde ich es zurücklegen. Das heißt also, meine Technik bestand im langsamen Ermüden eines etwaigen Beobachters, bis dieser irgendwann gelangweilt wegschaute ... Meine Mutter hingegen steckte die *geklauften* Sachen einfach in ihre riesige Handtasche, mein Vater ließ die Beute durch die stets löchrigen Taschen seiner Jacken oder seines braunen Plüschmantels ins Futter gleiten.

Es war kurz vor Weihnachten. Mein Vater hatte das Bedürfnis, ein paar Schweinereien, wie er sagte, für Weihnachten zu *klaufen*, die selbstverständlich nicht im Budget waren, wie eine kleine Entenleberpastete oder – noch kurz vor der Kasse – ein Döschen Billig-Kaviar. Plötzlich trat ein Mann an uns heran, sagte leise zu meinem Vater, er sei Ladendetektiv und hätte ein paar Fragen an ihn. Wir sollten ihm bitte folgen, er könne jedoch auch gleich die Polizei rufen, wenn mein Vater das wolle. Das war ein überzeugendes Argument und wir trotteten bedrückt hinter dem Ladendetektiv her. Ich nahm die Hand meines Vaters, um ihm zu zeigen, dass ich bei ihm war. Wir nahmen in einem kleinen Büro im Lagerbereich der Lebensmittelabteilung an einem grauen Tisch Platz. Der Mann betrachtete uns beide. Es war ihm sichtlich unangenehm, dass ein Kind anwesend war. Mit leiser Stimme erklärte er, er habe genau gesehen, dass mein Vater eine kleine Kaviardose eingesteckt hatte. Mein Vater blickte zu Boden und seufzte. Ich spürte, jetzt war der Moment, um mit dem Weinen anzufangen. Das tat ich auch, und es fiel mir nicht schwer, denn mir war wirklich zum Weinen zumute, schließlich wusste ich ja bereits, dass man ins Gefängnis kam, wenn man seine Schulden nicht bezahlen konnte. Nun blickte der Ladendetektiv zu Boden. Ich drückte noch fester die Hand meines Vaters und sah ihn an. Er versuchte zu lächeln, was ihm nicht besonders gut gelang. Dann fixierte ich mit zitternder Unterlippe den Detektiv. Schließlich zog er scharf die Luft ein und murmelte: »Also sagen wir, Sie geben mir jetzt 20 D-Mark bar auf die Hand und wir vergessen die Sache – wegen dem Kind!« Mein Vater sagte leise ja, kramte aus der Brusttasche einen zerknitterten Zwanzig-Mark-Schein, legte ihn auf den Tisch – und dann passierte das unfassbar Schreckliche. Mein Vater stand abrupt auf und alle *geklauften* Waren im Futter seines braunen Plüschmantels purzelten durcheinander. Es machte ein ohrenbetäubendes Klonk! Wir erstarrten alle drei. Geschockte Blicke wanderten zwischen mir, meinem Vater und dem Ladendetektiv hin und her. Eine gefühlte Ewigkeit bewegte sich keiner. Dann sog der Detektiv ganz viel Luft durch die Nase ein und ließ sie mit einem scharfen Geräusch wieder entweichen. »Gehen Sie einfach – jetzt – auf der Stelle!«, zischte er uns an. Wir marschierten schnurstracks aus dem Büro, grußlos, ohne uns auch nur ein einziges Mal umzusehen bis hinaus auf die Straße. Ich hielt immer noch die Hand meines Vaters fest umklammert, drehte langsam den Kopf zu ihm und lächelte triumphierend. Er sagte nur »Mensch, Grischi!« und drückte meine Hand. Seit diesen beiden Erlebnissen fühlte ich mich als die Retterin meiner Eltern aus allen Lebenslagen. Dieses Gefühl hat mich bis zu ihrem Tod nie wieder verlassen.

Meine Mutter hatte die Angewohnheit, Rechnungen auf einen Haufen zu legen, über den sie dann, verschmitzt lächelnd, andere Papiere stapelte, mit dem Satz: »So, jetzt sieht man sie nicht mehr und muss sie auch nicht bezahlen!« Einmal kam ein Polizist zu uns nach Hause. Es ging um einen Strafzettel und um etliche Mahnungen. Meine Mutter, die etwas cholerisch veranlagt war, fing sofort einen Streit mit dem Polizisten an, sagte, es sei einfach eine Unverschämtheit, Strafzettel auszustellen, sie werde sie aus Prinzip nicht bezahlen. Ich hatte wieder einmal Sorge, dass wir in Schwierigkeiten kämen. Der Polizist drohte mit Gerichtsvollzieher und Pfändung oder Gefängnis. Irgendwie dachte ich, dass Weinen diesmal nicht das Richtige wäre, und rannte in mein Zimmer, wo meine erst ein paar Wochen alte graue Katze Micky schlief. Behutsam trug ich sie ins Esszimmer, wo meine Mutter und der Polizist immer heftiger stritten. Der Polizist hatte seine Mütze vor sich auf dem Tisch liegen. Ich setzte meine Katze in die Mütze, woraufhin sie sich sofort gemütlich einrollte. Der Polizist betrachtete die kleine Katze, dann blickte er zu mir. Ich warf ihm einen flehentlichen Blick zu, nahm seine Hand und legte sie auf die kleine Katze. Micky schmiegte sich sofort an ihn und begann freudig, ihr Köpfchen an seinen Fingern zu reiben. Der Polizist musste kapitulieren und schmolz dahin. Er sah meine Mutter an und sagte: »Gut, dann vergessen wir die Mahnungen, und Sie bezahlen mir jetzt auf der Stelle den Strafzettel!« Zu meinem größten Entsetzen entgegnete meine Mutter bockig: »Ich habe aber kein Bargeld!« Schnell schob ich meinen Stuhl neben den Polizisten, setzte mich dicht neben ihn, streichelte meine Katze und sah ihn mit großen, um Verständnis bittenden Augen an. Schließlich schickte er meine Mutter zur Bank, und ich beantwortete brav seine infantilen Fragen, bis meine Mutter mit dem Geld zurückkam.

Die ständig drohenden Existenzsorgen bewirkten, dass ich an den absurdesten Stellen in meinem Zimmer Ersparnisse versteckte, stets sämtliche Geldgeschenke von Verwandten hortete und mit Freunden auf der Straße durch den Verkauf von selbst gepflückten Blumensträußchen oder bemalten Steinen Geld verdiente, um im Notfall meine Familie auslösen zu können. Auch versuchte ich, meinen Eltern, die nicht und nicht auf mich hören wollten, das Rauchen abzugewöhnen – einerseits aus gesundheitlichen Gründen, aber auch, weil ich Zigaretten als verzichtbare Ausgabe betrachtete. Aus jeder neuen Schachtel entwendete ich fünf Zigaretten und sammelte sie in einem kleinen Picknickkorb, den ich unter meinem Bett versteckt hatte. Eines Tages, als mein Vater nahe an der Verzweiflung war, weil ihm ausgerechnet an einem Sonntag die Zigaretten ausgegangen waren und der Zigarettenautomat kaputt war – er konnte nur mit Zigarette im Mund Text lernen –, zeigte ich ihm stolz meinen Vorrat. Zu meiner großen Überraschung waren meine Eltern keineswegs gerührt und dankbar über meinen Abgewöhnungsplan, vielmehr bezeichneten sie meine Aktion als blöde Idee und beschlagnahmten den gesamten Koffer. Als besessene Optimistin, die niemals aufgab, war mir sofort klar, dass ich zu drastischeren Mitteln greifen musste. Als meine Mutter einmal ihre brennende Zigarette im Aschenbecher liegen ließ und telefonierend mit dem Apparat in der Hand das Zimmer verließ, schnappte ich mir die Zigarette, steckte sie in den Mund und setzte mich lässig in ihren Sessel. Als meine Mutter zurückkam, sog ich gierig an der Zigarette. Es schmeckte ekelhaft und ich musste furchtbar husten. Meine Mutter fing an herumzufuchteln und deutete mir, ich solle das lassen. Ich fixierte sie, zog wieder an der Zigarette und marschierte provokant rauchend um den Sessel herum, bis sie auflegte und mich durch die Wohnung jagte. Ich fand das sehr lustig. Schließlich erwischte sie mich, nahm mir die Zigarette weg und sah mich besorgt an. Ich verstand erst nicht warum, muss zu diesem Zeitpunkt aber bereits sehr blass gewesen sein, weil ich mich kurz darauf, zuerst noch triumphierend lachend, mehrfach übergab. Trotz meines Einsatzes schafften es meine Eltern noch lange nicht, mit dem Rauchen aufzuhören, aber sie zogen es zumindest in Erwägung.

Wenige Wochen später wurde ich von einem Auto erfasst und entging das erste Mal nur knapp dem Tod. Ich war ohne zu schauen über die Straße gerannt, wurde von einem weißen Pkw angefahren und in die Luft geschleudert. Wie durch ein Wunder landete ich auf dem grasbewachsenen Hang der Böschung und kam mit ein paar Prellungen davon. Dieses Erlebnis versetzte mir zwar einen ordentlichen Schock – bis heute habe ich derartige Angst, eine Straße zu überqueren, dass ich oft ewig warte, bis wirklich kein einziges Auto mehr in Sicht ist –, gleichzeitig bestärkte es mich jedoch in dem Gefühl, im letzten Moment immer irgendwie Glück zu haben und noch einmal mit dem Leben davonzukommen. Davon bin ich nach wie vor überzeugt!

Zu Beginn der Intendanz von Peymann war mein Vater oft verzweifelt und frustriert. Bei den Proben zu *Die Räuber* stolperte er, weil er sehr kurzsichtig war, über einen Stock und bohrte sich diesen in den Hals. Von da an bekam er von der Krankenkasse Kontaktlinsen bezahlt und auch für meine Mutter gab es endlich Linsen. Bis dahin mussten beide hässliche Kassenbrillen mit Gläsern, die dick wie Aschenbecher waren und furchtbar drückten, tragen. Komischerweise bekam ich trotz der erblichen Vorbelastung nie eine Brille, obwohl ich gerne eine gehabt hätte, schon, um besser zu meinen Eltern zu passen. Fasziniert beobachtete ich immer, wie sie die Linsen in den Mund steckten, ablutschten, dann auf den Finger legten und sich ins Auge fassten. Wenn einer von beiden eine Linse verlor, war ich immer diejenige, die sie erfolgreich aufspürte.

Der Unfall mit dem Stock blieb bei Weitem nicht der einzige. Mein Vater war ein regelrechter *Verunfaller*. Ich bin nie wieder jemandem begegnet, der so oft verunglückt ist wie mein Vater, und zwar nicht nur auf der Bühne. Selbst im Urlaub passierte es ihm. Einmal tauchte er mit seinem Schauspielkollegen Peter Sattmann nach der schönsten Muschel um die Wette. Mein

Vater tauchte dabei so tief, dass ihm anschließend Blut aus den Ohren lief. Peter Sattmann und mein Vater machten zur großen Freude von mir und Sattmanns Tochter, die in meinem Alter war, immer ziemlich viel Blödsinn miteinander.

Mein Vater und der Tintenfisch, Elba 1974

Gemeinsam mit den Sattmanns, Manfred Zapatka, Regine Vergeen und ihren beiden Kindern verbrachten wir einmal zwei Wochen auf Elba. Mein Vater trug dort stets ein verknotetes Stofftaschentuch auf dem Kopf, ein altes T-Shirt, weil er extrem zu Sonnenbrand neigte – *Doktor Puter,* wie wir ihn nannten –, und Stoffturnschuhe. Das sah an ihm besonders lustig aus, weil er sehr dünne Beine hatte. Einmal stocherte er dort, im Wasser stehend, so lange mit einem Stock nach einem Tintenfisch, der sich unter einem Felsen versteckt hatte, bis ihn dieser plötzlich packte und unter Wasser riss. Mein Vater gewann und kochte den hart erkämpften Tintenfisch anschließend. Ich weigerte mich, auch nur davon zu kosten, und war später sehr froh darüber, denn der Tintenfisch hatte die Konsistenz von Gummi, und mein Vater, der ihn unbedingt trotzdem essen wollte, bekam wenig später furchtbare Bauchkrämpfe, die fast zwei Tage anhielten.

Viele meiner Kindheitserlebnisse sind unmittelbar mit dem Theater verbunden. Als ich das *Käthchen von Heilbronn* sah, war ich tief beeindruckt von der Hauptdarstellerin Lore Brunner und verliebte mich Hals über Kopf in Martin Lüttge, der den *Grafen Wetter vom Strahl* spielte. Er blieb über Jahre hinweg mein heimlicher Schwarm, bis mich mein Vater eines Tages in der Kantine vor ihm outete. Das war mir derart peinlich, dass ich ihn mir wieder aus dem Herzen riss. Zu dieser Peymann-Inszenierung gab es noch ein Beiprogramm, einen Liederabend mit dem Titel *O, Liebste, wie nenn ich dich?* Das war das erste und einzige Mal, dass mein Vater auf der Bühne gesungen hat. Das Lied handelte von einem Mädchen, das mit einem Vergissmeinnicht verglichen wird. Ich fand es wunderschön und liebte diesen Abend ganz besonders.

Mit Edith Heerdegen, einer sehr zarten, weißhaarigen Schauspielerin, die mich an meine Urgroßmutter erinnerte, sang er gemeinsam Brechts *Erinnerung an die Marie A.* Die Stimme von Edith Heerdegen war schon sehr brüchig damals, aber die Art, wie sie sang, diese feine alte Dame, im Duett mit meinem sehr jungen Vater, berührte mich sehr. Es gab durchaus auch Anspielungen und erotische Zwischentöne, die mir nicht verborgen blieben und mich innerlich entflammten, obwohl ich noch nicht wirklich sagen konnte, warum das so war. Von diesem Liederabend wurde auch eine Schallplattenaufnahme gemacht, die man kaufen konnte. Ich war ungemein stolz, dass es eine Platte mit meinem Vater gab, konnte bald

Die erste
Schall-
platte mit
meinem
Vater,
Stuttgart
1976

alle Lieder auswendig und imitierte genau die Interpretation jedes einzelnen Künstlers.

Eine der schönsten Produktionen, bei denen ich dabei war, war für mich lange *Der Sommernachtstraum* aus dem Jahr 1977 mit meinem weiblichen Idol Anneliese Römer. Diese Inszenierung von Alfred Kirchner faszinierte mich ungemein, auch weil ein Steg durch den Zuschauerraum gebaut war, auf dem die Schauspieler in ihren prächtigen Kostümen an den Köpfen der Zuseher vorbeiflanierten. Die Bühnenbilder in Stuttgart waren von Künstlern wie Achim und Ilona Freyer oder Jan Peter Tripp. Sie verzauberten mich und versetzten mich in unbekannte Welten. Mein Vater spielte den Puck im *Sommer-*

nachtstraum. Ich musste sehr über ihn lachen – zumindest so lange, bis er auch hier verunglückte: Er war so ungestüm in einen herabhängenden Sack gesprungen, dass er sich überschlug und sich ein Loch im Kopf zuzog. Er musste von einem Arzt aus dem Publikum genäht werden.

Bei der Premierenfeier nahm mich ein Kollege meines Vaters an der Hand und fragte mich, ob er mich zu Anneliese Römer führen solle, da ich ja so ein Fan von ihr sei und immer gerne mit ihr plaudere. Freudig nickte ich und ging mit. Mein Idol saß in einem Sessel und war vollkommen betrunken. Sie nahm meine Hand und hauchte lallend meinen Namen. Ihr Alkoholatem verursachte mir beinahe Übelkeit. Ich empfand eine Mischung aus tiefem Ekel, Verachtung, Schmerz und Trauer. Mein Idol war zerbrochen. In dieser Nacht beschloss ich, niemals zum Theater zu gehen, wo großartige Künstler und Menschen zu unwürdigen Alkoholikern und Kantinengestalten mit großporiger, geröteter Gesichtshaut verkamen. Ich würde Schwarzweißfilmstar werden! Von der Filmleidenschaft meines Vaters angesteckt, war ich geradezu besessen von Schwarzweißfilmen, liebte die Ästhetik und Reinheit unberührbarer Filmschauspieler wie Cary Grant, Gregory Peck, Humphrey Bogart, Ingrid Bergman, Joan Crawford und Katherine Hepburn. Mein Vater ging eher selten in die Kantine und trank höchstens einmal ein Bier oder ein Gläschen Wein. Er hasste die sogenannte typische Kantinenatmosphäre und das frustrierte Geschimpfe von Kollegen, das sich mit zunehmendem Alkoholpegel zu regelrechten Schreiorgien steigern konnte.

Während der Proben zu dem Mammutprojekt *Faust, Erster Teil und Zweiter Teil* unter der Regie von Claus Peymann durfte ich in der Theaterschneiderei beim Nähen von riesigen Pimmeln für die Hexenszene mithelfen. Es war eine wilde, bacchantische Szene mit Branko Samarovski als Mephistopheles. Ich mochte Branko sehr, musste aber dauernd auf sein Glasauge starren, was mir furchtbar unangenehm war. Lüstern jagte er die Hexen, von denen eine, wenn ich mich recht erinnere, Urs Hefti mit Gummibrüsten war. Branko selber hatte, glaube ich, den größten Penis – jedenfalls fesselte mich diese Szene ungemein, löste im Publikum jedoch Empörung aus.

Dementsprechend fixiert, brachte ich regelmäßig Kollegen meines Vaters, die bei uns übernachteten und nackt durch mein Zimmer liefen, um ins Bad zu gelangen, anschließend beim Frühstück in Verlegenheit, weil ich die Form ihrer Penisse mit absurden Gegenständen verglich und auch über die unterschiedlichen Größen sinnierte. Durch die Übergriffe meines Großvaters, die sich bis in meine Zwanziger fortsetzten, war ich sehr früh sexualisiert. Ein Mädchen zu sein, war für mich ein Fluch. Als mich zwei der Töchter von Traugott Buhre, mit denen ich in den Leichtathletikverein ging, kichernd darauf aufmerksam machten, dass ich bereits einen Busen bekäme – ich war damals neun Jahre alt – brach ich weinend zusammen und hasste sie dafür.

Sehr viel Spaß machte es mir, meinen Vater in die Zoohandlung zu begleiten, wo er einen Graupapagei für die Rolle des Papageis in Thomas Bernhards *Immanuel Kant* studierte. Der Vogel war das Haustier des Zoohändlers, konnte sprechen und fragte mich jedes Mal in breitem Schwäbisch: »Bisch du ä Mädele?« Mein Vater litt ein wenig unter der Tatsache, dass er in dieser Inszenierung nur als Stimme vorkam, und fand es auch nicht sonderlich witzig, als ihm jemand zur Premiere Sprechperlen für Papageien schenkte. Ich nahm sie freudig an mich und kochte in meiner Puppenküche ein übel riechendes Süppchen daraus.

Bei der Premiere von *Die Blume von Hawaii* im Jahr 1976 erlebte ich zum ersten und extremsten Mal die totale Verwandlung meines Vaters. Er und Peter Sattmann standen im Gang vor ihrer Garderobe in Netzstrümpfen, schwarzen Stilettos, Paillettenbodys und mit blonden Perücken, künstlichen Wimpern und rot lackierten Lippen vor mir und sprachen mich an – sehr tuntig. Ich fragte meine Mutter irritiert, wo denn nun Papi sei. »Direkt vor dir!«, bekam ich zur Antwort. »Das ist doch nicht Papi!«, erwiderte ich ärgerlich. Langsam wurden mir die zwei langbeinigen Frauen unheimlich. Schließlich sagte mein Vater in seiner normalen Stimme: »Grischi, ich bin's, der Papi!« Das war verstörend für mich. Ich konnte nicht glauben, dass diese blonde Frau mein Vater war, dass das, was ich mit den Augen sah, nicht mit dem übereinstimmte, was ich hörte, sich Information und Wissen nicht deckten. Insofern passierte hier die sicher gelungenste Täuschung einer sehr kleinen Betrachterin. Die absolute Verwandlung war von da an der Anspruch, den ich an meinen Vater als Schauspieler stellte, er musste sich so verändern, dass ich ihn nicht wiedererkannte. *Die Blume von Hawaii* brachte zugleich aber auch meine erste tiefe Enttäuschung von meinem Vater. Vor dem Beginn der Proben wurde ein kleines Mädchen für diese Produktion gesucht und man fragte unter anderen auch meinen Vater, ob nicht seine Tochter mitspielen wolle. Er sagte einfach nein, ohne mich auch nur zu fragen. Ich habe mir das Stück etliche Male angesehen – nicht nur wegen der Zuckerwatte, die man in der Pause bekam – und stellte mir jedes Mal dabei vor, wie ich die Rolle gespielt hätte …

Spielen war schon immer mein tiefstes Bedürfnis und meine Leidenschaft. Es ging mir dabei um die pure Lust am Spiel, um das Sich-Selbst-Vergessen. Da ich ja keine Geschwister hatte und meine Mutter eher eine Intellektuelle war, verbrachte ich viel Zeit alleine mit mir und meiner grenzenlosen Fantasie, einer Gabe, die ich als mein größtes Lebensgeschenk empfinde. Ich konnte mir schon immer alles vorstellen und stundenlang in Fantasiewelten versinken und darin glücklich sein. Dabei redete ich unentwegt leise vor mich hin – in verschiedenen Stimmen – und imitierte leidenschaftlich gerne Sprachen, die ich im Radio hörte. Wenn ich in meinen Malbüchern Bilder ausmalte, stellte ich mir vor, die Tiere und Menschen litten alle an der sogenannten *Weißheitskrankheit.* Während ich die Figuren durch das Ausmalen mit Farbe wieder heilte, beruhigte ich sie. Wenn ich eine Gemüsesuppe aß, stellte ich mir vor, dass die darin schwimmenden Gemüsestückchen Ertrinkende nach einem Schiffbruch wären. Die Karottenstücke mochte ich nicht so gerne, sie waren jedoch die Kinder und Frauen und mussten zuerst gerettet werden, danach erst kamen die Kartoffel-Männer.

Im Wald setzte ich mich gerne zwischen die Wurzeln eines Baumes und legte dort winzig kleine Gärten aus Moos, Eicheln, Bucheckern und Blumen an, mit einem Häuschen aus Rinde. Ich sprach mit den unsichtbaren Bewohnern, meistens Trollen und Zwergen. Als Waldorfkind begleiten einen die Zwerge, besser Zwerg*lein,* Reh*lein* und *Häuschen* immer und überall ... Manchmal verkleidete ich mich auch und experimentierte vor dem Spiegel mit meiner Mimik und Körperlichkeit oder begann zu tanzen, was meine zweite große Leidenschaft war. Dazu entledigte ich mich stets sofort meiner Unterhose, stieg im Unterhemd auf einen kleinen Hocker und tanzte mit winzi-

Tanzen »unten ohne«, München 1971

gen Schritten in einem irren Tempo zu kratzenden Singles wie *Hey Leute, kauft beim Trödler Abraham* oder den rhythmischen Trommelklängen von *Los Incas*. Später gewöhnte ich mir dann an, mit Unterhose zu tanzen.

Mit diesen Fantasiereisen trieb ich manchmal meine Mutter in den Wahnsinn. Einmal spielte ich zum Beispiel *Frau Holle* nach, schlitzte alle Kissen auf und schüttelte sie aus dem Fenster in den regennassen Vorgarten des Mehrparteienhauses, in dem wir wohnten. Meine Mutter wurde von der schwäbischen Hausmeisterin gezwungen, alle Federn, die in sämtlichen Büschen und Bäumen klebten, wieder einzusammeln. Oder ich spielte *reiches Kind*, lief ins Bad und begann, in den Zahnputzbechern Wasser zu holen und auf den rauen, hässlichen Spannteppich meines Zimmers zu schütten. Meine Ausdauer war, wenn ich etwas wollte, schon damals sehr groß. Nach circa einer Stunde fleißigen Schüttens stand ungefähr zwei Zentimeter hoch das Wasser auf dem Boden und die kinderhassende Hausbesitzerin, die genau unter uns wohnte, rief an. Meine Mutter, die mit Grippe im Bett lag, rief laut: »Was machst du denn schon wieder?« Ich antwortete begeistert: »Ich baue in meinem Zimmer einen Swimmingpool!« Sie war, milde gesagt, wenig begeistert.

Ich war das einzige Kind im gesamten Haus. Die Hausbesitzerin, Frau Lehmann, stand den ganzen Tag am Fenster und beobachtete mich mit Argusaugen, wenn ich voller Sehnsucht am Zaun ihres großen Gartens, der übervoll mit Blumen und Obstbäumen war, entlangstrich. Niemand durfte ihn betreten. Für mein Leben gerne hätte ich einen Garten gehabt. Gärtnerin zu werden, war, glaube ich, auch mein allererster Berufswunsch, dann wollte ich Seiltänzerin, Clown, Forscherin werden, und schließlich Darstellerin von Geschichten, die ich erfinden würde, um Menschen zu helfen ...

Wenn ich im Hof mit kleinen Steinchen spielte, klopfte Frau Lehmann sofort wütend ans Fenster. Auch wenn ich ein paar

Nachbarskinder einlud, zu mir zu kommen, und wir fröhlich die Treppen hinaufrannten, riss sie sofort die Tür auf und zischte uns an, wir sollten gefälligst nicht solchen Lärm machen. Insgeheim äfften wir sie nach und schnitten furchtbare Grimassen, wenn wir den Namen Lehmann aussprachen.

Ansonsten habe ich die grenzenlose Freiheit und Ungestörtheit, mit der Kinder damals spielen konnten, sehr genossen. Wir verbrachten oft den gesamten Tag alleine draußen, spielten auf dem Gehsteig, legten in Gebüschen kleine Tierfriedhöfe an, erschreckten einander, indem wir schrien »Die Russen kommen!«, oder schlichen heimlich zu einem verlassenen Grundstück, auf dem eine zerbombte Villa stand, und erforschten sie. Aus heutiger Sicht undenkbar – dennoch ist keinem von uns jemals wirklich etwas passiert. Im Gegenteil, wir genossen die Selbstverantwortung und passten aufeinander auf.

Wenn mein Vater einmal keine Proben hatte, spielten wir stundenlang Filme oder Fernsehserien nach. *Daktari* war unser Favorit. Die Serie spielte in Afrika und handelte von einem heldenhaften Tierarzt, der mit seiner Tochter eine Tierstation führte und oft aufregende Kämpfe gegen Wilderer ausfechten musste. Mein Vater spielte *Dr. Marsh*, ferner den schielenden Löwen *Clarence*, die Schimpansin *Judy*, ihren von uns erfundenen Sohn *Toto* und diverse Wilderer. Ich war *Paula*, die Tochter von *Marsh*. *Clarence*, *Judy* und *Toto* hatte ich als Plüschtiere, ebenso einen Tiger mit Augen, die im Dunkeln leuchten konnten, namens *Shirkan*. Ihn hatten wir aus dem *Dschungelbuch* in unser Daktari-Spiel integriert. Die Spiele waren immer hoch dramatisch und ich steigerte mich regelmäßig dermaßen hinein, dass ich vor Aufregung furchtbar weinen musste. Meine Mutter schritt dann meistens genervt ein und beendete sie.

Ein weiteres Highlight war, wenn mein Vater und ich *Kaspi und Grete* spielten. Anfangs verwendete er dabei noch die Holzköpfe meiner Kasperlefiguren, mit denen ich oft vor meinen Freunden kleine Vorstellungen gab, später reichten ihm dazu nur noch seine zwei nackten Zeigefinger. Kaspi und Grete waren zwei furchtbar freche Kinder, ich spielte ihre Mutter und mein Vater zusätzlich zu den Kindern auch noch ihren Vater, der aber fast nie Zeit für sie hatte. Die Mutter musste sich immer wahnsinnig ärgern und mit den Kindern schimpfen. Auch hier steigerte ich mich regelmäßig derart in das Spiel hinein, dass ich wirklich fuchsteufelswild wurde und wir uns richtig in die Haare bekamen. Oft fing ich in meiner Wut an, *Kaspi* und *Grete* zu schlagen, und tat meinem Vater dabei weh. Es endete immer damit, dass er furchtbar beleidigt war und ich heulte.

Mein Vater und ich spielen »Kaspi und Grete«

Meine Mutter fand Spielen langweilig, insofern wartete ich stets ungeduldig, bis mein Vater endlich Zeit für mich hatte. Brettspiele und dergleichen waren ebenso ein sehr faszinierender, wenn auch nervenaufreibender Zeitvertreib mit meinem

Wettrennen mit meinem
Vater in der Bretagne

Vater. Er verstand es, jedes Spiel zu einem wahnwitzig spannen-
den Kampf zu gestalten, bei dem es um alles ging. Er gewann
jedes Mal. Es trieb mich zur Weißglut, wenn er bei *Mensch ärgere
dich nicht* oder *Fang den Hut* den Würfel mit seiner Faust
umschloss und siegessicher die Zahl, die er würfeln wollte, zwischen die Finger flüsterte und sie dann tatsächlich auch wür-
felte. Die Art und Weise, wie er sich über seine Siege freute, die
Überschwänglichkeit, mit der er lachend herumhüpfte und
unzählige Male »Gewonnen!« schrie, machten mich wahnsinnig, sie provozierten mich zu regelrechten Tobsuchtsanfällen.
Auch bei Wettrennen ließ mich mein Vater nie gewinnen, trotzdem versuchte ich jedes Mal verbissen, ihn zu besiegen.

Eine Zeit lang war ich eine sehr gute Kurzstreckenläuferin
und eines Tages gelang es mir tatsächlich, ihn zu überholen!
Dennoch bewirkten diese andauernden Niederlagen bei mir,
dass ich mir jahrelang einbildete, ich könne überhaupt nicht

gewinnen. Konsequenterweise machte ich auch viele Erfahrungen, die meine Theorie bestätigten. Es gelang mir zum Beispiel in der Schule bei einem Fahrradgeschicklichkeitstest, unter fünfundvierzig Schülern den allerletzten Platz zu ergattern, ebenso blieb ich auch immer beim Kopfrechenwettbewerb eisern bis zum Schluss stehen, weil ich meine Finger zum Nachrechnen brauchte und sie unter dem Stress wie gelähmt waren.

Mein Vater kochte leidenschaftlich gerne, es war seine Art sich zu entspannen. Meine Mutter konnte zwar auch gut kochen, aber er war definitiv der Hauptkoch in unserer Familie. Ich begleitete ihn immer in die Küche und begann parallel zu seinen kulinarischen Experimenten, bei denen er jedes Mal eine unfassbare Sauerei veranstaltete, an meinem kleinen Puppenherd, der zwei funktionierende Herdplatten und sogar ein kleines Backrohr hatte, eigene Kreationen zu erfinden. Der Grundtenor war jedes Mal, dass ich eine arme Frau war, die mit nichts etwas für ihre Kinder zum Essen machen musste, aus trockenem Brot und eventuell noch aus einem Stückchen Wurst. Gleichzeitig spielte ich die armen Kinder, die sich ihre spärlichen Mahlzeiten teilen mussten. Es war eine Art Fortführung von *Hänsel und Gretel*. *Gretel* war natürlich immer die Vernünftige und *Hänsel* aß immer alles gleich auf. Einmal flambierte mein Vater Fleisch und eine meterhohe Stichflamme versengte die gesamte Küchendecke. Danach strichen wir sie orange.

Zu Weihnachten kamen immer die Eltern meiner Mutter und die Mutter meines Vaters vom Bodensee angereist und blieben dann im Schnitt zwei bis drei Wochen. Das führte zu Spannungen. Melli, die Mutter meiner Mutter, war eine geschäftige Hausfrau, die gerne alle übertrieben *betüdelte,* dauernd hysterisch lachte und mir mit ihrem hohen Singsang und ihrem dauernden Herumgenestel an mir teilweise wahnsinnig auf die

Nerven ging. Sie überschüttete mich mit Schweizer Schokolade – stapelweise –, und ich verschenkte die Tafeln heimlich immer an meine *Schokofreunde* und erfreute mich demgemäß äußerster Beliebtheit in der Klasse. Melli trug immer selbst genähte Hauskittel, natürlich aus Resten, war putzsüchtig und duldete in der Küche keinen Widerspruch. Das führte natürlich zu heftigen Konflikten mit meinem Vater bei den Vorbereitungen der Weihnachtsmenüs. Zwei Alphaköche liefen zur Hochform auf. Im Halbstundentakt verließ einer von beiden beleidigt die Küche und beklagte sich bei meiner Mutter. Ich werde nie vergessen, wie mein Vater und Melli einmal wütend über der Weihnachtsgans stritten – es ging darum, womit man sie am besten füllte –, und jeder abwechselnd energisch immer noch eine Zutat hineinstopfte, bis die Gans fast platzte und meine Oma ihr dann mit verbissenen Lippen den Hintern zunähte. Ich war total fasziniert und fragte mich insgeheim, ob das wirklich notwendig war oder ob sie es nur aus Wut tat, weil die Gans überstopft war. Die Mutter meines Vaters, zu der ich nur *Marion* sagen durfte, hielt sich aus all dem heraus, lachte viel, war ein absoluter Genussmensch und meine Favoritin.

Am Weihnachtstag durfte ich das Wohn- und Esszimmer nicht mehr betreten und beobachtete gespannt vom Kleiderschrank aus – ich kletterte andauernd auf Schränke –, wie mein Vater mit verschmitztem Lächeln immer wieder darin verschwand. Für den Heiligen Abend mussten sich alle etwas Schönes anziehen. Voller Ungeduld und Sehnsucht wartete ich auf das leise Klingeln des Glöckchens, bis ich endlich ins Zimmer durfte, und wie jedes Mal war ich vom Glanz und Schein des strahlenden Weihnachtsbaums überwältigt. Das ist und war für mich immer der schönste Moment, pure Magie: der geschmückte Baum mit den brennenden Kerzen, die eine unglaubliche Wärme ausstrahlen, der betörende Duft der Tannennadeln, die vielen glitzernden Kugeln und bezaubernden Kleinodien ...

Anschließend wurde, von meiner Oma Melli auf dem Akkordeon begleitet, wie immer viel zu lange gesungen, dann endlich gab es die Bescherung. Dabei musste man immer warten, bis jeder Einzelne sein Geschenk ausgepackt und es allen anderen gezeigt hatte. Ich kam immer erst ganz zum Schluss dran, am Höhepunkt der Spannung sozusagen. Danach folgte das feierliche Weihnachtsmahl, bei dem sich mein Opa Jupp (mütterlicherseits) sein Hemd bekleckerte, was ihn in seiner militärischen Ordnungssucht zutiefst verärgerte. Ansonsten hörte man nur Ahs und Ohs oder: »Wie lecker! Mmmmh! Köstlich!« – und die orangeweißen Synthetikvorhänge neben dem Weihnachtsbaum gingen in Flammen auf. Sekundenlang waren alle wie hypnotisiert von dem nun wirklich alles überstrahlenden Licht des brennenden Weihnachtsbaums. Irgendetwas ging bei uns immer in Flammen auf, was dazu führte, dass aus mir eine leidenschaftliche Pyromanin mit einem großen Faible für Feuerwerkskörper geworden ist.

Bodensee

Am Bodensee liegt der Ort, an dem sich meine Eltern bei einer Party im Keller des Hauses der Familie meines Vaters zum ersten Mal begegneten. Meine Mutter war damals sechzehn und hatte ein Gipsbein, mein Vater war zweiundzwanzig und erlag sofort ihrer Ausstrahlung. Die Sommer am Bodensee gehören zu meinen schönsten Kindheitserinnerungen. Wenn ich jemals so etwas wie ein geografisches Heimatgefühl gehabt habe, dann für diese Region. Hier wurde meine Mutter 1947 in Weingarten geboren, und mein Vater zog mit seinen Eltern, seinem jüngeren Bruder Christian und seiner noch jüngeren Schwester Barbara als Teenager an den Bodensee, wo mein Großvater Wilhelm Voss in Wasserburg das Haus Roseneck gekauft hatte. Es war ein wunderschönes, herrschaftliches

Ansicht von
Wasserburg

Mit Großmutter
Marion

Meine
Eltern
und ich
vor Haus
Roseneck

Mit meiner
Urgroßmutter,
genannt »Groß-
mutter Voss«

45

»Großmutter Scheinhütte«,
eigentlich meine Urgroß-
mutter

weißes Haus, von Duftrosen und Weinbergpfirsichen umrankt, und stand in einem parkähnlichen alten Garten, durch den sogar ein kleiner Bach floss. Dort lebten, als ich geboren wurde, Marion, die Mutter meines Vaters, ihre Mutter, genannt Großmutter Scheinhütte, und ihre Schwiegermutter, genannt Großmutter Voss, die sie wie zuvor auch ihren Mann aufopfernd bis zu ihrem Tod pflegte. Dann gab es noch eine sehr herzliche Haushälterin namens Frau Schwärzler, die immer beim Bügeln sang, und später die beiden Pudel Huschi (cognacfarben) und Goldi (weiß). Goldi, der hochsensibel war und sich sofort auf den Rücken warf, wenn man seinen Namen etwas strenger sagte, war mein Liebling. Von ihm lernte ich, mich auf der Stelle zu ergeben, wenn jemand auch nur den Anschein erweckte, als wolle er mich angreifen.

In Wasserburg verbrachten wir – anfangs aus Geldmangel – immer die gesamten Sommerferien, also zwei Monate. Dann, als ich etwas älter war und wir kleine Italienreisen, etwa nach Elba oder Sardinien, machen konnten, zumindest den Großteil des Sommers. Der geheimnisvolle Garten war einer meiner Lieblingsaufenthaltsorte, gerne auch an der Hand von Großmutter Scheinhütte, die täglich frische Rosen für den Esstisch schnitt. Sie war eine zierliche, weißhaarige Dame von Welt, immer im Twinset oder Seidenkleid, mit Perlohrringen und

Perlenkette, und beeindruckte mich über alle Maßen. Sie wirkte Respekt einflößend, war aber unglaublich gütig.

Großmutter Scheinhütte war gemeinsam mit ihrem Mann in ihren frühen Zwanzigern nach China ausgewandert, sprach fließend Chinesisch und vermittelte mir viel von der chinesischen Lebensphilosophie. Eines der Dinge, die ich bis heute von ihr verinnerlicht habe, ist das Gebot, dass man einen Menschen niemals sein Gesicht verlieren lassen darf, weil das unverzeihlich ist. Dazu erzählte sie mir, wie sie in Nanking im Gesandtenviertel in einem großen Haus mit Bediensteten gelebt hatte. Eines Tages war das gesamte Tischsilber verschwunden gewesen. Sie hatte gewusst, dass es ein ganz bestimmtes Dienstmädchen entwendet hatte. Statt dieses jedoch direkt darauf anzusprechen, hatte sie alle Bediensteten im Salon versammelt und verkündet, dass sie mit großem Bedauern festgestellt habe, dass das Tischsilber fehle, jedoch davon überzeugt sei, dass es bis zum nächsten Morgen wieder seinen Weg zurück in die Schublade finden würde. So war es dann auch gewesen ...

Großmutter Scheinhütte brachte mir auch bei, vor Blumen, die ich in meiner Begeisterung für ihren betörenden Duft immer gierig in meinen Mund stopfte, Respekt zu haben, nur an ihnen zu riechen und höchstens vorsichtig eine Blüte mit der Hand zu liebkosen.

Im Garten gab es riesige alte Bäume, darunter eine Weide, die

Rosenmahlzeit im Garten
von Haus Roseneck

direkt am Bach stand. Darunter war es dunkel. Ich war einerseits magisch von dem glitzernden Rinnsal des Baches angezogen, dem feucht-modrigen Geruch nach Moos und der Hoffnung, einen Feuersalamander zu finden, hatte jedoch auch immer Angst davor, von irgendetwas aus dem Dunkel der Blätter gepackt zu werden. Der Großteil des Gartens bestand aus wunderschön gepflegtem Rasen mit vereinzelten Rosenbeeten, atemberaubend duftenden Flieder-, Jasmin- und Buddleja-(Schmetterlingsflieder-)Büschen, einem Kirschbaum, einem Klarapfelbaum mit köstlich säuerlichen, hellgrünen Früchten und einem gigantischen Nussbaum. Die Einfahrt war mit kleinen weißen Steinen bestreut, die immer herrlich knirschten, wenn ein Auto darüberfuhr, man darauf hin- und herrannte oder sich mit dem Fahrrad seinen Weg bahnte. Sie kündigten stets jede Ankunft im Haus Roseneck an.

Eine kleine Treppe führte zum Eingang des Hauses hinauf. Unten ging es von einem langen Gang gleich links in die gemütliche Küche, danach kam das Esszimmer mit einem großen runden Tisch, am Ende des Gangs stand eine alte dunkle Holzbank, auf der oft Großmutter Scheinhütte saß und Zeitung las, die *Times*. Oft schlief auch der kleinere orange Pudel Huschi unter der Bank und wartete, bis ich vorbeirannte und er mich in die Knöchel zwicken konnte. Rechts lag der Wohnsalon und davor führte noch eine steile Steintreppe hinunter in den Keller, der aus einer Waschküche bestand, wo es immer frisch duftete und stets warm und hell war. Von hier aus gab es auch einen Aufgang zum Garten. Rechts um die Ecke waren zwei weitere große Räume, in denen allerhand gelagert wurde und wo mein Vater und sein Bruder früher immer wilde Partys veranstaltet hatten. An den Wänden standen Regale mit Geschirr, Einmachgläsern, Hunderten Gläsern Marmelade, ganz hinten im schon sehr dunklen, feuchtkalten Teil war so ziemlich alles zu finden, von altem Spielzeug bis hin zu Gartengeräten, Fahrradreifen und zahllosen, bedrohlich wirkenden Riesenspinnen, die in jeder Ecke auf mich lauerten. Zu manchen Zeiten war meine Spinnenangst oder besser -hysterie so groß, dass ich schon beim sanften Kitzeln eines Grashalms aus einem Blumenstrauß in meiner Hand diesen schreiend in die Luft schleuderte und kopflos davonrannte. Eine Angst, die meinen Vater immer wieder dazu verführte, mich mit großen Spinnen, die er mit der Hand fing, zu erschrecken. (Als mittlerweile alleinerziehende Mutter habe ich mir mühsam antrainieren müssen, große Spinnen selber und ohne Schrei mit Glas und Papier zu fangen und aus dem Fenster zu befördern, damit mich mein Sohn nicht für einen Schwächling hält.)

Gleich rechts vom Hauseingang führte eine Holztreppe hinauf in den ersten Stock, wo sich die Schlafzimmer der beiden Urgroßmütter befanden, alle mit eigenem Waschbecken. Dann kamen das Bügelzimmer und das große Schlafzimmer, das ursprünglich meine Großmutter Marion mit meinem Großvater Wilhelm, der noch vor meiner Geburt an den Folgen eines Blutgerinnsels im Hirn gestorben war, bewohnten. Daran schloss sich ein luxuriöses Bad an. Eine weitere Holztreppe führte auf den sogenannten Dachboden, wo früher mein Vater und sein Bruder Christian ihre Zimmer hatten. Sie wurden von einem Gang getrennt, in dem sich geheimnisvolle Nischen und zwei Holztruhen, die voll mit alten Kleidern waren, befanden. Das waren meine Verkleidungskisten, und in einer fand ich einen prachtvoll bestickten chinesischen Hausmantel – mein Lieblingsstück. Ebenso machte ich mich hier oben auch immer wieder auf Schatzsuche, weil es hieß, die Vorbesitzer hätten im Krieg all ihre Wertgegenstände irgendwo in einem Geheimfach versteckt.

Am liebsten mochte ich das alte Zimmer meines Vaters. Es war ganz mit hellem Holz ausgekleidet, sehr verwinkelt und an den Wänden standen Hunderte von schwarzroten Krimis, die ich später alle verschlang. Es war sehr warm hier oben und aus dem kleinen Fenster hatte ich einen hervorragenden Blick über das Geschehen im Eingangsbereich des Gartens. Vom anderen Zimmer sah man auf den hinteren Teil des Gartens. Es wirkte immer ein wenig düster. Auch hier befanden sich allerhand kleine Schätze in einem weißen Wandschrank, wie etwa eine Schachtel mit Zinnsoldaten. Immer wieder versuchte ich, alleine in einem der beiden Zimmer zu übernachten, gab aber meistens mitten in der Nacht auf, weil ich zu große Angst hatte. In dem weniger hellen der beiden Zimmer veranstaltete mein Zauberonkel Christian, wie ich ihn in meiner grenzenlosen Faszination nannte, mit mir äußerst merkwürdige Spielchen oder Zaubertricks. Unter anderem nahm er mich auf den Schoß, spielte den bösen Räuber, der mich gefangen hatte, und rammte mir mehrfach ein Schnappmesser in den Bauch. Ich erschrak jedes Mal zu Tode, weil ich der Mechanik nicht vertraute. Christian hatte wunderschöne, große, hypnotische, grünblaue Augen, dunkles Haar, eine große Nase und eine sehr angenehme Stimme. Er sah meinem Großvater Wilhelm Voss sehr ähnlich. Aus der Brusttasche seines Hemdes schaute immer ein bisschen rotbraunes Fell heraus. Das sei Jimmy, erklärte er mir, eine Art Koboldwesen, das ihn immer begleitete und sich unsichtbar machen konnte. Es gelang mir nie, Jimmy zu fangen und dazu zu bringen, sich zu zeigen. Leider. Ich war meinem Onkel vollkommen verfallen und liebte ihn abgöttisch, weil er so geheimnisvoll war.

Ein weiteres kleines Experiment, das er mit mir machte, bestand darin, mich mit dem Kopf nach unten an eine Schaukelstange zu hängen und mir mit dem Löffel brühheißen Kakao einzuflößen, weil er sehen wollte, ob ich auch mit dem Kopf nach unten trinken könnte. Ich konnte es nicht, verschluckte mich furchtbar und wäre beinahe abgestürzt. Onkel Christian konnte auch Geldmünzen in seiner Hand verschwinden lassen oder Löffel durch Bananen zaubern.

Seit vielen Jahren schon ist mein Zauberonkel Christian verschwunden und wird sogar von Interpol gesucht. Er war spielsüchtig und hatte als Anwalt von den falschen Leuten, sprich der russischen Mafia, Geld veruntreut. Irgendwann tauchte eine Schachtel mit ein paar persönlichen Sachen von ihm auf. Es hieß, er sei wahrscheinlich nicht mehr am Leben, aber das glaube ich nicht.

Bei unseren Aufenthalten in Haus Roseneck fragte ich mich immer, wo eigentlich das Kinderzimmer meiner Tante Barbara gewesen war, die ich sehr mochte. Mein Eindruck war, dass sie es nicht so leicht gehabt hatte in dieser sehr männerverherrlichenden Familie. Es hieß, wenn mein Großvater Wilhelm zu Hause war, mussten ihm alle ergeben lauschen. Barbara war sechs Jahre jünger als mein Vater und erzählte, mein Vater habe sie ein wenig links liegen gelassen. Sie sah für mich wie eine echte Prinzessin aus, mit weißblonden leuchtenden Locken und großen blauen Augen.

Meine Tante
Barbara, ihr Mann
Beppo und ich

Sie war ein wenig schüchtern und lachte viel, insgesamt war sie zeitlebens sehr mädchenhaft. Ihr Mann, mein Onkel Beppo, war ein ziemlicher Angeber. Als er meine Tante kennenlernte, fuhr er ein rotes Sportcabrio. Marion erzählte, Beppo habe Barbara geheiratet, weil er dachte, sie käme aus einer wohlhabenden Familie – wegen des Hauses Roseneck.

Als er merkte, dass es außer dem Haus keinen weiteren Reichtum gab, fing er an, sie schlecht zu behandeln. Sie erzählte, er habe Barbara geschlagen und die Treppe hinuntergestoßen. Barbara hatte zwei Kinder von ihm bekommen, was sowohl Marion als auch meine Eltern für Wahnsinn gehalten hatten, weil die Ehe damals eigentlich schon kaputt gewesen war. Barbara war, glaube ich, ein sehr unsicherer Mensch, konnte sich nicht wehren und hat wohl viel Leid in ihrem Leben erduldet. Ich hatte großes Mitleid mit ihr, aber auch mit meiner Cousine und meinem Cousin.

Das ganze Haus Roseneck zeugte von den vielen Jahren, die meine Familie väterlicherseits in China gelebt hatte. Überall hingen alte chinesische Stiche, standen Statuen und Vasen und im Wohnsalon befand sich ein leider immer verschlossener Vitrinenschrank voller kleiner Schätze wie Elfenbeinelefanten in allen Größen, winziger chinesischer Masken und Döschen. Ganz selten schloss meine Großmutter Marion ihn für mich auf, und ich durfte kurz die zerbrechlichen Kostbarkeiten in die Hand nehmen und aus der Nähe bewundern. China war allgegenwärtig, sowohl Marion als auch mein Vater kochten oft und hervorragend Chinesisch, und ich lernte sehr bald, mit Stäbchen zu essen. All dies erzeugte in mir schon früh ein Gefühl der tiefen Verbundenheit mit allem Asiatischen, den Menschen, ihrer Kultur und ihrem Essen.

China

Es war immer schon mein Plan gewesen, einmal die Lebensgeschichte meiner Großmutter Marion aufzuschreiben ... Bei Träubleskuchen (Johannisbeerkuchen mit Eischnee) hatte ich stets gebannt ihren Erzählungen gelauscht und mir die alten Schwarzweißfotos von China zeigen lassen.

Ihre Mutter Ida Scheinhütte und ihr Vater Julius Schein-hütte waren zu Beginn des zwanzigsten Jahrhunderts nach China ausgewandert. Es war zur Zeit von Aisin Gioro Puyi, des letzten Kaisers von China, der von 1908 bis 1912 herrschte. Im neunzehnten Jahrhundert hatten die Ausbeutung und die gewaltsame Öffnung Chinas durch die Kolonialmächte einen traurigen Höhepunkt erreicht, vor allem vonseiten der Briten, die China mit Opium überschwemmten, was zu den sogenann-ten Opiumkriegen (1839–1842 und 1856–1860) führte. Auch viele Deutsche witterten damals eine Chance für sich und gründeten Firmen und Konsulate in China. Der Boxeraufstand 1900 war ein letzter verzweifelter Versuch Chinas, sich gegen die Einmischung der imperialistischen Mächte wie England, Frankreich, Russland, der USA und Japan zu wehren. Verge-bens. Da die Deutschen keine territorialen Interessen hatten, betrachteten die Chinesen sie eher als Partner bei ihrer Moder-nisierung und ihrem Wiederaufbau. Auch Kaiser Puyi, der von einem britischen Privatlehrer unterrichtet worden war, war begeistert und fasziniert von der westlichen Denkweise. Re-formintellektuelle forderten die Übernahme westlicher Tech-nologien, nach dem Motto »Die chinesischen Wissenschaftler als Essenz, die westlichen Wissenschaftler für die praktische Anwendung«, und empfingen meinen Urgroßvater Schein-hütte, der Physiker war, mit offenen Armen.

Die Scheinhüttes durchliefen zahlreiche Stationen in China und der Mongolei: Peking, Nanking oder Mukden, wo meine Großmutter Marion und ihr Bruder Gert geboren wurden, und später Schanghai. Beide Kinder wurden in das Eliteinternat Salem am Bodensee geschickt. Meine Großmutter hielt es dort jedoch nicht aus und kehrte nach Schanghai zurück. Ihr Bru-der Gert, den sie unendlich liebte, meldete sich freiwillig für das Vaterland und fiel mit nur einundzwanzig Jahren im Ers-ten Weltkrieg. Mein Vater erinnerte sie stark an ihren Bruder, daher wurde er auch nach ihm benannt. (Der ursprüngliche

Taufname meines Vaters lautet Peter Gert, aber nachdem er als junger Schauspieler dauernd auf den Film aus dem Jahr 1958 mit dem Titel *Peter Voss, der Millionendieb* angesprochen wurde, hat er sich schließlich Gert Voss genannt.)

Marion erzählte, wie sie einmal in einer Rikscha entführt wurde, angstvolle Stunden in der Hand ihres Entführers, der von ihrem weißblonden Haar fasziniert war, verbrachte und endlich von der Polizei gefunden und zu ihren besorgten Eltern zurückgebracht wurde. Sie schilderte das luxuriöse Leben ihrer Familie in den eleganten Ghettos der Konsuln, Gesandten, Wissenschaftler und Geschäftsleute. Man lebte in großen Villen mit wunderschönen Gärten, hatte Personal, gab Empfänge, feierte rauschende Feste, und jedes Kind hatte eine chinesische Amah (Kinderfrau). Bei einem dieser Feste begegnete Marion meinem Großvater Wilhelm Voss, der mit achtzehn Jahren nach China ausgewandert war, Geschäftsmann war und für die Firma ZEISS arbeitete, die Linsen, unter anderem für medizinische Optikgeräte, herstellte.

Meine Großmutter war in diesen jungen Jahren eine sehr hübsche Frau, mit veilchenblauen Augen und blonden Locken, sehr lebenslustig und eine wirkliche Genießerin.

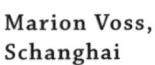

Marion Voss,
Schanghai

54

Nachdem sie aus Salem vor sexuellen Übergriffen von älteren Kommilitoninnen geflohen war, machte sie in China eine Ausbildung zur Sekretärin und beherrschte daher Stenografie, eine Geheimschrift für mich, was mich sehr beeindruckte. Als Marion von dem großen, stattlichen jungen Mann mit dunklem, pomadisiertem, welligem Haar und Abendanzug zum Tanzen aufgefordert wurde, versank sie in seinen grünblauen Augen. Sie schwärmte immer noch von seiner Eleganz – er hatte stets zweimal am Tag das Hemd gewechselt – und seiner weltmännischen Ausstrahlung. Gleichzeitig beschrieb sie ihn aber auch als sehr großzügigen und gutmütigen Familienmann, der voller Begeisterung immer wieder zu ihr sagte: »Lass uns doch noch ein Kindchen machen!« Er muss ein unglaublicher Workaholic und permanent auf Geschäftsreisen gewesen sein, später wohl auch aus Angst, von jüngeren Kollegen überflügelt zu werden.

Wilhelm Voss

1941 wurde mein Vater in Schanghai geboren und zwei Jahre später sein Bruder Christian. Mein Vater war ein kränkliches, zerbrechliches, hypersensibles Kind, das sowohl von seiner Mutter als auch seiner persönlichen Amah rund um die Uhr verwöhnt wurde. Eine Tatsache, unter der sein jüngerer

Bruder immer sehr gelitten hat. Zwischen den beiden Brüdern gab es furchtbare Prügeleien, die von meiner Großmutter in ihrer Verzweiflung oft nur noch durch den Strahl eines Gartenschlauchs getrennt werden konnten. Mein Vater mochte seinen Bruder sehr, genoss jedoch sichtlich auch die Position, der größere, ältere, blonde, ideenreiche Bruder zu sein. Meinen Onkel beschrieb mir meine Großmutter als ein etwas pummeliges, ungeschicktes Kind, das seinem Bruder stets nacheiferte.

Marion bezeichnete meinen Vater manchmal als ihren kleinen Kaiser und erzählte mir dann von Puyi, der mit zehn Jahren zum letzten Kaiser von China gekrönt wurde und verwöhnt und völlig isoliert in der riesigen Verbotenen Stadt in Peking wie in einem goldenen Käfig lebte. 1912 musste Puyi abdanken, erhielt jedoch ein unbefristetes Wohnrecht und eine gigantische Apanage zur Erhaltung seines Hofstaates in der Verbotenen Stadt. Mitte der Zwanzigerjahre wurde die Verbotene Stadt der Öffentlichkeit zugänglich gemacht. Marion besichtigte sie mit ihren Eltern. Ein Stadtplan dieses Zentrums der Macht im Reich der Mitte, mit all seinen Tempeln und Gängen, hing im großen Schlafzimmer von Haus Roseneck. Ich stand oft davor und versuchte mir vorzustellen, wie der kleine Kaiser dort herumrannte und seine Amahs ärgerte. In den Fluren von Haus Roseneck hingen auch viele chinesische Stiche, die Szenen aus dem Hofleben darstellten, wie etwa eine Zahnbehandlung, die ich immer besonders grausam, schaurig und aufregend fand.

Meine Großmutter beschrieb die ständigen Unruhen und Aufstände in China, den Kampf zwischen den republikanischen Kuomintang unter Chiang Kai-shek und den Kommunisten. Puyi koalierte mit den Japanern, die ihn zum Kaiser des Marionettenstaates Mandschukuo (1932–1945) machten. Chiang Kai-shek war daran interessiert, Japans Dominanz zu begegnen, und wurde in den Dreißigerjahren von den Deut-

Mein Vater mit
seiner Amah und
Hausangestellten,
Schanghai 1944

Mein Vater (links) und
sein Bruder Christian,
Schanghai 1946

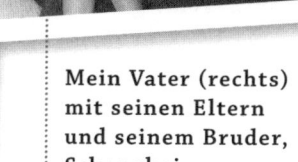

Mein Vater (rechts)
mit seinen Eltern
und seinem Bruder,
Schanghai

57

schen unterstützt, militärisch und wirtschaftlich durch die Chinesisch-Deutsche Kooperation. Sein Gegenspieler war Mao Zedong gewesen, der Vorsitzende der Kommunistischen Partei und später der führende Politiker der Volksrepublik China.

Marion schilderte die steigende Angst in den Ghettos vor Übergriffen, auch sie lebten in einem goldenen Käfig, den sie nicht verlassen durften. Mit dem Aufstieg der Nationalsozialisten in Deutschland verschlechterten sich die Beziehungen zu China Ende der Dreißigerjahre immer mehr. Die in China lebenden deutschen Geschäftsleute, die 1934 durch die Gründung der HAPRO (Handelsgesellschaft für Industrielle Produkte) ihre Interessen gebündelt hatten, mussten nun um ihr Weiterbestehen und ihre Existenz zittern und versuchten verzweifelt, ihre Verbundenheit mit China zu bekräftigen. Die Firma ZEISS, die mein Großvater Wilhelm vertrat, beteiligte sich nach anfänglichen Konflikten mit den nationalsozialistischen Machthabern Ende der Dreißigerjahre als Produzent von rüstungs- und kriegsrelevanten Optiken. Als sich Hitler schließlich mit den Japanern gegen Russland verbündete, wurden die Deutschen zu Staatsfeinden Chinas. Nach dem Angriff auf Pearl Harbor trat Chiang Kai-sheks Chongqing-China formal den Alliierten bei und erklärte Deutschland den Krieg. Die glorreichen Jahre waren vorbei. Ida und Julius Scheinhütte, die Eltern meiner Großmutter, sowie ihr Mann Wilhelm Voss wurden in Internierungslager gebracht. Um ihre Kinder davor zu beschützen, zog Marion den ganzen Tag mit meinem Vater und seinem Bruder durch Schanghai von einem Kino zum nächsten, um sich zu verstecken. Schließlich wurden meine Großeltern und ihre Kinder 1946/47 wie Hunderte weitere Europäer auf amerikanische Kriegsschiffe verfrachtet und zwangsrepatriiert. Dramatische Szenen spielten sich dabei ab, Familien wurden getrennt, auch Marion musste ihren Vater, der in russischer Gefangenschaft war, und ihre Mutter im Internierungslager zurücklassen. Nur mit zwei

Schrankkoffern (einer davon steht bei mir im Flur) voll hektisch zusammengeklaubter Habseligkeiten traten sie die lange, beschwerliche Reise über das Meer in eine ungewisse Zukunft nach Bremerhaven an. Mein Vater führte übrigens seine Filmbesessenheit auf die zahllosen Kinobesuche in Schanghai und die Filmvorführungen an Deck des amerikanischen Truppentransporters, wo unter dem Sternenhimmel Hollywoodfilme gezeigt wurden, zurück.

Bernardo Bertolucci hat in *The Last Emperor* (1987) über die Geschichte des letzten Kaisers von China in eindrucksvollen und unvergesslichen Bildern genau diese Zeit eingefangen. Mein Vater und ich liebten diesen Film.

All diese frühkindlichen Kriegseindrücke verarbeitete mein Vater auf selbst gezeichneten Papierrollen, die, in einer Schachtel eingespannt, zu kleinen Kinofilmen wurden. Sein treuester Zuschauer war mein Onkel Christian.

Wilhelm Voss mit Sohn Christian und meinem Vater (rechts)

59

Ich glaube, mein Vater hat sein ganzes Leben lang davon geträumt, Filme zu machen und Regie zu führen, auch als Schauspieler war er immer einer von jenen, die das große Ganze im Auge hatten, mitinszenierten und daher von manchen Regisseuren als eher schwierig empfunden wurden. Sein Bedürfnis, alles mit einer Kamera einzufangen und festzuhalten, war gigantisch. Eigentlich hatte er permanent eine Kamera in der Hand und wäre bei einem Tunesienurlaub sogar fast einmal im Treibsand versunken, während er die Kamera mit beiden Händen bis zum letzten Moment nach oben hielt, um sie zu retten ... Er filmte und fotografierte meine gesamte Kindheit und gestaltete liebevoll wunderschöne Alben mit lustigen Zeichnungen und Kommentaren von meiner Geburt an. Als ich nach dem Tod meiner Eltern vor der schier unbewältigbaren Aufgabe stand, ihr Haus zu räumen, fragte ich mich, was ich im Falle einer Katastrophe retten würde. Es waren die Fotoalben meiner Kindheit.

Liebevoll
gestaltetes
Fotoalbum

Unvergesslich sind für mich die Abende in Haus Roseneck, an denen mein Vater Filmvorführungen mit den selbst geschnittenen Dokumenten unserer Sommerurlaube am Bodensee machte. Die Sessel wurden in mehreren Reihen im Wohnzimmer aufgestellt. In der letzten Reihe thronte immer Großmutter Scheinhütte in ihrem Ohrensessel, die zarten Füße auf einem dazu passenden Schemel, der wippen konnte und gleichzeitig eines meiner heimlichen Lieblingsspielzeuge war. Wie in einem echten Kino gab es Knabbersachen und Litschis in chinesischen Schüsselchen. Dann wurde das Licht gelöscht, und ich schloss immer kurz die Augen, um den akustischen Moment zu genießen, in dem der Projektor zu surren anfing. Die Filme wurden an die Wand projiziert, und ich liebte die merkwürdigen Striche und Löcher, die zu Beginn und am Ende jeder Filmrolle erschienen. Auch musste ich immer sehr über die absurde Geschwindigkeit der Bewegungen lachen und ihre Verlangsamung, wenn die Rolle fast am Ende war. Mein Vater kommentierte das Filmgeschehen aus dem Dunkeln und wir – besonders ich – mussten immer unglaublich viel lachen. Hauptmotiv war natürlich der Badeplatz am Bodensee.

Meine Großmutter besaß nämlich ein idyllisches Badegrundstück direkt am See. Meistens fuhren wir nach dem Frühstück mit dem Fahrrad durch die Apfelplantagen auf immer schmaler werdenden Pfaden dorthin.

Je näher man zum See kam, umso verwachsener, düsterer und kühler wurde es. Schwärme von Mücken umflogen uns, ich schlug immer hysterisch um mich und landete regelmäßig mit meinem Fahrrad im Gebüsch. Das letzte Stück war ein Schotterweg, und obwohl ich auch hier des Öfteren die Kontrolle über mein Fahrrad verlor, genoss ich immer den Klang der wegspritzenden Steinchen. Dann stand man vor einem länglichen Metalltor, das ein äußerst streng zu öffnendes Schloss hatte und schaurig quietschte, wenn man es langsam aufschob.

Mit meiner
Mutter auf
dem Weg zum
Badeplatz

Meine Eltern
und ich vor
dem Tor zum
Badeplatz

Der Badeplatz hatte eine längliche Form. Auf einer Wiese stand ein großer Pflaumenbaum, der üppig Früchte trug, dahinter war eine Tischtennisplatte, wo die wildesten Matches zwischen allen Generationen ausgetragen wurden. Mein Vater hatte einen teuflischen Aufschlag und konnte hervorragend schmettern. Meistens war ich ihm chancenlos ausgeliefert, aber wenn ich ihn manchmal durch einen unerreichbaren Zufallstreffer zu einem »Gut, Grischka!« hinreißen konnte, war ich insgeheim wahnsinnig stolz. Danach kam das rotweiß gestreifte Badehäuschen, in dem es immer nach Tiroler Nussöl roch. Dort befanden sich die Badesachen, Schlauchboote, Liegestühle, Angelsachen, Federballschläger – und entsetzlich große Spinnen. Da ich schon früh ein starkes Schamgefühl entwickelt hatte und bereits mit sechs nicht ohne Bikinioberteil sein wollte, konnte ich mich nur im Badehaus umziehen und griff stets zitternd nach den an einem Haken hängenden Badesachen – immer in der Angst, von einer lauernden Spinne angesprungen zu werden. Dabei ließ ich immer die Tür einen Spalt offen, damit es nicht zu finster war, und stellte mich genau in den warmen Lichtstreifen. Die feuchte Dunkelheit des Badehäuschens war um mich herum. Ganz vorne standen ein Holztisch und Stühle.

Am Nachmittag kamen immer die Groß- und Urgroßmütter an den Badeplatz nach und brachten Töpfe und Schüsseln mit dem Mittagessen, manchmal wurde auch gegrillt, als Nachspeise gab es frisch gebackenen Zwetschgenfleck oder Apfelkuchen. Der obere Teil des Grundstücks endete mit einer kleinen Mauer, an deren linker Seite eine steile Steintreppe zu einer tiefer gelegenen Badeterrasse aus Beton und hinunter in den See führte. Am liebsten hatte ich die Ebbe, wenn man unterhalb der Betonfläche im Sand spielen und Burgen bauen, Treibholz, Schwanenfedern und Steine sammeln und den modrigen Fisch- und Schlickgeruch einsaugen konnte. Gemeinsam mit den Kindern vom Nachbarbadegrund machten wir uns auf Erkundungstour, um zu erforschen, welche Badeplätze gerade nicht bewohnt waren, und spionierten sie aus. Man konnte stundenlang von einem Grund zum nächsten klettern, da ein Großteil des Sees bebaut war. Auch gab es eine Art schmalen Betonsims, auf dem man direkt am See bis nach Wasserburg gehen konnte. Eines meiner absoluten Highlights war die tägliche Ausfahrt in einem großen, orangefarbenen Schlauchboot, das nach Gummi und Sonnenöl roch. Ich liebte das knirschende Geräusch der Ruder in den Halterungen und das sanfte Schaukeln über den in der Nachmittagssonne glitzernden See. Weiter draußen gab es eine Sandbank, wo wir immer anlegten. Das Boot wurde an einen Pfosten gebunden, und zu meiner größten Verwunderung und Begeisterung konnte ich mitten im See stehen.

Ich war und bin eine Wasserratte und brauche auch heute noch das Meer wie eine Droge. Damals hatte ich ein regelrechtes Urvertrauen in den See und folgte eines Tages, wie ferngesteuert, meinem Onkel Beppo ins Wasser. Ich glaube, er hat mich nicht einmal bemerkt. Er schwamm einfach los und ich ging quasi unter Wasser weiter, weil ich noch nicht so gut schwimmen konnte. Ich atmete das Wasser ein, schluckte es und sah vor mir das leuchtende Grün des Sees, das an der Oberfläche von der Sonne aufgehellt wurde, und die winzigen, tanzenden Algenpartikel. Es gab keinen Moment der Angst vor dem Ertrinken. Alles war ganz leicht. Glücklicherweise entdeckte mich mein Großvater Jupp unter Wasser, zog mich rasch heraus und reanimierte mich. Als ich wieder zu mir kam, war ich umringt von Gesichtern mit tränengefüllten, weit aufgerissenen Augen. Nachdem mir ja nicht eine Sekunde lang die Todesgefahr, in der ich geschwebt war, bewusst gewesen war, fand ich die Reaktion meiner Familie vollkommen übertrieben. Lange dachte ich damals, dass im Wasser zu ertrinken sicher die schönste Art zu sterben sei, aber im Laufe meines weiteren Lebens durfte ich noch zwei weitere vergleichbare Erfahrungen machen, die mich dann umstimmten.

Die Eltern meiner Mutter kamen des Öfteren zu Besuch an den Badeplatz oder zum Essen ins Haus Roseneck. Es herrschte dann immer eine sehr verkrampfte Atmosphäre. Die Eltern meiner Mutter, besonders meine Oma Melli, mochten Marion nicht besonders, weil sie einer Gesellschaftsschicht angehörte, zu der sie mit Sicherheit nicht gehörten. In Mellis Augen war

Sandburg
am Bodensee

Ich und Pudel
Goldi am
Badeplatz

Im Schlauchboot
mit Marion und
meinem Vater

65

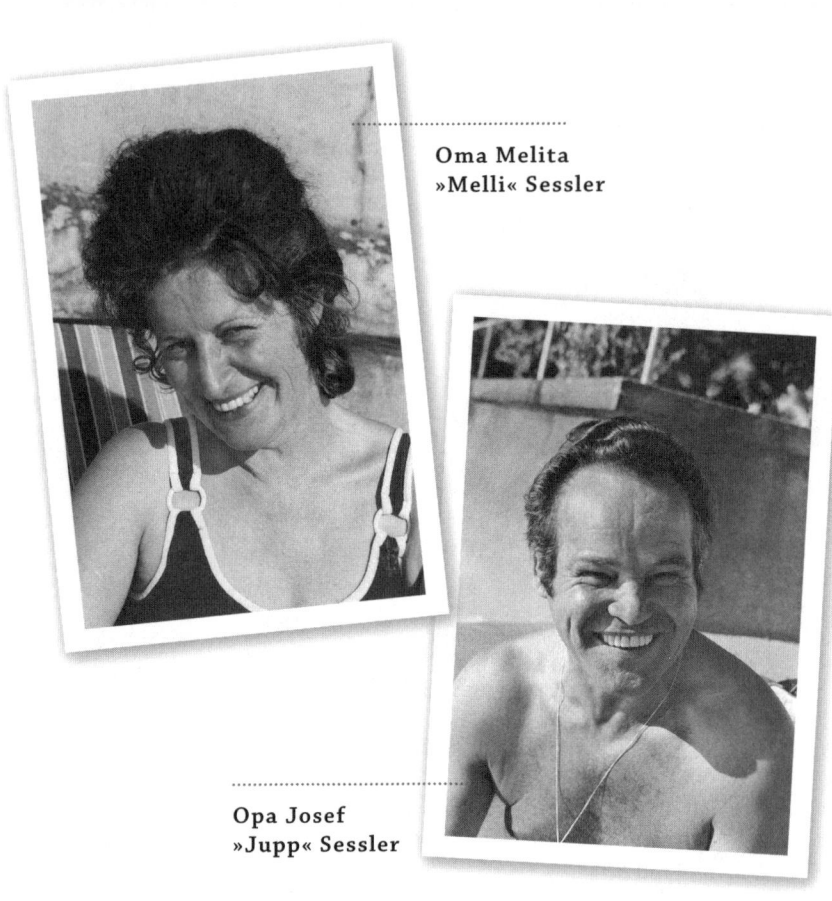

Oma Melita
»Melli« Sessler

Opa Josef
»Jupp« Sessler

Marion eine verwöhnte Frau, die Dienstboten gehabt hatte, nie selber arbeiten hatte müssen, geschweige denn wusste, wie man richtig putzte, was für sie zu den Grundqualitäten einer ordentlichen Frau gehörte. Melli saß meistens während einer Essenseinladung im Mantel auf einem Stuhl im Flur und erklärte, sie habe keinen Hunger und gehöre ja im Grunde auch gar nicht hierher. Ich fand das ausgesprochen blöd, und meiner Mutter war es furchtbar peinlich. Sie hatte überhaupt ein äußerst distanziertes Verhältnis zu ihren Eltern und nahm als junge Frau sofort Marion als ihre Wunschmutter und die neue Familie als die ihre an.

Mein Großvater war nicht nur ein Grabscher, der mich bis ins Erwachsenenalter mit seiner Gier bedachte, sondern auch früher ausgesprochen jähzornig gewesen und hatte meine Mutter als Kleinkind gegen einen Heizkörper geschleudert, weil sie geweint hatte, und ihr dabei das Schlüsselbein gebrochen. Sie hatte daraufhin lange bei ihren Großeltern mütterlicherseits gelebt, die einen kleinen Bauernhof hatten. Auch hier war sie der Gewalt eines alkoholkranken Großvaters ausgeliefert und begann sich zu einem sehr in sich zurückgezogenen, leicht soziophoben Menschen zu entwickeln. Ich glaube, der einzige Mensch, zu dem sie Vertrauen hatte und dem sie sich öffnete, war mein Vater. Um sich von ihrer eigenen Familie abzuheben, flüchtete sie ganz in den Intellekt und verabscheute alles Primitive und Intuitive. Oft warf sie mir vor, leider nur ein Bauchmensch, wie sie sagte, zu sein, der weder ein Studium, noch sonst irgendeinen Schein gemacht hatte, der beweisen hätte können, dass ich ein denkendes Individuum mit einem Abschluss war. Umso mehr liebte sie es, wenn ich mich als Autorin und Geschichtenerzählerin betätigte. Ich begann damit schon sehr früh, als ich noch nicht einmal schreiben konnte, und bestand darauf, ihr täglich im schattigen Schlafzimmer von Haus Roseneck meine neuesten Märchen zu diktieren. Vielleicht hatte diese wichtige Tätigkeit auch etwas damit zu tun, dass ich keinen Mittagsschlaf machen wollte … Die Geschichten waren für eine Sechsjährige ausgesprochen grausam und merkwürdig formuliert, ganz im altmodischen Sprachduktus der Märchen, die ich als Kind vorgelesen bekam. Hier ein kleiner Ausschnitt:

Es war einmal eine wunderschöne Prinzessin und die hatte es so langweilig. Da schenkte ihr einmal der König einen wunderschönen Spiegel. Den liebte sie über alles. Und dieser Spiegel hatte eine besondere Bewandtnis. Wenn man ihn fragte »Spieglein, Spieglein, du bist klug, sag mir, was mein Vater tut?«, dann antwortete der Spiegel: »Dein Vater hat etwas Böses vor.« – »Was hat er vor?« – »Er will dich einem Müller

67

verheiraten und dir danach das Fell über die Ohren ziehen und dann sitzt du in der Klemme.« – »Vielen Dank, Herr Spiegel. Dafür werd' ich mich rächen. Ich werde ihm ein Schlafmittel in sein Getränk schütten. Dann schläft er ein und kann mich nicht verheiraten. Ich, solang er schläft, gehe in den Wald, und du, Spiegel, kommst mit, denn dich brauche ich. Im Wald kann man uns nicht sehen, auch wenn mein Vater erwacht. Wir gehen immer tiefer in den Wald. Ernähren tun wir uns an Himbeeren und Erdbeeren, an Brombeeren, Heidelbeeren, an Blaubeeren, an Rotbeeren und an Honig. Wir betteln uns ein wenig Brot ab von den Leuten, die arm sind. Aber doch nicht so arm, dass sie kein Brot haben. Dann, wenn wir das Brot nicht kriegen, dann rächen wir uns an ihnen. Aber wenn sie uns doch Brot geben, dann sind wir dankbar und heben es auf, und wenn wir wieder Hunger haben, essen wir ein bisschen Brot. Sonst müssen wir zu viel betteln.«

Nach der schweren Kopfarbeit legte ich mich im Wohnsalon gerne auf den Boden und hörte mir eine Platte meines Vaters über Autogenes Training an, versuchte den für mich teilweise befremdlichen Anweisungen Folge zu leisten und stellte mir zum Beispiel vor, eine Wade zu sein. Ich war immer schon sehr offen für mentale Spielereien und Dinge, die man nicht wissenschaftlich erklären konnte, so auch für die Verwandlung meiner Tante Barbara und meines Zauberonkels Christian in Bhagwan-Jünger. Ich bewunderte meine Tante Barbara sehr und war fasziniert von ihrem großen Busen. Für meine Begriffe war sie eine richtige Sexbombe, und als sie plötzlich die engen, aufreizenden Blusen mit weiten T-Shirts und Pumphosen von Altrosa bis Dunkelrot vertauschte und mir erklärte, sie sei jetzt erleuchtet, ob ich das nicht sehen könne, gestand ich ihr das zwar durchaus zu, dachte mir aber insgeheim skeptisch: »Das müsste ich dann ja wohl sehen können!«

Oft spielte mein Vater mit mir im Garten von Haus Roseneck Kaufladen, mit *Kaspi* als Kunden. Wir bauten gemeinsam den gesamten Laden auf und sammelten im Garten Dinge, die ich verkaufen konnte, wie Blumen, Vogeleierschalen oder Regenwürmer. Einmal baute er sogar ein richtiges kleines Holzhaus für mich, das mit einem Tisch, Stühlchen und Vorhängen eingerichtet wurde. Nachdem aber auch dort binnen kürzester Zeit Spinnen einzogen, betrat ich es nie wieder. Abends ging ich gerne noch mit Marion und den beiden Pudeln Gassi. Zu meinem größten Vergnügen schrie sie unentwegt mit schriller Stimme: »Huschi, Goldi, Pipi-Ei-Ei, Wörschti, Wörschti!« Unglaublich war, dass die Hunde dieser Aufforderung auch tatsächlich sogleich Folge leisteten.

Am Ende eines dieser wundervollen Kindheitssommer passierte etwas Schreckliches. Meine Großmutter Marion wollte das Dach von Haus Roseneck reparieren lassen und erfuhr von der Bank, dass das Haus von meinem Onkel mit mehreren Krediten belastet worden war, um seine Spielschulden zu tilgen, und eigentlich bereits Eigentum der Bank war. Haus Roseneck musste verkauft werden. Ich werde nie meine Verzweiflung und meinen Schmerz vergessen, als wir gemeinsam das gesamte Haus räumten und auch ich mich von unendlich vielen Schätzen, die ich liebte, trennen und beobachten musste, wie fremde Menschen alle Dinge, die wir zur freien Entnahme vor das Haus gestellt hatten, einfach mitnahmen. Ich fühlte mich so ohnmächtig wie noch nie zuvor in meinem Leben und wollte nichts lieber, als das Haus retten. Mit dem Verkauf von Haus Roseneck verlor ich meine Heimat. Der Badeplatz wurde schließlich auch noch verkauft und meine Großmutter zog in eine kleine Wohnung in Nonnenhorn. Sie war unglaublich tapfer und machte, wie es ihre Art war, auch hier das Beste daraus.

II *Lebenswege*

Bochum

Nachdem ich gerade meine einzige Heimat, Haus Roseneck, eingebüßt hatte, zogen wir auch noch um und ich verlor auf einen Schlag all meine Freunde. Mein Vater folgte Claus Peymann 1980 ans Schauspielhaus Bochum. Leben im Ruhrgebiet bedeutete, man fuhr permanent zwischen Städten hin und her. Gewohnt haben wir an der lauschigen Hauptstraße von Burgaltendorf, zur Schule ging ich in Essen, zum Shoppen fuhr man nach Düsseldorf und das Theater befand sich in Bochum, einem architektonischen Höhepunkt deutscher Nachkriegsbaukunst. Auf diesen endlosen Fahrten konnte man den herrlich braunen Horizont und die gelbrotgrün leuchtenden Abgaswolken aus den Fabrikschloten am Himmel bewundern, oder – eine ganz neue Erfahrung in meinem Leben – den atemberaubenden Smogalarm erleben, bei dem man schulfrei hatte, zu Hause bleiben musste und die stinkende Luft zum Schneiden dick war. Ein weiteres Novum für mich war, mit meinem Rad am braunen, giftig stinkenden Wasser der Ruhr entlangzufahren und mit verzücktem Grauen die vorbeitreibenden toten Fische zu beobachten. Vor lauter Faszination wäre ich beinahe selber mit meinem Fahrrad in den Fluss gestürzt, rettete mich aber gerade noch vor dem sicheren Verätzungstod, indem ich mich in die braunen Brennnesseln der Ruhrböschung stürzte. Wir zogen in ein Haus mit Garten, genauer gesagt, in eine Wohnung mit Hobbykeller in einem Haus mit Garten. Über uns wohnte der steinalte Hausbesitzer Herr

70

Murmann. Herr Murmann hatte seinerzeit den idyllischen Betonkasten mit einem Lottogewinn bauen lassen. In regelmäßigen Abständen stürzte er in seiner Wohnung und wir hörten seine dumpfen Hilferufe durch die Decke. Einer von uns musste dann an seine Tür klopfen und versuchen, schreiend mit ihm Kontakt aufzunehmen, während der andere den Sohn von Herrn Murmann verständigte, der meistens genervt bat, man möge einfach die Rettung verständigen. Die kam dann auch immer, brach die Tür auf und verarztete den armen verlassenen Tropf. Ich mochte ihn, obwohl er grauenhaft aus dem Mund roch, und verachtete seinen geldgierigen Sohn, der nur auf seinen Tod zu warten schien. Aber der alte Herr Murmann war zäh.

Ich versuchte sofort, im feuchten, schattigen Garten ein Beet anzulegen und etwas Farbe in das allumgebende Braungrau zu bringen. Mein erster Tagebucheintrag am Ankunftstag lautet:

Heute in Burgaltendorf angekommen. Es ist zwar alles sehr grau und laut, aber ich habe schon drei neue Freundinnen zum Spielen gefunden und im Garten ein vierblättriges Kleeblatt entdeckt. Ich denke, das ist ein gutes Zeichen. Jetzt muss ich aufhören, weil gleich der Umzugswagen mit meinen Kisten kommt!

Es folgten noch viele Umzüge und Schulwechsel, was dazu führte, dass ich, wenn ich zum Beispiel wusste, dass ein Engagement nur für ein Jahr war, meine Kisten erst gar nicht mehr auspackte und ein sehr distanziertes Verhältnis zu materiellen Dingen entwickelte.

Ebenso mit umgezogen nach Bochum waren unsere beiden grauen Katzen Maunzerle und Micky. Auf der langen Autofahrt hatte ich ihnen fürsorglich ihr Katzenklo ausgepackt und sie hineingesetzt, woraufhin beide in der Sekunde synchron

Mit meinen Eltern, Großeltern
und den beiden Katzen in
Burgaltendorf, 1979

hineinschissen und das Auto mit einem derart beißenden Gestank erfüllten, dass mein Vater auf den Pannenstreifen fahren musste und wir alle nach Luft ringend aus dem Wagen sprangen. Darüber hinaus hatte ich noch für einen scheuen Wellensittich namens Frühlienchen und die bissige Schildkröte Lulatsch zu sorgen.

Mein erster Schultag verlief wie alle weiteren ersten Schultage als *Fremdling* und *die Neue* schrecklich. Alle starrten mich permanent an und flüsterten hinter vorgehaltener Hand. In der Pause stand ich alleine auf dem Schulhof, beobachtete mit halb gesenktem Blick die diversen lachenden Schülergrüppchen und wünschte mir sehnlichst meine beiden imaginären, älteren Brüder zurück, die ich ja unvorsichtigerweise bei einem Verkehrsunfall hatte sterben lassen ... Ich stellte mir vor, wie sie mich beschützen und all ihren Freunden vorstellen würden. Zutiefst schockiert war ich auch von dem neuen Dialekt und der Härte der Sprache des Ruhrgebiets. Nach der verlogen freundlichen Hinterfotzigkeit des Schwäbischen wurde ich hier mit Sätzen wie »Nä, darauf kannst du dir einen backen!« oder »Du hast ja wohl die Pfanne heiß!« angeschossen und brach sofort in Tränen aus. Bis heute habe ich eine ganz tiefe Aversion gegen jeden Dialekt und gegen Menschen, die sich in ihrem Slang geradezu zu suhlen scheinen – wahrscheinlich aus Neid, weil ich selbst nie einen Dialekt sprechen konnte und überall immer durch das gepflegte Hochdeutsch meiner Eltern als Fremde herausstach.

Die angsteinflößendste Erfahrung im Ruhrgebiet war für mich jedoch, plötzlich nicht mehr nur von meinem Großvater oder ab und zu von irgendeinem anderen älteren Mann begehrt zu werden, sondern plötzlich auch von etlichen Jungen in meiner Klasse, und zum Teil auch von Schülern aus der Oberstufe geradezu verfolgt zu werden. Sie bombardierten mich mit kleinen Liebesbriefen, klebten mit schmachtenden Blicken an mir oder bedrängten mich auf dem Gang mit kleinen Geschenken. Ich war mit meinen zehn Jahren ganz offensichtlich noch auf einem ganz anderen Entwicklungsstand, ein eher schüchternes Mädchen mit langem Zopf, das über so viel Aufmerksamkeit und Bedrängnis vollkommen in Panik geriet und regelmäßig weinend in der Klasse zusammenbrach. Mein neuer Klassenlehrer, Herr Wolf, kam alsbald zu uns nach Hause und sagte, es täte ihm sehr leid, er könne sich diese nahezu hysterische Reaktion auf mich auch nicht erklären, aber ich solle doch bitte nicht solche Angst haben, er würde mit den Jungen sprechen. Herr Wolf war im Gegensatz zu meinem vorherigen Klassenlehrer, der unglaublich gut aussehend, jung, sportlich und für alle Kinder ein Held gewesen war, ein unsicher wirkender Mann mit stets fettigem, schütterem Haar, das er über seine Halbglatze kämmte und das bei jeder gröberen Kopfbewegung seitlich wegflog und als Zittermatte bis zur Schulter herunterhing. So gut wie keiner in der Klasse nahm ihn in seiner kindlich verschrobenen Art ernst. Mir tat er natürlich

Brave Schülerin mit
Vater und Großeltern

sofort unendlich leid und mir war klar, dass von seiner Seite keine Hilfe zu erwarten war.

Ich wurde sehr oft krank. Eitrige Mandelentzündungen legten mich jeweils bis zu drei Wochen lahm. Herr Wolf besuchte mich dann in regelmäßigen Abständen und brachte dicke Stapel mit Hausaufgaben, die ich brav erledigte. Meine Hauptbeschäftigung bestand jedoch darin, einen dicken Wälzer nach dem anderen zu lesen, darunter *Krieg und Frieden* und *Anna Karenina* von Tolstoi und so ziemlich alles von Stefan Zweig oder Hermann Hesse. Was die Mandelentzündungen selbst anging, gewöhnte ich mich daran, dass ich jedes Mal, wenn ich meinen zugegebenermaßen sehr großen Mund bei einem Arzt öffnete, in etwa zu hören bekam: »Was hast du denn für Kirschen/Kartoffeln/Mandarinen im Hals – so etwas habe ich ja noch nie gesehen!« Schließlich wurde entschieden, dass meine Mandeln herausgenommen werden mussten, und ich kam ins Krankenhaus. Als ich eine Schwester fragte, was sie denn nun genau mit mir machen würden, erhielt ich die Antwort, man würde eine Art langen, sehr scharfen Löffel nehmen und mit diesem meine Mandeln herausschaben. Daraufhin fiel ich das erste Mal in meinem Leben in Ohnmacht. Es war dies das erste eines immer wiederkehrenden Ereignisses und mir immer ein wenig peinlich, weil ich mit Ohnmacht Frauen mit geschnürten Taillen in Rokokokleidern assoziierte. Ich war untergewichtig und die Narkose daher viel zu stark für mich. Als ich mich davon erholt hatte, konnte ich die säuerlich schmeckenden Esberitoxtabletten gegen Halsentzündungen, die ich bei jeder Angina hatte einnehmen müssen, endlich von meinem Nachttisch verbannen.

Das erste Jahr in Bochum verlief für meinen Vater auch nicht gerade toll. Dafür hatte er aber in dem Herbert-Achternbusch-Stück *Kuschwarda City* (Regie: Alfred Kirchner) eine für mich unvergessliche Vorstellung, im Zuge derer ihm, während er gerade vor seinem splitternackten Partner stand und auf dessen Unterschrift und Handschlag wartete, ein genervter Zuschauer zuschrie: »Pack ihn doch am Pimmel!« Ich fand das wahnsinnig komisch.

Claus Peymann hatte sich für mich als Bochumer Intendant äußerlich derart verändert, dass ich ihn fast nicht wiedererkannte. Er trug nun Designeranzüge, kurzes Haar und hatte sich von dem von mir so geliebten Seelöwenbart getrennt. Mit diesem Stilwechsel erklärte sich mein Vater auch Peymanns mangelndes Interesse an ihm. Dafür pflegten wir aber regen Kontakt zu Hermann Beil, dem wir immer Demeter-Gemüsekistchen aus dem Waldorfumfeld ins Theater lieferten. Hermann Beil, der mich mit seinem üppigen Lockenkopf immer ein wenig an ein Wollschaf erinnerte, kannte ich bereits aus Stuttgart als einen stets überaus höflichen, aber unglaublich distanzierten Mann, der tendenziell alle siezte, was in Theaterkreisen eher befremdlich wirkte. Peymann und er siezen sich, glaube ich, bis heute, und ich bin mir nicht sicher, ob er mich nicht sogar als Kind gesiezt hat. Wann immer es einen Streit im Ensemble gab, buk er einen Versöhnungskuchen. Er führte eine ebenso distanziert wirkende Beziehung mit Vera Sturm. Im Peymann-Ensemble hatten die Dramaturgen, dazu gehörte auch noch Uwe Jens Jensen, der einen überaus markanten Schnurrbart hatte, einen sehr hohen Stellenwert. Beil, Sturm und Jensen waren quasi das Gehirn des Theaters, so kam es mir vor. Sie waren darin meiner Mutter ähnlich, die später ja auch als Dramaturgin arbeiten sollte. Um in ihrer Gegenwart nicht dumm zu wirken, hatte ich mir angewöhnt, schweigend, aber mit hochgezogenen Augenbrauen zu lauschen, womit ich signalisierte, dass ich alles verstand und den Standpunkt ebenso teilte. Damit fuhr ich jahrelang sehr gut.

Im zweiten Jahr in Bochum bekam mein Vater endlich eine Rolle bei Peymann in *Nathan der Weise*. Er spielte den *Sultan Saladin* und trug ein weißes Kostüm und einen unglaublich eleganten Turban. Seine Schwester war Ortrud Beginnen, eine meiner Lieblingsschauspielerinnen, die ich auch privat ob ihrer liebevollen, exaltierten Verrücktheit sehr mochte. Außerdem hatten sie und Johann Adam Oest mit Abstand die buschigsten Augenbrauen, die ich bis dahin gesehen hatte. Sie wurden erst Jahre später von denen des CSU-Politikers Theo Waigel übertroffen. Ortrud und mein Vater waren ein unglaublich witziges Paar, und ich nahm meinen Vater damals erstmals als einen gut aussehenden Mann wahr.

Wenig später spielte er den steinalten *Firs* im *Kirschgarten* (Regie Karge/Langhoff). Diese Rolle ist eine meiner liebsten. Sie brachte die für mich fast aufregendste Verwandlung meines Vaters mit sich. Stundenlang experimentierte er zu Hause mit Heidelbeerquark, den er sich ins Gesicht schmierte, trocknen ließ und der dann teilweise wieder abbröckelte, weil er Altersflecken erzeugen wollte. Er gewöhnte sich einen gebückten, unsicheren Gang und eine merkwürdig dünne, krächzende Stimme an. Alle liebten diesen verschrobenen, berührenden alten Kauz und ich war rasend stolz auf meinen Vater.

Der Höhepunkt dieser Theatersaison für mich war jedoch *Hohn der Angst* von Dario Fo, weil mein Vater darin nun endlich eine Hauptrolle spielte. Regie führte Alfred Kirchner, der einzige Regisseur, der damals wirklich den Komiker in meinem Vater erkannte. Diese teilweise hochakrobatische Verwechslungskomödie – sowohl körperlich als auch mimisch – habe ich mir zahllose Male angesehen und bin jedes Mal bei meinen Lieblingsstellen vor Lachen unter den Sitz gerutscht.

Alfred Kirchner mochte ich sehr. Er pflegte eine besonders lustige Art des Umgangs mit mir. Mit seinen dunklen schulterlangen Haaren, braunen Augen und sehr vollen Lippen erinnerte er mich ein wenig an einen liebenswerten Zauberer. Er schnaufte immer sehr laut durch die Nase beim Sprechen und näherte sich stets mit der beschwichtigenden Erklärung, ich solle keine Angst vor ihm haben, er sei kein Teufel, habe aber trotzdem einen Klumpfuß. Ich fand das amüsant und sonderbar, weil seine leichte Gehbehinderung in meinen Augen weder unheimlich, noch besonders auffallend war. Verliebt habe ich mich aber bis über beide Ohren in den Schauspieler Johann Adam Oest, der grünblaue Augen, schwarzes Haar und eine sehr angenehme Stimme hatte, dazu noch spielte er in *Hohn der Angst* einen Arzt und setzte mich mit dieser Kombination gewissermaßen schachmatt.

In Bochum begannen wir, intensiv am Ensembleleben teilzunehmen, und mein Vater lud regelmäßig Kollegen zu uns nach Hause ein und bekochte sie fulminant. Ich liebte diese Essen, bei denen sich die Gäste gegenseitig mit ihren lebhaft dargebrachten Geschichten und Anekdoten übertrumpften. Auch fanden regelmäßig Wettbewerbe im Imitieren von Regisseuren – meistens von Peymann – und Schauspielern statt. Einer meiner liebsten Gäste war Urs Hefti, den ich für eine grandios tragisch-komische Erscheinung hielt. Er hatte einen schweizerischen Akzent, eine regelrechte Dirigentenmähne und stets einen verzweifelten Schalk in den Augen. Er war unglaublich selbstironisch und wahnwitzig bescheiden, was ich überaus sympathisch fand. Außerdem konnte er akrobatische Kunststücke machen und spielte virtuos Geige. Er wie noch einige weitere Schauspieler des Ensembles, die ich wegen ihrer Besonderheit schätzte, wurden zu meinem größten Bedauern immer verkannt und nicht ordentlich in Szene gesetzt. Oft träumte ich, dass ich einen riesigen Scheinwerfer nehmen und diese Künstler so gut beleuchten würde, dass endlich alle ihr Talent erkennen würden.

Oft zu Gast bei uns war auch Martin Schwab mit seiner Familie. Seine beiden hübschen Söhne und ich spielten begeistert stundenlang Tischtennisrundlauf in unserem Hobbykeller. Ich mochte auch Martin Schwabs Ehefrau Inga sehr gerne und war fasziniert von den stets wechselnden, bunten Tüchlein, die sie in ihrem kunstvoll aufgesteckten Haar trug. Sie musste wohl an die Hundert davon haben, mutmaßte ich. Im Grunde waren die meisten des ehemaligen Stuttgarter Peymann-Ensembles Teil meines Alltags.

Einmal war ich Zeuge, wie mein Vater nach einer Vorstellung von einem mir fremden, alten, verwahrlost wirkenden Mann angesprochen wurde. Ich machte mir sofort Sorgen und wollte meinen Vater beschützen. Es war Bernhard Minetti, den ich, nachdem ich ihn kennengelernt hatte, sehr bewunderte und überaus komisch fand. Mein Vater und er hatten ein wenig so etwas wie eine Vater-Sohn-Beziehung – sehr liebevoll und anerkennend.

Endlich war es so weit. Claus Peymann wollte mit meinem Vater eine große Rolle erarbeiten: *Hermann, der Cherusker. Die Hermannsschlacht* habe ich sehr oft gesehen, sie gehört zu meinen Lieblingsinszenierungen von Peymann. In dieser Inszenierung erfand er viele Stilmittel, die er auch später immer wieder zitierte. Die Anerkennung Peymanns war für meinen Vater ungeheuer wichtig. Ihre Beziehung kam mir lange vor wie die von einem Lehrer zu seinem Schüler. Einerseits ärgerte sich mein Vater ständig über ihn und spielte mir stundenlang vor, wie und was Peymann, der geradezu besessen von Wortbetonungen zu sein schien, wieder gesagt hatte, andererseits freute er sich unbändig über ein Lob von ihm. Peymann schien sehr autoritär zu sein, gleichzeitig beobachtete ich ihn stets als einen zutiefst schüchternen, gehemmten Menschen, dessen Gefühle sich immer wieder in merkwürdig wirkenden, abrupten Bewegungen, Lauten oder einem Hauterröten ihren Weg nach draußen suchten. Er kam mir wie ein riesiges, eigensinniges Kind vor, das manchmal sehr gemein sein konnte. Seine Gunst und Lust, mit meinem Vater zu spielen, bestimmten unseren Familienalltag über viele Jahre hinweg. Die beiden verband eine Hassliebe, denke ich.

Bei der *Hermannsschlacht* gestaltete mein Vater sein Kostüm selbst mit, was er von da an beibehielt. Er spielte die Rolle des *Hermann* mit großer Freude und Leidenschaft. Es war eine unglaublich vitale Figur, und durch das Zusammenspiel mit seiner Partnerin, Kirsten Dene, wurde der Grundstein für eine genial komische Bühnenbeziehung gelegt, die sich zu meiner großen Freude immer wieder in späteren Arbeiten fortsetzte. Kirsten Dene war mir in ihrer sehr schüchternen, zurückhaltenden Art sehr sympathisch. Ich liebte ihre Stimme, ihr feines Lächeln, die Art, wie sie manchmal die Augen rollte, und ihr mädchenhaftes Lachen. Ich war davon überzeugt, dass sie ein bisschen Angst vor Erwachsenen hatte und in meiner kindlichen Gegenwart viel entspannter war. Bei Einladungen setzte ich mich gerne neben sie, schweigend, um ihr beizustehen. Überhaupt hatte ich das Gefühl, dass die meisten der Theaterleute, von denen mir etliche wie sehr große Kinder vorkamen, im Umgang mit mir viel unbefangener und entspannter waren, weil sie sich einem Kind gegenüber nicht beweisen mussten.

79

Mit *Die Hermannsschlacht* hatte mein Vater künstlerisch einen richtigen Durchbruch. Er wurde von der Bühnenzeitschrift *Theater heute* zum Schauspieler des Jahres gewählt, was ihm unglaublich viel zu bedeuten schien. Wie besessen las und sammelte er auch jede Kritik über sich, und die Meinung von Kritikerpäpsten wie Benjamin Henrichs, Peter von Becker, Gerhard Stadelmaier oder Peter Iden nahm er überaus ernst. Ich verstand nie, warum ihm das Lob und die Meinung all dieser Menschen mehr bedeutete als das von meiner Mutter und mir.

Auch mir ging es in dieser Zeit hervorragend. Ich hatte es tatsächlich geschafft, in nur einem halben Jahr fünf Jahre Russisch nachzulernen, weil die neue Schule keinen Französischlehrer hatte und ich meine äußerst coole Russischlehrerin, Frau Dossow, vergötterte. Sie trug immer ein weißes Hemd, dunkelblaue Anzüge, High Heels und eine Sonnenbrille in den langen roten Haaren, hatte blaue Katzenaugen und eine tiefe Bruststimme. Sie erzählte oft lustige Geschichten über ihren Mann, der immer für sie kochte, oder darüber, dass sie einmal ein Hähnchen machen hatte wollen und das eingeschweißte Huhn einfach so ins Rohr geschoben hatte. Binnen kürzester Zeit gehörte ich zu den Klassenbesten ...

An das übertriebene Interesse meiner männlichen Mitschüler hatte ich mich auch langsam gewöhnt beziehungsweise begann ich es sogar ein wenig zu genießen. Nur selten verbrachte ich Zeit zu Hause, vielmehr tauchte ich voller Begeisterung in den Alltag der diversen Großfamilien ein. Für mein Leben gern hätte ich selber in einer großen Familie gelebt und ältere Eltern gehabt, die Respekt einflößend und streng waren. Im Ruhrgebiet wurde mir zum ersten Mal bewusst, dass ich meine Eltern in keiner Weise als Autoritäten empfand, sondern vielmehr als meine Kinder, um die ich mich ständig sorgen musste. Daher vermisste ich auch den Halt eines Familienclans sehnlichst. Diesem Traum von einer großen Familie bin ich wohl mein ganzes bisheriges Leben hinterhergerannt, ich versuchte, ihn durch die Gründung eines eigenen Ensembles und später einer eigenen Familie zu erfüllen, scheiterte jedoch jedes Mal. Familie im größeren Sinne schien in meinem Leben der eine zehrende Wunsch zu sein, der nie erfüllt wurde und bislang eine ständige Quelle der Sehnsucht geblieben ist. Ich denke, es ist mein Grundbedürfnis nach jener Geborgenheit, die ich als ewige Fremde und Außenseiterin so gut wie überall gesucht habe.

Die Bochumer Ära bedeutete für uns trotz aller anfänglichen Erfolge – der beruflichen meines Vaters und meiner schulischen – auch eine Zeit der Verlorenheit und der Isolation. Nach seinem großen Triumph fiel mein Vater beruflich wieder in ein Loch der Verzweiflung und Frustration. Eines Tages kniete er auf dem harten Steinfußboden des dunklen Flurs und brach weinend zusammen. Dieser Anblick erschütterte und verängstigte mich zutiefst und bestärkte mich in meinem Gefühl, dass ich ganz allein für uns alle drei verantwortlich war. Vielleicht nahm er gerade diese Verzweiflung zum Anlass, mich wissen zu lassen, dass ich viel zu sensibel für den Schauspielerberuf sei, als ich ihm während der Proben zu unserem Klassenspiel von Grillparzers *Der Traum ein Leben*, bei dem ich die *Gülnare* spielen durfte, stolz mitteilte, dass ich eben diesen Beruf zu meinem machen wollte. Das verletzte mich. Ich war enttäuscht, dass er sich darüber nicht freute, und vermutete, er glaubte, ich sei ein Schwächling. Es traf mich tief in meinem Stolz.

Als Dreizehnjährige beschloss ich daraufhin, heimlich Schauspielerin zu werden und zuerst in irgendeinem anderen Beruf zu beweisen, dass ich sozusagen »meinen Mann stehen konnte«. Im Grunde schlug ich damit einen ähnlichen Werdegang wie mein Vater selbst ein, der 1962 offiziell in Tübingen und München mit seinem Philosophiestudium begonnen und nebenher heimlich Schauspielunterricht genommen hatte, weil wiederum sein Vater sich wünschte, sein Sohn solle einen ordentlichen Beruf – am besten Kaufmann – erlernen.

Mein Vater mit seinem
Vater Wilhelm Voss

Mein Vater (zweiter von
rechts) mit seinen Eltern,
Schwester Barbara und
Bruder Christian

Lediglich Marion und Großmutter Scheinhütte wussten davon und unterstützten meinen Vater heimlich mit Geld. Im Gegensatz zu mir begann mein Vater aber, gleich nachdem er die Bühnenreifeprüfung abgelegt hatte, mit dem Schauspiel, während ich später in meinem gekränkten Stolz den selbst beschlossenen, mühsamen Umweg über den Beruf der Journalistin beschritt.

Meine Mutter konnte ihr in Stuttgart begonnenes Studium in Bochum nicht wirklich fortsetzen und verbrachte Monate isoliert im Hobbykeller, um dann schließlich doch an ihrer Doktorarbeit zu schreiben. Sie zog sich immer mehr in sich zurück und bald war ich der einzige Strohhalm, durch den sie noch Kontakt zur Außenwelt hatte. Sie klammerte sich förmlich an mich, wollte bis ins kleinste Detail erzählt bekommen, wie mein Schultag war und was ich sonst noch alles erlebte. Unglücklicherweise fielen die Anfänge ihrer Depression genau mit meiner beginnenden Pubertät zusammen. Ich konnte ihr nicht nur nicht beistehen, sondern war teilweise geradezu abweisend ihr gegenüber. Besonders körperlich entwickelte ich eine regelrechte Aversion gegen ihre umklammernden Berührungen.

Eines Tages kam ich nach Hause und sie schlief. Das war nicht weiter ungewöhnlich, da sie fast nur noch auf dem Sofa liegend, apathisch an einer riesigen Schokoladentafel lutschend, oder im Bett anzutreffen war. Ich machte mir Spaghetti und ging dann in mein Zimmer, um meine Hausaufgaben zu erledigen. Langsam begann ich mich darüber zu wundern, dass sie immer noch nicht aufgewacht war, und versuchte sie zu wecken. Sie war nicht ansprechbar. Ihre Hände und Arme fühlten sich schwer an und fielen wie Zementsäcke auf die Matratze zurück, wenn ich sie anhob. Ich drehte ihren schweren Kopf hin und her, sprach laut in ihr Ohr. Nichts half. Dann erblickte ich plötzlich die leeren Tablettenschachteln auf ihrem Nachttisch und neben ihrem Bett. Ich weiß nicht, warum mir das vorher nicht aufgefallen war, womöglich lag es auch daran, dass meine Mutter andauernd Tabletten gegen irgendetwas einnahm. Ich geriet in Panik. Die Nummer vom Notruf fiel mir nicht mehr ein. Zitternd blätterte ich im Telefonbuch. Es kam mir vor, als würde ich mich in Zeitlupe bewegen, und das, obwohl es sich doch um einen absoluten Notfall handelte. Endlich fand ich die Nummer, verwählte mich jedoch ständig. Es war wie in einem Alptraum: Ich schaffte es einfach nicht, die Nummer richtig zu wählen. Heulend rannte ich wieder zum Bett meiner Mutter und umklammerte sie, schüttelte sie verzweifelt und rief ihren Namen. In diesem Moment kam mein Vater von der Probe nach Hause. Er versuchte kurz, meine Mutter zu wecken, rief dann aber sofort die Rettung. Dem Notarzt gelang es, meine Mutter irgendwie wachzukriegen. Sie murmelte weinerlich unverständliche Worte. Ich war so unendlich erleichtert, dass sie noch lebte, und das, obwohl ich so furchtbar versagt hatte. Sie blieb ein paar Tage im Krankenhaus. Wenig später wurde meine Mutter für einige Wochen an den Bodensee auf Kur geschickt. Offiziell hieß es, sie habe eine Stoffwechselerkrankung, und der Vorfall blieb ein Tabu. Niemals wurde ehrlich darüber gesprochen.

Während ihrer Abwesenheit kam meine Großmutter Marion angereist, um uns – in erster Linie meinen Vater – zu versorgen. Ich genoss sehr, dass sie da war. Nach den vielen Wochen zusammen mit meiner zutiefst traurigen oder komplett lethargischen Mutter, die Hunderte von ganzen Haselnüssen aus Milka-Riesenschokoladetafeln herauslutschte, sie dann auf die Schokoladenfolie legte, um anschließend darüber zu verzweifeln, dass sie immer dicker wurde, oder heimlich auf der Toilette weinte, um danach tränennass schluchzend zu behaupten, dass sie überhaupt nicht geweint habe und auch in keiner Weise traurig sei, empfand ich die lebenslustige Art von Marion geradezu als Wohltat. Außerdem war sie in ihrer zutiefst offenen, naiven Art ein großartiges Opfer für allerlei Scherze.

Mein Vater, der mich für sein Leben gerne erschreckte und schon ganz früh in mir die Lust an Angst und Grauen erweckt hatte, sah sich für sein Leben gerne Horrorfilme mit mir an, um mich dann auch noch in den Schockmomenten ganz unerwartet zu packen. Diese doppelte Schreckmethode ließ ich nun wiederum mit Begeisterung Marion angedeihen. Wir saßen abends alleine im nur vom Fernseher erhellten Wohnzimmer, im Rücken eine lange Fensterfront zum finsteren Garten, und sahen uns auf Betakassette *Der weiße Hai* an. Während einer meiner Lieblingsschrecksequenzen – Roy Scheider untersucht gerade das verlassene Boot eines Fischers – springt plötzlich eine Schranktür auf und eine Leiche fällt heraus, direkt auf ihn drauf. Obwohl ich diese Szene bereits kannte, erschrak ich jedes Mal von Neuem, weil ich nie genau abschätzen konnte, wann es so weit war. Konzentriert starrte ich auf den Bildschirm, um Marion im entscheidenden Moment zu packen. Ich bereute es bitter. Sie erschrak dermaßen, dass sie einen gellenden Schrei ausstieß und einen halben Meter in die Luft sprang, worüber ich wiederum so erschrak, dass auch ich schrie. Beide mussten wir danach furchtbar lachen und weinen.

Man könnte das Ganze am besten als vollkommen hysterisch auf allen Ebenen umschreiben. An einem anderen Abend legte mir mein Vater den Film *The Fog – Nebel des Grauens* von John Carpenter ans Herz. Ich war alleine zu Hause, weil er Vorstellung und Marion ihn begleitet hatte. In diesem Horrorklassiker geht es um ein verfluchtes Geisterschiff, das ein kleines Hafendörfchen heimsucht und alles um sich herum in dicken Nebel hüllt, aus dem dann Schreckgestalten auftauchen, die dreimal anklopfen, bevor sie in die Häuser eindringen. Ich war also ganz allein zu Hause. Als die Spannung ihren absoluten Höhepunkt erreicht hatte, schon, weil ich mir einbildete, auch im Dunkel des Gartens hinter mir Nebelschwaden zu erkennen, klopfte es plötzlich gleichzeitig im Fernseher und hinter mir dreimal laut an die Scheibe. Ich wäre fast Opfer eines frühkindlichen Herzinfarktes geworden. Entsetzt drehte ich mich zum Fenster um und sah den Umriss einer dunklen Gestalt. Ich konnte nicht einmal schreien vor lauter Angst. Bevor ich endgültig in dieser Schocklähmung versteinert war, gab sich mein Vater schließlich lachend zu erkennen.

85

Weitere gemeinsame Höhepunkte der Angst erlebten wir
bei Stanley Kubricks *The Shining*. Bei diesem Film hatte ich
jedoch insgeheim immer ein schlechtes Gewissen, weil mir die
weibliche Hauptdarstellerin derart auf die Nerven ging, dass
ich den wachsenden Wahnsinn ihres Ehemanns (Jack Nicholson) beinahe nachvollziehen konnte. Ridley Scotts *Alien* sah
sich mein Vater mit mir in einer Spätvorstellung im Hambur-
ger Hafen an. Außer uns befanden sich lediglich noch drei vollkommen betrunkene, aggressiv wirkende Männer im Kino-
saal, was die Spannung noch um Etliches erhöhte und auch
dem Heimweg durch das nächtliche Hafenviertel zusätzliche
Würze verlieh. Sehr prägend war für mich auch die Nacht, in
der Alfred Hitchcock starb. Wir waren damals gerade am
Bodensee im Haus Roseneck, saßen alle im Wohnzimmer und
sahen mindestens drei Hitchcock-Filme hintereinander. Ich
saß in der ersten Reihe. Es war schon sehr spät und zum
Abschluss wurde der Film *Psycho* gezeigt. Irgendwann drehte
ich mich ängstlich, hilfesuchend nach meiner Familie um und
stellte fest, dass alle außer mir bereits tief und fest in ihren
Sesseln schliefen. Ich war also alleine. Als ich mich wieder zum

Fernseher umwandte, drehte gerade die Schwester von der in der berühmten Duschszene erstochenen Sekretärin den Sessel von Norman Bates Mutter um, um mit ihr zu sprechen. Nur eine Sekunde später kam die Mutter erstmals von vorne ins Bild – als Mumie. Die Schwester schrie, ich noch mehr und gleich darauf auch noch einige andere weibliche Familienmitglieder hinter mir. Erstmals wurde mir die Bedeutung des Wortes Kettenreaktion klar. Beflügelt von dieser Angst, verfasste ich noch in derselben Nacht folgende Zeilen:

Lieber Papi und liebe Mami, das ist das meinige Gedicht:
Hengst, Fohlen und Stute gingen in den Wald,
da kam schon der Jäger und machte die Stute kalt,
Hengst, Fohlen und tote Stute, gingen in das Wasser,
da kam schon der Erpresser
und erstach den Hengst mit dem Messer,
Fohlen und tote Eltern, ging auf die Wiese,
da kam schon der Killer
und macht das Fohlen stiller.

Das Angst-Einjagen lag bei uns in der Familie, bis hin zu den Katzen. Auch Maunzerle, meine ältere Katze, beherrschte diese Kunst bis zur Perfektion. Marion hatte ihren orangefarbenen, beißfreudigen Pudel Huschi zu uns mitgenommen. (Goldi, der mir wesentlich sympathischer gewesen war, hatte leider schon das Zeitliche gesegnet.) Maunzi, wie ich sie nannte, verbrachte ganze Tage, auf dem Sekretär sitzend, damit, Huschi anzustarren, was zur Folge hatte, dass dieser wie gelähmt und zitternd auf dem Teppich kauerte, unfähig, sich zu bewegen, und schließlich von meinem Vater gewaltsam aus dieser Schockstarre befreit werden musste. Die restlichen Wochen verbrachte der arme Hund schlotternd unter dem Bett. Er war gebrochen. Meine Katze sprang triumphierend vom Sekretär herunter und flanierte vor dem Bett auf und ab.

Katze Maunzi
lauernd auf dem
Sekretär

Ich genoss die Gespräche mit Marion. Sie erzählte mir viel aus ihrer eigenen Jugend, auch über Jungs, was mich mit Stolz erfüllte, weil sie mir das Gefühl gab, mich ernst zu nehmen. Ich vertraute ihr umgekehrt meine Sorgen an, deren größte damals war, dass ich dauernd wegen meiner Nase gehänselt wurde, die wie bei vielen Teenagern extrem groß beziehungsweise breit wirkte, ähnlich wie mein Mund. Ich hatte mich in derartige Komplexe hineingesteigert, dass ich bei den ersten Kellerpartys immer meine Hand neben meine Nase hielt, damit man mich nicht im Profil sehen konnte. Ich erklärte Marion voller Selbstmitleid, dass es wohl angebracht wäre, für eine Nasenoperation zu sparen, und sie antwortete mit dem ungeheuer aufbauenden Satz: »Ach, mach dir keinen Kopf, vielleicht findest du ja irgendwann einen Mann, dem sie gefällt!« Glücklicherweise fiel mir auf einer Bergwanderung, im Laufe derer Marion zu meinem größten Amüsement, durch den Pfiff eines Murmeltiers aufgeschreckt, schreiend und mit heruntergelassener Hose hinter einem Felsen hervorgesprungen war, der entscheidende Vers ein, mit dem ich mich schließlich selbst von meinem Komplex heilte: »Sie ist mir gegeben, ich muss damit leben!«

Nach dem Selbstmordversuch meiner Mutter entwickelte ich mich zu einem geradezu fanatischen Fan von Marilyn Monroe. Ich identifizierte mich komplett mit ihr, mit ihrer naiven Offenheit, ihrem Kampf dagegen, nur als Sexsymbol gesehen zu werden, und mit ihrer Einsamkeit und Verzweiflung. Sie war für mich so etwas wie eine trostspendende Mutterfigur. Abend für Abend betete ich zu zwei großen Pin-up-Fotos von ihr. Sie waren bald übersät mit den Lippenabdrücken meiner Gute-Nacht-Küsse. Überhaupt begann ich regelrecht, in einer Art Filmfantasiewelt zu leben. Mein Vater hatte einen Videorekorder gekauft, zeichnete permanent Filme auf und begann mit nie endender Leidenschaft, seine allumfassende Filmbibliothek aufzubauen. Ich war besessen von Hollywoodfilmen und träumte sehnsüchtig, ich wäre die Geliebte von Cary Grant, Gregory Peck, Gary Cooper, Montgomery Clift, Clark Gable, John Wayne, Humphrey Bogart, James Dean oder Burt Lancaster. Wann immer ich alleine war, tauchte ich fast augenblicklich in verschiedene Filmliebesszenen ein und raunte meinen männlichen Idolen kokette Sätze zu. Ich hasste die Realität, den tristen Schulalltag, die Schwere und Kälte zu Hause.

Nachts schlief ich mit piksenden Lockenwicklern, weil ich große Wellen haben wollte wie Rita Hayworth, Lauren Bacall oder eben Marilyn Monroe. Wenn eine Freundin bei mir übernachtete, stand ich mitten in der Nacht heimlich auf, drehte mir schnell die Haare ein, legte mich schlafen und flitzte im Morgengrauen wieder ins Bad, um sie rasch herausnehmen und behaupten zu können, meine Wellen seien Naturwellen. Ich begann, die Mimik, Gesten, den Gang und die Stimmen der Filmdiven zu kopieren und arbeitete akribisch daran, aus mir einen männerverzehrenden Vamp zu machen. In der Schule begann ich, offensiv mit den Jungs zu flirten, sie an der Nase herumzuführen, zu locken, aber nie an mich heranzulassen. Ich machte da gelegentlich auch vor Lehrern oder den mir ohnehin leider oft sehr zugewandten Vätern von Freundinnen nicht halt. Manchmal hatte ich das Gefühl, aus zwei Persönlichkeiten zu bestehen, einer sehr schüchternen Jungfer, die furchtbare Angst vor Männern und ihrer Gier hatte und sich am liebsten ganz unscheinbar gemacht hätte, und einer kühl kalkulierenden Femme fatale, die ihre Wirkung genau kannte und wusste, wie sie ihren Körper am besten in Szene setzte.

Es war die Zeit der Feten in diversen Kellern, in denen wir abwechselnd zu Songs der *Neuen Deutschen Welle* und zu Blues tanzten. Die Jungs in meinem Alter rochen nach Schweiß und hatten pickelige Haut und glänzende Augen. Es gab in meiner Klasse jedoch auch eine Gruppe von Schülern aus etwas »besseren« Familien, die in eine schicke Tanzschule gingen. Da ich mit zwei der Mädchen gut befreundet war, wurde ich trotz meiner fragwürdigen Familie mitgenommen. Nachmittags wurde regelmäßig zu Tanztees eingeladen, wo man brav mit den Müttern Konversation machte, Kuchen aß, dann den Wohnzimmerteppich zurückrollte und Rock 'n' Roll tanzte. Die Tracht dieser Gesellschaft bestand bei den Jungs aus dunklen Cordhosen, Hemden oder Poloshirts, dunkelgrünen Pullovern und Schnürschuhen, die Mädchen trugen weiße Blusen, gelbe V-Pullis und grünblau karierte Karottenhosen, Collegeschuhe, Perlohrringe und einen Pferdeschwanz. Selbstverständlich waren nur Marken wie Benetton, Lacoste oder Burberry angesagt. Luxusgüter dieser Art konnten wir uns nicht leisten, und so pilgerte ich schüchtern von Benettonladen zu Benettonladen und erbettelte mir dort eine Tüte, um sie gegen die Schultasche auszutauschen, meine Hefte damit zu transportieren und so cool wie die anderen zu sein. Meine Omi Melli strickte mir einen gelben V-Pullover, der aber leider nicht so feinmaschig war wie einer von Benetton und unglaublich kratzte. Echte Collegeschuhe, auch Penny Loafer genannt, bei denen man einen Penny vorne hineinstecken konnte, hatte ich natürlich auch nicht, nur die Ersatzvariante von Neckermann. Auf meine Billigpolohemden nähte ich mir selber kleine Lacoste-Krokodile. Obwohl die Anthroposophen ja immer den Gedanken an die große Gemeinschaft ins Zentrum stellen und auch Kinder von Familien, die nur wenig oder gar kein Schulgeld bezahlen können, aufgenommen und von den Wohlhabenderen unterstützt werden, existierte in der Freien Waldorfschule Essen eindeutig eine extreme Zweiklassengesellschaft. Es gab überwiegend sehr betuchte Familien, die sich wiederum in gehobenes Bürgertum mit *altem Geld*, also über Generationen ordentlich erworbenem Reichtum, und protzige Neureiche unterteilte. Beide mieden einander wie Hund und Katz. Immer mehr wurde mir bewusst, dass ich zu den Armen gehörte wie noch ein paar andere Kinder aus siebenköpfigen Lehrerfamilien, auf die schon alleine deswegen herabgesehen wurde, und einige wenige Kinder von Alleinerzieherinnen, was auch verpönt war. Ich begann, mich für meine Familie zu schämen und sie zu verleugnen, behauptete, mein Vater sei Arzt, wir würden in einem großen Haus wohnen, das renoviert würde, und wir würden daher gerade nur auf einer Etage residieren. Mein Vater würde selbstverständlich einen BMW fahren, und der verbeulte R4 vor dem Haus sei nur eine Spinnerei meiner verschrobenen Mutter. Sie benütze ihn lediglich zum Shoppen.

Als meine Mutter endlich wieder nach Hause kam, schien es langsam ein wenig bergauf zu gehen. Sie begann, als Lektorin für den Reclam Verlag zu arbeiten, und korrigierte, am Sekretär sitzend, lange, winzig bedruckte Fahnen. Sie erklärte mir die merkwürdigen Korrekturzeichen und ich war ungemein stolz, dass meine Mutter endlich arbeitete.

Eines Tages ging ich auf die Toilette und Blut kam aus mir heraus. Voller Entsetzen rannte ich in den Flur und rief weinend nach meiner Mutter. Ich hatte keine Ahnung, woher das Blut kam, und fürchtete, innerlich zu verbluten. Den Begriff

91

»innere Blutung« kannte ich von meinem Vater, der ein unglaublicher Hypochonder war und Stunden auf dem Bett verbrachte, um in einem Gesundheitslexikon, das schon ganz abgegriffen war, nach Symptomen seiner diversen Beschwerden zu forschen. Beinahe wöchentlich geriet er in Verzweiflung und Panik, weil er aufgrund seiner Lektüre wieder irgendeine grauenvolle Krankheit bei sich diagnostiziert hatte. Die Angst vor Ärzten war jedoch noch größer, weshalb er sie nur auf Drängen meiner Mutter aufsuchte. Ich war nie aufgeklärt worden, daher waren mir die Funktionen meiner Geschlechtsorgane, abgesehen davon, dass es sich gut anfühlte, wenn ich mich selbst befriedigte, vollkommen fremd. Als ich mit neun Jahren meine Mutter einmal gefragt hatte, wie denn die Babys entstehen, hatte sie mir kommentarlos eine Sexfibel mit entsetzlichen Fotos in die Hand gedrückt, die ich sofort empört und angeekelt in den Müll warf.

Ich glaubte, sterben zu müssen. Schließlich kam meine Mutter, blickte ins Klo, errötete, stammelte irgendetwas wie »Das ist nicht so schlimm, mach dir keine Sorgen!«, dann rannte sie zum Telefon, rief meine Omi Melli an und schrie mit hoher Stimme: »Stell dir vor, das Grischile hat seine Tage bekommen!« Daraufhin wurde sie offensichtlich von meiner Omi beruhigt und legte auf. Ich war vollkommen durcheinander und außerdem wütend, dass sie das, was auch immer ich hatte, sofort meiner Oma erzählt hatte, anstatt mich zu trösten. Ich fragte wieder, was ich denn nun hätte, daraufhin senkte sie den Blick, kramte in ihrer Handtasche, drückte mir einen Zehnmarkschein in die Hand und sagte: »Das passiert jetzt einmal im Monat, ist nicht schlimm, und im Supermarkt kaufst du dir jetzt Binden.« Obwohl ich protestierte, musste ich alleine Binden kaufen gehen. Ich hatte keine Ahnung, wo so etwas zu finden war, und irrte eine Ewigkeit in den Gängen herum. Fragen wollte ich auf keinen Fall, weil mir schon langsam dämmerte, dass es sich hier um eine peinliche Frauensache handelte. Endlich fündig, legte ich das verräterische Päckchen aufs Fließband und tarnte es mit einer großen Tafel Schokolade. Zu meinem absoluten Entsetzen griff die Verkäuferin an der Kasse mit spitzen Fingern nach dem Unsagbaren, hielt es vor allen in die Höhe und rief durch den ganzen Laden: »Was kosten noch mal die B-I-N-D-E-N?« Ich wäre vor Scham beinahe im Erdboden versunken.

Nun war ich, wie mir schließlich meine holländische Freundin Chantal erklärte, die einen für Holländer sehr typischen, entspannten Umgang mit dem Körper und der Sexualität gewöhnt war, eine richtige Frau. Auch müsse ich mich nicht durch meine Periode einschränken lassen, es gäbe Tampons, mit denen man schwimmen und Sport machen könne. Sie zeigte mir lachend, wie man sie einführte. Ich war begeistert und schmiss die Binden, deren süßlichen Blutgeruch ich hasste, in den Müll.

Eines Tages klingelte das Telefon, während mein Vater in der Badewanne saß. Ein Mann mit unfreundlicher Stimme nuschelte etwas Unverständliches. Ich fragte ihn, was er denn wolle. Er nuschelte weiter. Erneut sagte ich: »Entschuldigung, aber ich kann Sie nicht verstehen.« Daraufhin erhob er empfindlich laut die Stimme: »Kann ich mal den Gärt sprechen?« Ich fragte konsterniert: »Wer spricht denn da überhaupt?« Nun klang er ausgesprochen arrogant und sagte etwas, das wie Sadik oder Wadik klang. Ich fragte erneut: »Wie bitte?« Wiederum antwortete er sehr laut und genervt: »Tschadik, Peter Tschadik! Kann ich den Gärt sprechen?« Das kam mir alles sehr verdächtig vor und ich antwortete unfreundlich: »Na ja, ich muss mal schauen, ob der überhaupt da ist!« Ich rief durch die Badezimmertür: »Papi, da ist so ein unfreundlicher, komischer, alter Mann am Telefon. Er heißt Peter Tschadik oder so. Er nuschelt furchtbar. Bist du da?« Diese Frage war für mich Standard, weil sich meine über alle Maßen höflichen Eltern nie

Nein zu sagen trauten und sich andauernd von mir am Telefon verleugnen ließen. Anfänglich hatte ich unliebsame Anrufer regelmäßig mit »Mein Vater/meine Mutter sagt, er/sie ist nicht da« vor den Kopf gestoßen. Mittlerweile war ich jedoch Profi.

Dieses Mal hörte ich im Bad hektisches Wasserplatschen und mein Vater schrie: »Was? Peter Zadek? Ich komme sofort! Sag ihm, dass ich sofort komme!« Ich nahm wieder den Hörer und bestätigte, dass mein Vater sofort kommen würde. »Na ja«, sagte der unfreundliche Nuschler, »da muss er sich aber beeilen, sonst lege ich auf!« Bevor ich etwas Patziges zurücksagen konnte, riss mein Vater die Badezimmertür auf und lief triefend nass und splitternackt in den Flur. Um zum Telefon zu kommen, musste er um eine kleine Kurve rennen. Ich sprang beiseite, doch er rutschte mitten in der Kurve aus und krachte der Länge nach, aber noch im letzten Moment nach dem Hörer greifend, auf den harten Steinboden. Den Schmerz überspielend, flüsterte er atemlos: »Hallo? Ist da Peter Zadek? Hier spricht Gert Voss!« Danach folgte ein langes Telefonat, im Laufe dessen sich mein Vater langsam und mit schmerzverzerrtem Gesicht in eine Sitzposition brachte und immer erleichterter und freudiger klang. Ich zog mich diskret zurück. Irgendwann legte mein Vater auf, schrie »Juchuuuuuu!« und hüpfte enthusiastisch im nassen Flur herum. Peter Zadek hatte endlich einen seiner vielen Briefe – mein Vater konnte unglaublich schöne, empathische Briefe schreiben – erhört und ihn 1985 für *Die Herzogin von Malfi* nach Hamburg engagiert. Zunächst freute ich mich unbändig mit. Als mir jedoch klar wurde, dass das bedeuten würde, dass ich für nur ein halbes Jahr schon wieder die Schule wechseln musste, war ich, milde gesagt, vollkommen ernüchtert.

Lange überlegte ich hin und her und traf dann die schwerwiegende Entscheidung, für ein halbes Jahr bei meiner holländischen Freundin wohnen zu bleiben. Danach, hieß es, würden wir wieder nach Stuttgart ziehen.

Ich liebte die große Familie von Chantal. Sie hatte drei ältere Brüder und eine ältere Schwester, alle waren sie zwischen zwanzig und Anfang dreißig, ungeheuer cool und witzig. Chantals Familie brachte mir das Skifahren bei und lud mich jede Oster- und Weihnachtsferien zum Skiurlaub in ihr Chalet in Crans Montana ein. Meine Eltern fuhren nie Ski, weil mein Vater sagte, als Schauspieler dürfe man das schon wegen der Verletzungsgefahr nicht.

Meine Eltern waren in Hamburg überglücklich. Sie liebten die elegante Hafenstadt und wohnten in einer sehr schick eingerichteten Altbauwohnung voller Antiquitäten. Für meinen Vater war ein großer Traum in Erfüllung gegangen – er spielte unter der Regie von Peter Zadek, übrigens zusammen mit seinem ehemaligen Schauspielschülerfreund Hermann Lause. Hermann Lause mochte ich einerseits sehr und fand ihn auch lustig, andererseits machte er mir aber mit seiner unberechenbaren Verrücktheit und seinen plötzlichen Stimmungsschwankungen auch ein bisschen Angst.

Die Zusammenarbeit mit Zadek war für meinen Vater schwierig. Immer wieder warf Zadek ihm vor, zu viel zu spielen, was ihn zutiefst verunsicherte. Gleichzeitig geriet er nahezu in Ekstase, wenn es ihm gelang, die unangestrengte Natürlichkeit, die Zadek anstrebte, zu finden. Ich durfte meine Eltern jedes zweite Wochenende besuchen, war ebenso begeistert von Hamburg und begegnete Schauspielern wie Ulrich Wildgruber, den ich sehr nett, aber auch ein wenig unheimlich fand, schon wegen seiner intensiven Art, einen anzusehen und dabei zu schnaufen. Dann waren da noch Emanuela von Frankenberg und Christine Kaufmann, die ich sofort wegen ihrer Schönheit verehrte und natürlich auch deshalb, weil sie schon in Hollywood und mit Tony Curtis verheiratet gewesen war und sogar eine Tochter mit ihm hatte. Und dann stand plötzlich der schöne Schauspieler Juraj Kukura vor mir, er war groß, dunkel, liebenswürdig und hatte einen ziemlich erotischen Akzent. Ich schmolz sofort dahin.

Während der Proben gab es allerhand Spannungen. Mein Vater hatte Probleme mit seiner Partnerin Jutta Hoffmann. Sie spiele nicht wirklich mit ihm zusammen, meinte er. Einmal drehte er mit der Hand ihr Gesicht zu ihm, damit sie ihn ansehe, woraufhin sie ihm eine Ohrfeige gab und er sie als *blöde Pissnelke* beschimpfte. Auch mit Hermann Lause gab es plötzlich Spannungen in einer Kampfszene. Es endete damit, dass mein Vater ihn während der Probe anschrie: »Du Arsch! Jetzt hast du mir auch noch den Finger gebrochen!« Dem war dann auch so. Er bekam einen Gips. Bei Zadek gerieten Schauspieler offensichtlich in Ausnahmezustände, stellte ich fest. Es ging ans Eingemachte.

Auch bei mir spitzte sich die Situation zu. Obwohl es schön war, meine Eltern an den Wochenenden zu besuchen und von ihnen verwöhnt zu werden, verlor ich immer mehr den Halt und stürzte mental ab. Chantals Mutter war zwar sehr lieb zu mir, aber eigentlich waren wir sehr viel allein auf einem mächtigen alten Anwesen mit einem großen Park, einem riesigen Pool, mitten im Wald, weit abgelegen von meiner Schule und meinen anderen Freunden. Chantals Geschwister lebten alle in Holland und ihr Vater war andauernd auf Geschäftsreisen. Sie war das Nesthäkchen, hatte zu dem Zeitpunkt, als ich bei ihnen einzog, in eine öffentliche Schule gewechselt und wurde von ihrer Mutter mit dem Auto dorthin gefahren. Ich musste alleine um fünf Uhr früh aufstehen, die riesige Dogge Quanta füttern, dann durch den Wald marschieren, erst mit dem Bus zum Bahnhof fahren, dann mit dem Zug und mit der Straßenbahn und dann wieder mit dem Bus zur Schule. Mein Schulweg betrug rund zwei Stunden. Auch hatten wir natürlich nicht immer gleichzeitig aus. Oft war ich mutterseelenallein in dem Haus. Chantals Mutter verbrachte den Großteil des Tages auf dem Golfplatz, es gab also häufig kein warmes Mittagessen. Und auch abends wurde meistens kalt gegessen, was ich nicht gewöhnt war. In meiner Familie gab es ein warmes Mittagessen und das Abendessen war die warme Hauptmahlzeit. Ich ernährte mich plötzlich hauptsächlich von Brot, was dazu führte, dass ich erstmals in meinem Leben zunahm. Ich fühlte mich sehr einsam. Auch war es in dem großen, finsteren Haus sehr kalt. Einmal wollte ich baden, was ziemlich aufwendig war, weil man bereits eine Stunde vorher das Wasser heizen musste, bis es endlich warm wurde. Als meine Wanne endlich bereit war, erklärte mir Chantals Mutter einmal, es sei jetzt Zeit, zu Bett zu gehen, und stieg selber in das Wasser. Ich hätte am liebsten geheult. Chantals Familie war sehr reich, sie war Mitglied im Rotaryclub und Chantal besuchte Tanztees, zu denen hauptsächlich Adelige oder Kinder aus sehr guten, alten Familien kamen. Ich wurde zwar mitgenommen, aber man ließ mich ganz klar spüren, dass ich absolut nicht dazugehörte. Ich hatte von meiner Mutter gelernt, dass in Deutschland die Adelstitel abgeschafft worden waren und sich niemand mehr *von* nennen durfte. Das ablehnende Verhalten der Societykids provozierte mich, ich machte mich über ihre Titelverliebtheit lustig und gab mein Wissen weiter – es kam nicht besonders gut an ... Schließlich beschloss ich trotzig, nicht mehr zu den Tanztees mitzugehen und lieber ein Enfant terrible zu werden. Ich schnappte mir einen Jungen aus einer höheren Klasse, dessen Vater unfassbarerweise die Songtexte für Heino schrieb, nahm ihn heimlich mit ins Haus und schmuste auf dem Bett mit ihm herum. Diese Praktik blieb nicht unbemerkt und bot Stoff für Auseinandersetzungen. Obwohl ich normalerweise immer allen alles recht machen und von allen geliebt werden wollte, war mir plötzlich alles egal. Ich spürte enorme innere Kälte und das Bedürfnis, die Vorurteile all dieser Menschen aus so viel besseren Familien nicht nur zu bestätigen, sondern sogar zu übertrumpfen.

Die einzige Form der Selbstbestätigung empfand ich durch meine Wirkung auf Männer. Ich war fünfzehn und beschloss, es wäre an der Zeit, meine Jungfräulichkeit zu verlieren. Im Radio lief gerade der Song *Latin Lover* von Gianna Nannini. Für mich eine klare Botschaft. Es musste also ein Italiener sein. Der Zufall kam mir entgegen, als mich wenig später Marion fragte, ob ich sie auf einer Rentnerbusreise nach Italien begleiten wollte. Klar wollte ich, denn ich hatte ja einen Plan. Ich beobachtete mit großem Erstaunen, dass meine Großmutter mit etlichen Rentnern flirtete und sich oft dümmer stellte, als sie eigentlich war. Ich fragte sie, warum sie das tat. Sie lächelte verschmitzt und sagte: »Männer mögen das!« – »Aha!«, dachte ich und speicherte diese Information unter der Rubrik »Dinge, die ich für das Leben gelernt habe«. Obwohl wir durch aufregend schöne Städte wie Rom und Florenz reisten, gab es keine Möglichkeit für mich, einen Italiener für meine Zwecke kennenzulernen. Für das Ende der Reise war eine Woche auf der Insel Ischia geplant. Zufällig hatte der Hotelbesitzer einen vierundzwanzigjährigen Sohn, der Jura studierte und Ferien hatte. Marion wollte einige Kleider in die Reinigung bringen lassen. Stefano, so hieß der hübsche Latino, erklärte sich bereit, mich mit dem Auto dorthin zu fahren. Während der Fahrt legte er mir sofort die Hand aufs Knie und ich lächelte verwegen, wie ich es aus den Filmen kannte. Wir küssten uns bereits am selben Abend auf einem Spaziergang zum Strand, und am nächsten Vormittag ließ ich mich von ihm in eines der vielen Zimmer führen, die uns zur Verfügung standen, und schlief mit ihm. Ich tat so, als hätte ich das schon tausendmal gemacht, innerlich war ich kalt und nur damit beschäftigt, total erfahren zu wirken. Da ich etliche Liebesromane von Mary M. Kaye gelesen und mir die Seiten, auf denen es zur Sache ging, sogar mit Eselsohren markiert hatte, waren meine Fantasiebilder von einer Frau, die sich einem Mann hingab, recht genau. Jeden Vormittag verbrachte ich mit Stefano in einem anderen Hotelbett und erhielt quasi einen Crashkurs in den gängigen sexuellen Praktiken. Marion bekam natürlich mit, was sich da vor ihren Augen abspielte, meinte aber, ich sei ja nun schon »eine große Deern« und wenn ich den Jungen liebte, sei das nur natürlich. Ich sah sie erstaunt an. Liebe? Ich betrachtete das Ganze eher nüchtern: Ich hatte ein Ziel, das ich mir gesteckt hatte, erreicht und Erfahrungen gesammelt. Marion machte mich durch ihre Frage, wie wir denn verhüteten, schließlich darauf aufmerksam, dass ich dieses Thema bei meinem Plan gänzlich außer Acht gelassen hatte. Aber da ich dann meine Periode bekam, mit der die kleine Affäre auch sofort wieder beendet war, erklärte mir Marion, könne nichts passiert sein. Wir reisten ab und ich war ungeheuer stolz, all meinen Freundinnen voraus zu sein, heimlich etwas erlebt zu haben, was mir niemand zugetraut hätte. Ich hatte es geschafft: Ich war nun ein männerverzehrender Vamp wie Jean Harlow.

Kaum setzte ich mich an einem der nächsten Wochenenden zu meiner Mutter an den Frühstückstisch in Hamburg, blickte sie mich entsetzt an und japste: »Du hast mit einem Mann geschlafen, das sehe ich!« Diese Aussage überraschte mich derart, dass ich abrupt mit Ja antwortete. Meine Mutter war maßlos enttäuscht von mir und Marion bekam richtig Ärger. Mein Vater trat wie immer, wenn es um meine Erziehung ging, diskret, aber freundlich in den Hintergrund. Wenn ich nun schon »so Eine« sei, sollte ich doch wenigstens verhüten, sagte meine Mutter und drückte mir mehrere Schachteln ihrer Antibabypille in die Hand. Die begann ich auch sofort gehorsam zu schlucken, ohne je bei einem Frauenarzt gewesen zu sein.

Zurück bei Chantal wurde mein Gefühl von totaler Isolation und Verlorenheit nahezu unerträglich. Ich hatte nicht nur erfolgreich meinen guten Ruf als braves Mädchen zerstört, meine Eltern zutiefst enttäuscht und meiner Großmutter

Ärger eingebracht, ich konnte auch mit niemandem über das, was ich erlebt hatte, sprechen, weil ich in meiner Klasse die Einzige war, die schon Sex gehabt hatte. Wieder versuchte ich, die Einschätzung, die ich von mir hatte, nämlich wertlos und schmutzig zu sein, mit Anerkennung von Jungs zu kompensieren und hatte gleich drei Freunde zur selben Zeit. Zwei davon durften mich nicht einmal küssen, weil mir insgeheim vor ihnen ekelte, der Dritte traute sich nicht, mit mir weiter als nur bis zum Petting zu gehen. Schließlich flog meine Promiskuität auf, ich wurde ein halbes Jahr lang von drei Mädchen täglich verfolgt und gemobbt, und als am Ende des Schuljahres das Klassenfoto gemacht werden sollte, stellte sich die ganze Klasse gegen mich und erklärte dem schockierten Fotografen, ich bräuchte nicht auf dem Foto zu sein, weil ich ja Gott sei Dank sowieso wegziehen würde. Das war der absolute Tiefpunkt meiner Pubertät. Erstmals freute ich mich wirklich auf einen Umzug, wenngleich es auch bedeutete, dass wir wieder zurück nach Stuttgart gingen und ich in meine alte Klasse musste …

Mein Vater hatte einen Vertrag für ein Jahr in Stuttgart abgeschlossen, weil Peter Zadek dort inszenieren sollte. Dieser entschied sich jedoch im letzten Moment um, weil er die Intendanz des Schauspielhauses Hamburg angeboten bekommen hatte. Mein Vater hing in dem Vertrag fest und fristete ein für ihn künstlerisch extrem frustrierendes Jahr im Stuttgarter Kessel.

Auch mir ging es nicht besonders gut, aus mehreren Gründen. Zum einen, weil ich mir mit einer Packung *Kristall Sommerblond* die Haare verfärbt hatte. Eigentlich wollte ich blonde Strähnchen, die wie vom Meer ausgebleicht wirken sollten, war aber zu faul gewesen, einzelne Strähnchen abzuteilen, und hatte mir die Farbe irgendwie punktuell auf dem Kopf verteilt. Das hatte zur Folge, dass ich aussah wie ein Leopard. Zum

anderen musste ich feststellen, dass sich meine alten Klassen-
kameraden – anders als ich – überhaupt nicht verändert hatten und mich alles andere als freundlich in ihrer Mitte aufnah-
men. Ich war wieder einmal die Außenseiterin, noch dazu mit
gefärbtem Haar, was als absoluter Tabubruch im damaligen
Waldorfmilieu galt. Dass ich dazu noch gerne mit Jungs flirtete, anstatt brav mit meinen Freundinnen Hausaufgaben zu
machen, zu malen oder zu basteln, machte es auch nicht besser. Aus meiner Zeit an der Essener Waldorfschule hatte ich zu
allem Überdruss auch noch erhebliche Lücken im Lernstoff
und war weit abgeschlagen, was das Stuttgarter Leistungs-
niveau anging. Das ließ man mich auch klar spüren, etwa durch
die Mitteilung, dass es gut wäre, wenn ich nur ein Jahr bliebe,
denn ich sei so schlecht, dass man mich ohnehin nicht zum
Abitur zulassen würde. Ich würde ihren Abiturnotendurch-
schnitt andernfalls drastisch senken.

Ich führte also meinen neuen Lebensstil als Enfant terrible
weiter, ging häufig und lange mit jungen Männern aus, die
teure Sportwägen fuhren, und machte meinen antiautoritären
Eltern, die mir nie Grenzen setzten, egal, wie sehr ich mich
auch anstrengte, nur noch Sorgen. Eines Nachts, als ich sehr
spät nach Hause kam, brannte bei meinen Eltern im Schlafzimmer noch Licht. Ich wollte an der offenen Tür vorbeischlei-
chen, aber mein Vater bemerkte mich sofort und sagte vorwurfsvoll, mit der Hand auf meine Mutter deutend, die sich
mit dem Rücken zu mir im Bett eingerollt hatte: »Deine Mutter weint!« Mit zentnerschwerem Gewissen schleppte ich mich
die Stufen hinauf nach oben in mein Zimmer, wo ich auf einer
Matratze zwischen meinen Umzugskisten schlief und mir
sehnlichst wünschte, jemand würde mich an den Handgelen-
ken packen und schreien: »Schluss jetzt! Hör auf damit!«

Ich hatte keinen Sinn darin gesehen, meine Kisten auszupacken und mich gemütlich einzurichten. Trotzig führte ich eine

Liste mit Strichen über die verbleibenden Tage in Stuttgart und legte mich tagsüber stundenlang auf einer Luftmatratze in den winzigen Pool unseres vorübergehenden Zuhauses. Wir bewohnten in einer eher vornehmen Gegend von Stuttgart ein altes Haus mit einer Prachtstiege und einem verwunschenen Gärtchen, das wir in unserer großen gemeinsamen Frustration mit lauter teuren, neuen Möbeln angefüllt hatten. Offensichtlich verdiente mein Vater etwas mehr Geld und wir übertrumpften einander in Frusteinkäufen von Kleidern und allerlei Schnickschnack. Kurz darauf passierte die Reaktorkatastrophe von Tschernobyl – irgendwie passend zur Gesamtsituation, fand ich.

Unvergessen war für mich die Abschiedsvorstellung meines Vaters in Bochum. Er spielte dort noch einige Vorstellungen unter Peymann parallel zu seinem Engagement in Stuttgart. Es war das letzte Jahr von Peymanns Intendanz in Bochum. Im Zuschauerraum herrschte eine aufgeregt feierliche Atmosphäre. Mir fiel ein älterer, sehr elegant wirkender Mann mit weißem Haar auf. Ich zeigte ihn meiner Mutter und sie erklärte mir, das sei George Tabori, ein ungarischer Regisseur. Ich war tief beeindruckt. Am Ende dieser letzten Vorstellung des Peymann-Ensembles brach ein derartiger Jubel aus, dass ich Gänsehaut bekam. Es war überwältigend. Die Zuschauer hatten den Kanon: »Hejo, spann den Wagen an« zu »Peymann, geh doch bitte nicht!« umgetextet. Peymann bekam Standing Ovations, die Zuschauer sangen den Kanon unendlich viele Male und mir liefen vor Rührung die Tränen über die Wangen. Das Ensemble stand, tief bewegt, Hand in Hand auf der Bühne, es regnete Rosen und Blumensträuße und Peymann freute sich wie ein Kind.

Wien

Claus Peymann machte meinem Vater das Angebot, mit ihm ans Wiener Burgtheater zu gehen, um dort *Richard III.* zu spielen. Zuvor würden sie bei den Salzburger Festspielen *Ritter, Dene, Voss,* ein Stück, das Thomas Bernhard speziell für diese drei Schauspieler geschrieben hatte, machen. Mein Vater war, milde gesagt, euphorisch und erwähnte den Namen Peymann an die zehntausendmal am Tag in verschiedenen Stimmlagen. Ich war ungemein stolz, dass ein Autor ein Stück für meinen Vater geschrieben und sogar nach ihm benannt hatte. Allerdings verstand ich nicht, warum Bernhard dies getan hatte, ohne meinen Vater vorher irgendwie näher kennengelernt zu haben.

Premiere
von *Ritter,
Dene, Voss*,
Salzburg
1986

Irgendwann begegneten wir Thomas Bernhard vor dem Hotel Sacher. Er saß draußen im Café, war sehr gut gekleidet und lächelte meinem Vater freundlich zu. Mein Vater, der selber eher schüchtern war, lächelte freundlich zurück. Dann winkte Bernhard uns zu ihm her. Mein Vater und er gaben ei-

103

nander die Hand, lächelten verlegen und sagten Dinge wie: »Ach, wie schön. Das freut mich aber.« – »Ja, so ein schöner Tag.« – »Wundervoll, Sie zu treffen.« – »So eine Freude, ja.« Auch meine Mutter und ich schüttelten Bernhards Hand. Es war ein Zusammentreffen, das von großer Schüchternheit geprägt war, nach einer Weile nickten wir einander dann zu und gingen freundlich winkend wieder auseinander.

Ritter, Dene, Voss wurde zu einem Triumph und der *Voss* zu meiner zweiten Lieblingsrolle meines Vaters. Die Figur, die er gestaltete, war eine extreme Persönlichkeit, die emotionale Grenzen überschritt und den Kontinent betrat, den man Wahnsinn nennt, mit all seinen Facetten, Stimmungen, Rhythmen und Farben. Unvergesslich für mich ist die Szene, in der *Voss* zu den Tönen der Eroica die Porträts seiner Eltern umhängt, oder auch der Brandteigkrapfen-Monolog. Hier fesselte mich am meisten der Umgang meines Vaters mit der Sprache Bernhards, das Sich-Hineinreden in einen Zustand. Durch das Wiederholen bestimmter Worte und Sätze katapultierte er sich selbst in aberwitzige Stimmungen und Ausbrüche. Bernhard schrieb sprachliche Stimmungspartituren und der sprachbesessene Peymann schien der ideale Regisseur dafür zu sein. Ich war begeistert von dem Trio infernal, das aus meinem Vater, Kirsten Dene und Ilse Ritter bestand. Es schien, als hätten sie schon immer auf diese Rollen gewartet, als könnten sie in diesen Figuren endlich all das sein, von dem sie schon immer geträumt hatten. Ilse Ritter sah ich zum ersten Mal und fand sie grandios komisch und gleichzeitig Respekt einflößend gefährlich mit ihrer tiefen Stimme in dem so zarten, durchlässigen Körper. Ich erklärte sie heimlich zu meinem neuen Schauspielerinnen-Idol. Diese Aufführung wurde zu meiner großen Freude über viele Jahre hinweg immer wieder gespielt. Ich sah sie an die dreißigmal und beobachtete fasziniert, wie die drei Schauspieler mit fortschreitendem Alter immer mehr

Mit meinem
Vater als
Voss in der
Garderobe

zu den Bernhard-Figuren wurden. Mein Vater und Kirsten Dene schienen durch die vielen Jahre in Wien Bernhard auch immer besser zu verstehen.

Während der Proben- und Aufführungszeit in Salzburg besuchte ich eine Boarding School und machte einen Englisch-kurs als Vorbereitung für meine neue Schule in Wien. Nach-dem man in Österreich an der Waldorfschule nicht Abitur oder, wie es hier heißt, Matura machen konnte, sondern dafür auf ein staatliches Gymnasium wechseln musste, war auch für mich die Waldorf-Ära vorbei. Ich hatte viele Sprachen gelernt, dennoch stellte sich schon bald heraus, dass ich in keine Schule wirklich passte. Die einzige Schule, in der ich mir zusammen-stückeln konnte, was ich noch brauchte, war die American International School. Dies bedeutete jedoch, dass die Unter-richtssprache Englisch war und es Noten gab –, besser gesagt, Buchstaben.

Nicht vorbereitet war ich darauf, dass in dem Land, in das ich nun zog, auch eine andere Sprache gesprochen wurde … Mir war zwar bewusst, dass Österreich ein eigenes Land war, ich hatte jedoch Deutsch für die Landessprache gehalten. Weit gefehlt. Auf dem Naschmarkt sahen mich manche Verkäufer völlig verständnislos an, wenn ich zum Beispiel Tomaten oder Kartoffeln sagte. Andere, die eher multilingual waren, erklärten mir die neuen Namen: Paradeiser, Erdäpfel, Karfiol – die Liste schien endlos. Alles hieß hier anders. Ich war schwer verstört. Zusätzlich wollte mich die Klofrau vom Naschmarkt partout nicht in die Toilette lassen, obwohl ich fünf Schilling passend hatte. Sie gab für mich unverständliche Laute von sich, die eher unfreundlich klangen und mit »Sie depperte Piefkesau« endeten. Das schien sich auf mich zu beziehen und wirkte irgendwie kränkend. Leicht verzweifelt, weil ich wirklich dringend musste und mich persönlich angegriffen fühlte, rannte ich zu meiner Mutter. Als ich ihr von meiner rätselhaften Begegnung mit der Klofrau erzählte, wurde sie wie immer, wenn jemand nicht nett zu mir war, zur Löwin. Meine Mutter konnte in solchen Momenten wirklich zur Hochform auflaufen. Etliche Lehrer hatte sie bereits das Fürchten gelehrt und auch in Geschäften verlangte sie regelmäßig, den Geschäftsführer zu sprechen, wenn ihr jemand blöd kam. Mir war das immer wahnsinnig peinlich und unangenehm, obwohl ich es insgeheim auch genoss, wenn meine Feinde von ihr verbal hingerichtet wurden. Sie knöpfte sich die unwillige Hüterin der Retirade ordentlich vor, schnappte mich an der Hand und zerrte mich auch noch zum Marktamt, um sich auch dort gehörig zu beschweren. Mittlerweile war ich, milde gesagt, kurz davor, in die Hose zu machen. Jemand vom Marktamt begleitete uns tatsächlich zurück zum verschlossenen Tor zum – wie es mir in meiner Not nun vorkam – Paradies, und es kam noch einmal zu einer lautstarken Auseinandersetzung, die zwischen Vertretern zweier Kulturkreise ausgefochten wurde und damit endete, dass ich kopflos über die Wienzeile rannte, beinahe wieder angefahren wurde, und dann durch das

Café Savoy hindurch an erstaunt blickenden Gästen und Kellnern vorbei bis zur erlösenden Kaffeehaustoilette.

Eine babylonische Sprachverwirrung jagte die nächste. Bei meinen Versuchen, mich chamäleonartig meiner neuen Umgebung anzupassen, wie ich es sonst so gut beherrschte, passierte es etwa, dass ich zum Abschied freudig »Blabla!« statt »Baba!« sagte oder »Also dann Tschusch!« statt »Tschüss« rief, aus lauter Angst, Tschüss sei womöglich wieder zu deutsch. (Tschusch ist eine nicht sehr nette Bezeichnung für Bewohner aus dem slawischen Raum.)

Meine Eltern waren da wesentlich hemmungsloser. Meine Mutter verlangte voller Inbrunst beim BILLA nach einem ZIPFELbier – es heißt natürlich Zipferbier –, und mein Vater verlangte regelmäßig breit lächelnd: »Ein SackEL bitte!« Wenn es um Sprachen ging, war mein Vater immer sehr eigensinnig im Erfinden und Umgestalten. Auch wenn man ihn tausendmal verbesserte, blieb er bei seiner Bezeichnung. Seine Übersetzung von Klapperschlange ins Englische war eines meiner absoluten Reizworte. Bei meinem Vater hieß sie »Rättelsnäck«, und dabei blieb es auch. Waren wir zum Beispiel in Italien, verabschiedete er sich selbstbewusst mit »Au revoir!«

Nachdem ich die Bezeichnung »Piefke« etliche Male gehört und sogar in der Zeitung gelesen hatte, fing ich langsam an zu verstehen, dass dieses mir vom Klang her sehr unsympathische Wort Ausdruck für eine besondere Antipathie gegenüber den Deutschen war. Es war mir schon von Aufenthalten in Frankreich oder Holland bekannt, dass man als Deutscher noch immer mit den NS-Verbrechen assoziiert wurde, auch hatte man uns des Öfteren Hakenkreuze auf die Windschutzscheibe geschmiert oder in die Autotür unseres roten R4 gekratzt.

Patriotische Gefühle waren mir gänzlich fremd, da ich mich prinzipiell als Heimatlose fühlte, und auch meine Eltern überhaupt nicht stolz darauf waren, Deutsche zu sein. Ich schämte mich für die deutsche Geschichte und hatte ein ausgesprochen distanziertes Verhältnis zu meinem Land. Die Ablehnung der Österreicher, besser gesagt, der Wiener, schien sich jedoch nicht nur auf die deutsche Vergangenheit zu beschränken. Es kam mir vor, als mochten sie die Deutschen nicht wegen der Art, wie sie sprachen, wegen ihrer Überheblichkeit, ihres Humors oder, besser gesagt, ihrer Humorlosigkeit, weil sie schlicht keinen *Schmäh* hatten, dauernd schrien, keine nennenswerte Küche hatten, keine guten Mehlspeisen machen konnten – die Liste ließ sich endlos fortsetzen. Zusammengefasst: Man mochte die Deutschen nicht, weil sie eben »Piefke« waren, ganz einfach. Ich fühlte mich wie eine ungewollte Ausländerin – eine für mich neue Erfahrung.

Die Stadt Wien empfand ich dementsprechend im Jahr unserer Übersiedlung als sehr kalt mit ihren übermächtigen, alten Gebäuden und menschenleer im Vergleich zu deutschen Großstädten. Im Sommer konnte man fast nirgendwo draußen sitzen und ich hatte den Eindruck, hier lebten nur alte Leute. So gut wie nie sah ich junge Menschen oder Kinder. Die Mariahilfer Straße, laut unserem Stadtführer die Haupteinkaufsstraße, war verlassen, grau und hatte nichts als kleine, hässliche Geschäfte zu bieten. Kaufhausketten, wie ich sie gewohnt war, schien es nicht zu geben. Die Verkäufer und Kellner waren von ausgewählter Unfreundlichkeit und schienen einen regelrecht hinausekeln zu wollen. Alles sehr merkwürdig, fand ich.
Nachdem wir nicht rechtzeitig eine passende Wohnung gefunden hatten, zogen wir zuerst vorübergehend in eine sehr laute, geschmacklos möblierte Wohnung in der Billrothstraße mit Blick auf den jüdischen Friedhof, der bewacht wurde und von Fremden nicht besucht werden durfte. Ich liebte Friedhöfe und bedauerte zutiefst, wieder einmal einen »geheimnisvollen Garten« nicht betreten zu dürfen. Meine ersten Eindrü-

cke von der österreichischen Gesellschaft und Kultur sammelte
ich, da noch Sommerferien waren und die Stadt wie leergefegt
schien, im österreichischen Fernsehen. Dies ergab ein zusam-
mengesetztes Bild aus *Die liebe Familie*, einer Art Sitcom für
Senioren, *Wer will mich?*, einer Sendung, in der eine Dame im
Dirndl mitleiderregend verwaiste Hunde und Katzen anpries,
Wurlitzer, einer Musik-Talkshow, die es auch für Kinder gab,
und dem *Club 2*, einer Diskussionssendung, in der open end
geraucht, diskutiert und gestritten wurde und es manchmal
sogar zu Handgreiflichkeiten kam.

Zu meinem Schulbeginn in Wien erfuhr ich erst einmal,
dass ich gar keine so gute Schülerin gewesen war, wie ich
immer gedacht hatte. Meine Zeugnisse wurden umgeschrie-
ben und mit Noten versehen. Auf einmal stand bei Rechnen
statt »Christina lauschte aufmerksam und mit großer Freude
dem Unterricht« eine Fünf. Das war ernüchternd. Des Weiteren blamierte ich mich auch gleich am ersten Schultag bis auf
die Knochen. Ein älterer Schüler im Trenchcoat zischte mir
leise auf dem Gang zwischen den Zähnen zu: »Do you smoke
dope?« Da ich nicht uncool sein und zugeben wollte, dass ich
überhaupt nicht rauchte, geschweige denn wusste, was Dope
war, entgegnete ich: »No, just Marlboro Lights!« Dies war der
große Lacher in der gesamten Schule und verfolgte mich das
ganze erste Jahr hindurch.

Peymann nahm wie schon zuvor von Stuttgart nach Bochum
wieder einen Großteil seines Ensembles und seiner engsten
Mitarbeiter mit nach Wien. Ich fragte mich manchmal, ob
auch er insgeheim den Traum von einer Großfamilie hatte.
Diese »deutsche Besatzung«, wie man bald in den Medien
lesen konnte, war nicht gerade willkommen. Schauspieler des
Burgtheaterensembles fürchteten, dass Peymann nur mit seinen eigenen Schauspielern arbeiten und die anderen links liegen lassen würde. Beidseitiges Misstrauen führte schnell dazu,

dass es im Theater zwei Lager gab, das deutsche, zu dem sich aber durchaus auch ein paar aus dem Burgtheaterensemble gesellt hatten und dafür vom anderen Lager, dem alten Ensemble des Burgtheaters, als Verräter beschimpft wurden. Nachdem Peymann ein eher hitziger Kopf war, kam es innerhalb kürzester Zeit zu kriegsartigen Auseinandersetzungen, in die sogar Politiker und die Medien involviert waren. Es war wirklich grotesk, und die Theaterleute kamen mir wieder einmal wie ein Haufen Kinder im Trotzalter vor. Das Burgtheater schien eine derartige Bedeutung in Wien zu haben, dass ich das Gefühl bekam, das Theater sei eine Art Palast und mein Vater plötzlich ein König. Titel schienen hier einen hohen Stellenwert zu haben, und als Burgtheaterschauspieler wurde man sofort hofiert, man selbst und die Angehörigen, das bedeutete, dass nun auch meine Mutter und ich »Burgtheater« waren.

Während der Proben zu *Richard III.* verschärfte sich die Situation immer mehr. Auch die gesamte Stadt schien sich in zwei Lager zu spalten. Oft kamen Teile des Bochumer Ensembles zu uns, und es wurde stundenlang über die prekäre Situation gesprochen. Ich begegnete Christiane Schneider und Karin Bergmann, die zum engsten Kreis Peymanns gehörten, sehr oft. Ich war von ihrer unermüdlichen Kraft beeindruckt. Christiane Schneider wirkte sehr gutmütig, wie viele große Frauen trug sie stets ganz flache Schuhe und war auf eine charmante Art schlaksig. Karin Bergmann hatte eine richtige berlinerische »Schnodderschnauze«, was mich faszinierte, weil Berlinerisch und Hamburgerisch die einzigen Dialekte waren, deren Klang mir sympathisch war. Sie hatte zudem ein sehr gewinnendes, breites Lächeln, war immer sehr avantgardistisch angezogen und schien eine Meisterin der Diplomatie zu sein. Die zwei Frauen schienen alle Angriffe auf Peymann und umgekehrt seine Empörung und Wutanfälle auf ihren Schultern tragen und ausgleichen zu müssen. Ihr Leben schien komplett von Peymann bestimmt zu sein und nur aus dem

Theater zu bestehen. Ich machte mir immer wieder Sorgen um sie und war überaus erleichtert, als sich beide nach einiger Zeit Hals über Kopf in österreichische Männer verliebten und endlich auch ein Privatleben hatten.

Als sich die Premiere von *Richard III.* näherte, fühlte es sich an, als würde diese eine Inszenierung über alles entscheiden, als sei dieser Abend die große, das Schicksal bestimmende Schlacht. Absurd. Mein Vater war furchtbar angespannt und tigerte sich mit Besessenheit in seine Rolle. Er kämpfte um die Figur und verzweifelte immer wieder daran. Er befand sich in einem absoluten Ausnahmezustand.

In der Zwischenzeit hatten wir auch endlich ein neues Zuhause gefunden. Wir zogen in ein gelbes Schloss auf einem Berg. Das Haus hatte einen Turm, meine Eltern und ich bekamen jeweils eine eigene Etage. Ich verfügte plötzlich über drei Zimmer, wovon eines ein Turmzimmer war, ein eigenes Bad und eine Toilette. Der Erbauer des Hauses war einer der Architekten des Panamakanals gewesen. Seine Familie war während des Nationalsozialismus von einer Hausangestellten denunziert und dann enteignet worden. Das belastete mich gleich wieder furchtbar.

Das Schlösschen war von einem ziemlich verwilderten Garten umgeben. Hinter dem Haus war ein steiler Hang mit Obstbäumen, der bis zum Waldrand heraufreichte. Dort befand sich ein verrosteter Maschendrahtzaun, ein Stück des anschließenden Waldes gehörte auch noch zum Grundstück. Ganz oben befand sich sogar ein ehemaliger Tennisplatz. Immer wieder besuchten uns Rehe, Füchse oder sogar eine Äskulapnatter. Ich war überwältigt, verstand überhaupt nicht, wie wir uns so ein Haus leisten konnten. Praktischerweise befand sich das Haus ganz in der Nähe zu meiner neuen Schule in Salmannsdorf, im 19. Bezirk, der ein Nobelbezirk war, wie man mir erklärte.

Neues Zuhause
in Salmanns-
dorf, 1987

Mein Vater vor
dem Turm

Meine Mutter
im »Salon«

Die Premiere von *Richard III.* war wohl eines der aufregendsten Ereignisse, die ich je erlebt habe – hinter und vor der Bühne. Mein Vater war so angespannt, dass er zu Hause bitterlich weinte. Das zerriss mir fast das Herz. Ich hatte das Gefühl, als zöge er in eine Schlacht, in der er wirklich sterben könnte. Peymann kam in die Garderobe, auch er strahlte aus, dass es um Leben und Tod ginge. Meine Mutter und ich setzten uns stocksteif in den Zuschauerraum des Burgtheaters und hielten uns so fest an den Händen, dass es schmerzte.

Ich war begeistert von Karl Ernst Hermanns Bühnenbild, und als mein Vater auftrat, spürte ich in der Sekunde, dass hier die Metamorphose zu einer ganz außergewöhnlichen Figur stattfand. Mein Vater verschwand vor meinen Augen und wurde zu einem unberechenbaren, spinnenartigen Wesen, das halb Kind, halb gefährliche Bestie war und jeden durch seinen Charme und seine Willensstärke in die Knie zwang. Mein Vater pushte sich in emotionale Grenzbereiche, ja beinahe in ekstatischen Wahnsinn. Er arbeitete mit Krücken und einem eingerollten Socken im Schuh, um eine Gehbehinderung vorzutäuschen. Mit klopfendem Herzen wurde ich Zeuge der Geburt eines *Richards*, der alle Ketten sprengte und sich zu geradezu überirdischen Kräften steigerte. Als das Stück zu Ende war, brach explosionsartiger Jubel aus. Es schien, als würde sich die gesamte Anspannung des Theaters in diesem Jubel entladen. Ich bin mir fast sicher, dass ich nicht die Einzige war, die sofort hemmungslos vor Erleichterung und Freude geweint hat. Die Schlacht war gewonnen. Ich musste wahnsinnig über meinen Vater und Peymann lachen, weil sich beide so unbändig und doch auf so unterschiedliche Art über den Erfolg freuten.

Zeitgleich mit mir war auch die Enkelin von Estée Lauder neu in die AIS (American International School) gekommen. Wir waren uns sofort sympathisch und freundeten uns an. Ihr

Vater war zum amerikanischen Botschafter in Wien bestellt worden. Als sie mich zum ersten Mal zu sich nach Hause einlud, wurde ich mit einer Art von Luxus konfrontiert, den ich bis dahin nur aus Filmen gekannt hatte. Es gab Bedienstete, Bodyguards und einen Chauffeur. Aerin fragte mich, ob ich nicht gemeinsam mit ihr den Opernball eröffnen wollte. Das wäre doch sicher wahnsinnig witzig, meinte sie. Ich war mir da nicht so sicher, da mein einziges Ballerlebnis zuvor der Rotaryball mit meiner holländischen Freundin gewesen war und mich niemand zum Tanzen aufgefordert hatte, weil ich ja schließlich ein Gauklerkind war.

Als ich meinen Eltern den Vorschlag unterbreitete, erzählten sie mir, dass man auch meinen Vater, den Burgschauspieler, gefragt hätte, ob er nicht mit seiner Familie auf den Opernball gehen und seine Tochter debütieren wolle. Ich war hin- und hergerissen, weil ich irgendwie ahnte, dass das insgesamt nicht besonders witzig werden würde, meine Neugier siegte jedoch. Mir wurde ein Ballpartner zugeteilt, der, milde gesagt, nicht gerade sehr tanzbegabt war. Es folgten nicht enden wollende Tanz- und Benimmstunden beim Elmayer und Proben mit Lotte Tobisch. Aerin und ich sollten jeweils in der ersten Reihe eröffnen, dementsprechend groß war der Druck der Organisatoren, uns zu perfekten Zirkuspferdchen zu trainieren. Mir ging das Ganze bereits unfassbar auf die Nerven und ich bereute meine Entscheidung zutiefst. Bei einer Probe wurde ich von Frau Tobisch per Mikrofon vor allen anderen Tanzpaaren mit den Worten zurechtgewiesen, mein Vater würde sich doch schließlich auch nicht auf die Bühne stellen, ohne geprobt zu haben. Ich explodierte und schrie zurück, der hätte auch nicht so einen schlechten Partner wie ich und überhaupt müsse ich den Opernball auch gar nicht eröffnen, es gäbe eine Menge anderer Dinge, die mir wesentlich mehr Spaß machen würden. Das war dann wohl so etwas wie ein Eklat. Es wurde von verschiedenen Seiten vermittelt und versucht, die

114

»skandalöse Krise« wieder zu kitten. Ich musste mich bei Frau Tobisch entschuldigen. Mann, war ich sauer!

Endlich nahte der vermaledeite Opernballabend und ich würde es bald hinter mir haben. Vor lauter Widerwillen zog ich mein Kleid, wie ich dann später im Fernsehen feststellen musste, falsch an – mit der Schleppe auf der Seite. Mein Partner holte mich mit dem Taxi ab und sagte strahlend, er wisse auch ganz viele Ecken, wo man *schnackseln* könne. Ich lächelte freudig. Schließlich sagte der Taxifahrer: »Ich glaube nicht, dass Ihre Begleitung verstanden hat, was Sie gesagt haben. Wissen Sie denn überhaupt, was *schnackseln* heißt, Fräulein?« Ich antwortete selbstsicher: »Natürlich, es geht um Plätze, wo man Snacks einnehmen, also snacken kann!« Daraufhin bekam mein Partner einen Lachanfall, der Taxifahrer klärte mich über die richtige Bedeutung des Wortes auf, und ich kochte vor Wut. Ich sprach so gut wie kein Wort mehr mit meinem Opernballpartner und verließ ihn in der Sekunde, als die Eröffnungszeremonie vorbei war. Ich riss mir das beknackte Prinzessinnenkrönchen vom Kopf und irrte dann eine Ewigkeit durch die verkleideten Massen, immer wieder fassungslos über die diversen Outfits und Frisuren der Ballgäste, bis ich endlich die sogenannte Künstlerloge mit meinen Eltern fand. Mein Vater hatte sich einen Frack ausgeliehen und kämpfte mit dem stocksteifen Frackhemd. Gemeinsam lehnten wir uns über die Brüstung der Loge, um das merkwürdige Schauspiel zu beobachten. Mein Vater machte eine Grimasse und wir mussten beide furchtbar lachen. Durch diese Erschütterung sprangen plötzlich die Knöpfe seines Frackhemdes ab, das Hemd klaffte auf und mein Vater stand mit halbnacktem Oberkörper in der Loge. Kurz darauf kamen Kanzler Franz Vranitzky und seine Frau in die Loge, und wenig später Rudolf Scholten, Ursula Pasterk und Hilde Hawlicek. Mein Vater musste die ganze Zeit über, während er Hände schüttelte und verlegen Konversation machte, mit der anderen Hand sein Frackhemd zuhalten. Ich

115

versuchte verzweifelt, meinen Lachanfall zu unterdrücken. Vergeblich. Schließlich verließ ich die Loge, um meine Eltern nicht noch mehr zu blamieren. Wir wurden zu dritt fotografiert für die *Kronen Zeitung* ... Meine Mutter trug ein türkisfarbenes Kostüm von Yves Saint Laurent mit Glitzerknöpfen und Glitzerschuhen, hatte eine Hochsteckfrisur und ein komplett übertriebenes Make-up, ich hatte meinen Rock noch immer verkehrt herum an und war bereits schwer illuminiert, mein Vater krallte sein Frackhemd zusammen. Es war vollkommen verrückt und kam mir ganz so vor, als wären wir als Aliens auf dem Opernball gelandet.

Nachdem ich ja keinen Partner zum Tanzen mehr hatte, zog ich mir irgendwann heimlich die Schuhe aus und latschte auf Strümpfen durch die prunkvoll geschmückten Gänge des

**Wir auf dem Opern-
ball, Wien 1987**

Opernhauses. Schließlich setzte ich mich ermattet an einen Spieltisch und setzte zwei Chips, die wir vorher geschenkt bekommen hatten. Ich wusste nicht einmal, was an dem Tisch überhaupt gespielt wurde, wollte einfach nur sitzen und ausruhen. Das Ergebnis war, dass ich ahnungslose Gewinnerin von dreitausend Schilling wurde. Stolz rutschte ich in meiner weißen Strumpfhose zu meinen Eltern zurück, und wir gingen im Morgengrauen darum essen, um uns von unserem Ausritt in eine ganz andere Welt zu erholen.

In der Schule kämpfte ich relativ verzweifelt mit meinen Defiziten im Bereich Mathematik. Es war, milde gesagt, eine Katastrophe. Ich musste Kurse absolvieren, die sich Analysis und Trigonometry nannten. Mein Lehrer war arabischen Ursprungs und hatte riesige Nasenlöcher. Ich glaube, er verachtete mich, weil ich so schlecht war. Wochenlang kopierte ich fleißig merkwürdige Zeichen von der Tafel und scheiterte zu Hause an den Aufgaben, weil ich die abgeschriebenen Symbole nicht im Rechenbuch fand. Eines Tages entdeckte ich, dass es sich bei den geheimnisvollen Zeichen um die Abkürzung für Sinus und Kosinus handelte. Mein Lehrer hatte wohl arabische Einflüsse in seine Handschrift integriert ... Nachdem ich der Auflage für Maturaschüler, in keinem Fach schlechter als befriedigend sein zu dürfen, in keiner Weise nachkommen konnte und furchtbar deprimiert über meine schlechten Noten war – ich, die ehemalige Musterschülerin, sammelte plötzlich Sechsen –, bat ich darum, die Rechenkurse im nächsten und letzten Schuljahr wiederholen zu dürfen. Mr. Wazir blähte die Nasenlöcher noch weiter auf, sodass ich kurz fürchtete, er würde mich gleich einsaugen, und sagte: »Christina, there are two kinds of people, one who go the hard way and work, and one who always go the easy way. You belong to the second.« Das saß! Ich war schwer angeschlagen und verbrachte die folgenden Sommerferien mit Nachhilfe und Sommerprüfungen in

Chemie und Physik. Alle Fächer, in denen man auch nur annähernd rechnen musste, hingen wie von der Mafia angebrachte Zementklötze an meinen Beinen. Dafür überflügelte ich in den anspruchsvollen Englischklassen sämtliche Native Speakers und brillierte in Französisch, das hier plötzlich wieder gefragt war. Meine Begabungen lagen eindeutig auf der sprachlichen Seite. Neidvoll blickte ich auf Aerin, die keine Matura machen musste und jeweils nur die Grundkurse in den verschiedenen Fächern belegt hatte, dafür aber noch Kurse wie Fotografie nehmen konnte. Sie verliebte sich in einen Kanadier, und ich gab dem Drängen eines Südamerikaners nach, der darunter litt, dass sein nordamerikanischer jüdischer Vater nichts von ihm wissen wollte und er von seiner südamerikanischen Mutter verachtet und geschlagen wurde. In Aerins Gegenwart war es mir furchtbar peinlich, keine Jungfrau mehr zu sein, und ich log, um wieder in die Welt der behüteten, wohlerzogenen Mädchen zu passen. Wir sprachen dauernd darüber, wann wir »es« geschehen lassen würden. Also inszenierte ich einen dramatischen Entjungferungsnachmittag mit Zögern, Zaudern, Angst, Schmerz, Ergeben und Hingabe mit meinem Freund und legte eine inbrünstige Performance hin.

Nachdem »es« vollzogen war, fühlte ich mich erleichtert, endlich nicht mehr »die Unschuld vom Lande« spielen zu müssen, und gab mich voller Freude meiner Lust am Sex hin – selbstverständlich ohne Gefühle dabei zu haben ...

Mein nächster Freund war hin- und hergerissen zwischen katholischem Zwang und Ausbruchsversuchen. Er war heroinabhängig gewesen, betete unmittelbar vor dem Sex, kniend am Fußende des Bettes, und trug um den Hals ein Kreuz, das mir regelmäßig beim Vögeln gegen die Nase schlug. Anschließend machte er mir stets den Vorwurf, eine kleine Hexe zu sein, die ihn wieder einmal vom guten Pfad abgebracht hätte.

Aerin und ihre Familie luden mich zum Skifahren nach Kitzbühel ein. Dort blieben wir allerdings nur einen Tag, weil sich ihr Vater danach langweilte und nach München weiterreisen wollte, um ein Fabergé-Ei zu kaufen. Seitdem befindet sich mein einziges Paar Ski im Keller der Familie Lauder, für die es wahrscheinlich unvorstellbar ist, dass ein Mensch nur ein einziges Paar Ski besitzt. Sie ignorierten meine wiederholten Bitten, mir die Skier doch zurückzuschicken. Aerin erzählte mir einmal, wie sie und ihre Freunde vom Dach ihres New Yorker Hauses aus Übermut mit Eiern auf Passanten geworfen hatten. Mich als umsichtiges, immer an die Gemeinschaft denkendes Waldorfkind schockierten Erzählungen dieser Art. Ich begegnete ihnen mit totalem Unverständnis.

Einmal durfte ich Aerin in New York besuchen, New York, die Stadt, in die ich schon mit dreizehn auszuwandern beschlossen hatte, um Schauspielerin zu werden ... Zuerst besuchte ich eine andere Freundin in New Jersey und wurde dort von der Lauder-Limousine abgeholt. Ich sah nicht nur New York zum ersten Mal, sondern wurde mit Reichtum in einem Ausmaß konfrontiert, der mich vollkommen einschüchterte. Das Penthouse der Lauders in der Upper Eastside erstreckte sich über mehrere Etagen. Der Türsteher musterte mich und schickte mich über den Dienstboteneingang hinein. Ich landete in einer gigantischen Küche bei einer lustigen, schwarzen Köchin und kam mir vor wie Scarlett O'Hara in *Vom Winde verweht* ... Als ich in den Wohnbereich geführt wurde, glaubte ich, in einem Museum zu sein. An den Wänden hingen tatsächlich Originale von Künstlern wie Picasso oder Braque. Aerins Vater liebte Kunst. Abends wurden wir vom Chauffeur in einen exklusiven Klub zum Steakessen gefahren. Es gab dort einen geheimen Keller, in dem während der Prohibition zahlreiche Filmstars ihren Wein gelagert hatten. Die Flaschen von Errol Flynn waren noch immer dort. Am nächsten Tag ging es zum Shoppen ... Aerin führte mich in ihre Lieblingsgeschäfte wie zum Beispiel in das von Ralph Lauren, welches einem riesigen alten, mit Silber und schweren Stoffen überladenen Landhaus glich. Nachdem ich immer noch nichts gekauft hatte, fragte sie mich, ob ich nicht zumindest hier etwas für mich finden würde. Ich bekam einen Schweißausbruch. Mit zittrigen Fingern hob ich vorsichtig ein Paar Ballerinas hoch, um den Preis lesen zu können. Da stand: »300 $ plus tax.« Noch behutsamer setzte ich die Schuhe wieder auf den Boden und behauptete, dass sie nicht ganz zu meinem Rock passen würden.

Zurück in Wien machten wir mit meinem Geschichtskurs einen Ausflug nach Mauthausen. Es war niederschmetternd. Zuvor hatte ich bereits Dachau einmal besucht, anders als dort war in Mauthausen noch so viel von den Baracken erhalten, dass ich mir erstmals plastisch vorstellen konnte, wie es gewesen sein musste, dort in ständiger Todesangst sein Dasein zu fristen. Auf der Rückfahrt im Bus sahen mich all meine Mitschüler vorwurfsvoll an. Ich war die einzige Deutsche hier. Ein Junge sagte zu mir: »Well, and how do you feel now, being German?« Von diesem Tag an versteckte ich meinen Pass und empfand meine Nationalität als grauenhaften Fluch.

1987 kam der elegante, gut aussehende Weißhaarige, den wir bei Peymanns Dernière in Bochum kennengelernt hatten, nach Wien und fragte meine Mutter, ob sie bei ihm Dramaturgin werden wolle. Es war George Tabori, der das Wiener Schauspielhaus übernahm und es in Theater Der Kreis umbenannte. Es sollte ein Theaterlabor und ein Gegenpol zum Staatstheaterluxus werden. Meine Mutter sagte begeistert zu und stürzte sich mit vollem Enthusiasmus in die Arbeit. Ich platzte fast vor Stolz, weil sie nun in meinen Augen endlich eine emanzipierte Frau war. Sie arbeitete mit Schauspielern wie Therese Affolter, die ich noch aus Stuttgart kannte, Hildegard Schmahl, Michael Degen, Silvia Fenz, Hilmar Thate oder der wunderbaren Ursula Höpfner zusammen, Taboris Ehefrau. Ich liebte Ursula Höpfner sowohl als Darstellerin von bis zu zwanzig verschiedenen Persönlichkeiten in einer einzigen Inszenierung, als auch als Mensch in ihrer extremen Bescheidenheit, Schüchternheit und charmanten Verschrobenheit. George, Uschi und ihr merkwürdiger, ungarischer Hirtenhund Gobbo, bei dem ich nie wusste, wo hinten und vorne war, kamen oft zu uns zu Besuch.

Meiner Mutter gingen zwar manchmal die gruppentherapeutischen Selbsterforschungsmethoden vom *Kreis* auf die Nerven, aber ihr Intellekt und ihr literarischer Forschungsdrang kamen voll zur Blüte. Sie konnte sehr gut mit dem stets vollkommen entspannt wirkenden Tabori zusammenarbeiten. Er behandelte sie respektvoll, liebevoll und förderte ihre Talente. Gemeinsam mit ihm entstanden wundervolle Arbeiten wie *Lears Schatten*, *Hamlet* (grandios mit Ursula Höpfner in der Titelrolle) oder *Masada* (nach *Der jüdische Krieg* von Flavius Josephus). Meine Mutter machte die Textbearbeitung und verfasste in gewisser Weise ein eigenes Stück, für das sie sehr viel Anerkennung sogar vom großen Dramaturgen Hermann Beil erhielt.

Meine Mutter hat mir immer wieder erklärt, sie wäre eigentlich gerne Medizinerin geworden, und lebte diesen Wunsch zu Hause auch exzessiv aus, indem sie mit einer unglaublichen Sturheit Diagnosen erstellte und abenteuerliche Behandlungsmethoden bestimmte. Meine Windpocken wurden zum Beispiel als Mückenstiche erkannt und mit einem grauenhaft brennenden Sprühpflaster behandelt. Insofern war ich überglücklich, dass sie nun endlich ihrem wahren Talent nachkam und ihre berufliche Bestimmung gefunden hatte. Sie gestaltete unglaublich spannende, umfassende und wundervoll bebilderte Programmbücher. Ich hatte das Gefühl, dass meine Mutter als Frau endlich selbstbewusst und glücklich war. Ich war gerne im Theater Der Kreis und genoss die freie Atmosphäre dort und die Absenz von Leistungsdruck und Beweiszwang.

121

Ganz im Gegensatz zu meinem erbitterten Kampf, die Matura zu schaffen ... Nur durch ein ausgeklügeltes Schummelsystem mit internationaler Unterstützung gelang es mir schließlich zu reüssieren. Ein persisches Zwillingspaar schmuggelte die Mathetests für mich aus der Klasse, die ich dann einem indischen und einem chinesischen Verehrer überreichte, die mir in der Pause die Lösungen ausrechneten. Ich spielte dann im Unterricht, dass ich wahnsinnig viel überlegen und nachrechnen müsste, bis ich quasi auf den letzten Drücker schnell noch die Lösungen auf das Papier kritzeln konnte. Auch in den anderen wissenschaftlich-mathematischen Fächern war es ein einziger Nervenkrieg. Bei den Tests kreuzte ich vollkommen willkürlich, meinem Instinkt folgend, Antworten an. Pures Glück, dass gerade ausreichend Kreuzchen richtig waren. Bereits damals kreierte ich meinen Slogan »Auch mit völliger Inkompetenz kommt man ans Ziel – man muss sich nur zu helfen wissen!« Diese Erkenntnis habe ich noch des Öfteren untermauert.

Auch mein Vater hatte eine eher schwierige Zeit. Die Proben zu Shakespeares *Der Sturm* liefen nicht gut. Er hatte Zweifel, was die Inszenierung betraf, und war sehr verunsichert, wie er seinen *Prospero* anlegen sollte. Er erzählte, dass die Schuhe für *Prospero* eigens bei demselben Schuhmacher in Italien angefertigt wurden, der auch die Schuhe für den Papst nähte. Als ich zitternd in der Premiere saß, musste ich mir eingestehen, dass ich nicht wahnsinnig viel mit dem Abend anfangen konnte, meinem Vater sagte ich, dass er sich für mich zu wenig verwandelt hätte, ich habe ihn wiedererkannt, und das sei kein gutes Zeichen. Ein Kritiker übertitelte seinen Artikel mit dem Satz »Onkel Gert vor der Zauberhütte«. Dieser Satz wurmte meinen Vater noch Jahre später.

Eines Nachmittags gaben mein Vater und seine Mutter Marion, die gerade zu Besuch war, Hermi Löbl ein Interview für ihre Sendung *Mütter*. Ich lauschte und war gerührt, wie Marion mit brüchiger Stimme, eingeschüchtert von der Kamera, über ihren Sohn sprach. Karl Löbl, der Chef der Kulturredaktion des ORF, war bei den Interviews auch anwesend und fragte mich beim Verabschieden, ob ich nicht Lust hätte, einmal in seiner Redaktion zu volontieren. Ich sagte spontan zu, schon weil ich in meinen beiden vorhergehenden Ferienjobs als Kellnerin und Mädchen für alles bei Polygram kläglich versagt hatte. Immerhin hatte ich bei Polygram Udo Lindenberg kennengelernt und ihn in den Supermarkt begleitet, um eine Flasche Campari zu kaufen. Mein heimliches Ziel war ja noch immer, viel Geld zu verdienen, um nach New York auswandern und Schauspielerin werden zu können ...

In der Kulturredaktion des ORF wurde mir rasch bewusst, dass ich jetzt ein sogenanntes Promikind und die Tochter von Burgschauspieler Gert Voss war. Wofür ich als Gauklerkind in Deutschland gemieden und geächtet worden war, bescherte mir in Wien als Kind eines Burgtheatergauklers plötzlich Anerkennung in den höchsten Kreisen, machte mich zur begehrten und gejagten Beute, die viele im wahrsten Sinne des Wortes *ficken* wollten. Besonders interessant war ich natürlich für Kulturjournalisten, die in mir eine praktische Informationsquelle für Theatergeheimnisse sahen. So geriet ich einmal während einer Redaktionssitzung in eine verhörartige Situation, in der man mich regelrecht zwingen wollte, preiszugeben, ob mein Vater die Rolle des *Jedermann* übernehmen würde oder nicht. Selbstverständlich hielt ich dicht.

Die Wiener liebten und verehrten Künstler in einem Ausmaß, das ich bis dato nicht kannte. Erstmals machte ich die Erfahrung, nicht um meiner selbst willen gemocht zu werden, sondern wegen des Namens *Voss*. Da beim ORF alles offiziell amtlich war, musste ich natürlich auch wieder zu dem mir verhassten Vornamen Christina zurückkehren, den ich nach der Schule endlich ablegen zu können gehofft hatte.

123

Mein Volontariat fiel genau in die immer heißer werdende Phase des Debakels rund um die Inszenierung von Bernhards *Heldenplatz*.

Claus Peymann hatte Thomas Bernhard damit beauftragt, ein Stück zum »Bedenkjahr 1988« (fünfzig Jahre Anschluss) zu schreiben. Schließlich willigte Bernhard ein und das Stück *Heldenplatz* sollte zum hundertjährigen Bestehen des Burgtheaters aufgeführt werden, quasi als ein synchroner Frontalangriff auf zwei große Tabus. Seit der Waldheim-Affäre im Jahr 1986 wusste ich, dass in Österreich noch recht wenig Vergangenheitsbewältigung stattgefunden hatte. Es gab eine internationale Debatte über eine eventuelle Beteiligung Waldheims an Kriegsverbrechen und die USA verhängten ein Einreiseverbot gegen den österreichischen Bundespräsidenten. In Österreich löste die Causa Waldheim erstmals eine offene Diskussion über die Beteiligung von Österreichern an NS-Verbrechen während des Nationalsozialismus aus. Bis dahin hatten sich viele Österreicher als das erste Hitler-Opfer Deutschlands betrachtet und verdrängt, wie viele Menschen Hitler am 15. März 1938 bei seiner Rede auf dem Heldenplatz begeistert zugejubelt hatten. Genau in diese eitrige Wunde schlugen nun Bernhard und Peymann. Obwohl das Stück bis zu seiner Uraufführung unter Verschluss gehalten werden sollte, erschienen vorab Ausschnitte in *Profil*, der *Wochenpresse* und der *Kronen Zeitung*. Gezielt wurden natürlich nur die provokantesten Ausschnitte gewählt, und es begann eine mediale Hetzkampagne gegen den »Nestbeschmutzer« Thomas Bernhard und den »Piefke« Claus Peymann und seine »Bochumer Brut«, zu der auch wir gehörten. Das Ganze gipfelte darin, dass Jörg Haider, der aufsteigende Obmann der Freiheitlichen Partei Österreichs, forderte: »Hinaus aus Wien mit dem Schuft!« Gemeint war Peymann, den jedoch Aufforderungen, seinen Hut zu nehmen, eher in seiner Entschlossenheit bestärkten, genau wie auch Thomas Bernhard, der in einem Interview mit dem *Kurier* noch eins draufsetzte, indem er betonte: »Ich habe mein Stück *Heldenplatz* noch verschärft!«

Die internationale Presse begann zu berichten, es kam zu persönlichen Drohungen und sogar tätlichen Angriffen auf Bernhard. Auch wir durften im wahrsten Sinne des Wortes an diesem Shitstorm mitnaschen. Eines Morgens lag ein hübsches Päckchen von der k. u. k. Hofzuckerbäckerei Demel in unserem Briefkasten, adressiert an den Burgschauspieler Gert Voss. Voll Vorfreude legte mein Vater das Päckchen auf seinen Frühstücksteller und begann, es vorsichtig auszupacken. »Wie rührend!«, sagte er tief bewegt. Als er schließlich den Deckel der kleinen Tortenschachtel öffnete, schreckte er zurück, sein Gesicht verfinsterte sich und er gab einen Laut des Ekels von sich. Erstaunt beugten sich nun auch meine Mutter und ich über die Schachtel. In feinem, zartrosafarbenem Seidenpapier lag eine riesige Portion Scheiße – kunstvoll zusammengerollt. Nach dem ersten Schreck mutmaßten wir, dass der edle Spender wohl direkt in die Schachtel hineingeschissen haben musste, da die Wurst gänzlich unbeschädigt war. Wir malten uns aus, wie der Absender sich womöglich tagelang durch eine spezielle Diät auf den großen Moment der Geburt dieser Wurst – perfekt in Form, Farbe und Konsistenz – vorbereitet haben musste.

Als Nächstes folgten Bombendrohungen, zum Teil telefonisch. Ein Mann mit einer hohen Fistelstimme sagte zu mir: »Ich weiß, dass Sie zu Hause sind. Sie san die Tochter, net wahr? Passen S' auf, wenn S' ins Auto steigen. Es könnt' einen lauten Kracher geben!« Ich legte auf, meine Knie wurden weich und ich musste in die Hocke gehen. Ich schrie nach meinem Vater und erzählte ihm von dem Telefonat. Er blickte sehr ernst und rief die Polizei an. Er wirkte sehr enttäuscht und angeschlagen. Mehrere Polizisten untersuchten unseren Briefkasten, schritten den Garten ab und überprüften mit Hunden unseren alten roten R4. Ein anderes Mal hob ich ab und ein

Mann verlangte, meinen Vater zu sprechen, es war nicht dieselbe Stimme und ich gab den Hörer weiter. Mein Vater meldete sich, hörte kurz zu und legte dann abrupt auf. Er atmete schwer aus und sagte resigniert: »Wieder eine Bombendrohung.« Erneut kam die Polizei. Dann befand sich ein Brief in der Post mit der Drohung, meinen Vater vor dem Burgtheater in die Luft zu jagen. Es wurde angekündigt, man würde Leuten wie meinem Vater und seinen jüdischen Freunden zeigen, wer in Österreich regiere. Die Polizei kam zu uns nach Hause, untersuchte den Brief, der selbstverständlich ohne Absender war, und gab uns eine Art Einschulung, worauf wir zu achten hätten, auch beim Starten des Autos. Es war furchtbar. Wir lebten in ständiger Angst und mit dem Gefühl, heimlich von jemandem beobachtet zu werden, der sich vielleicht sogar ganz in unserer Nähe befand. Noch Wochen später waren das Öffnen der Post oder das Einsteigen ins Auto mit Herzklopfen und Todesangst verbunden. Meinen Vater machte das alles sehr traurig. Meine Mutter wollte nicht mehr, dass mein Vater das Haus verließ, und ich fand, dass es an der Zeit wäre, wieder umzuziehen.

Der Tag der Uraufführung von *Heldenplatz* kam. Die gesamte Kulturredaktion des ORF und die Nachrichtenredaktion standen unter Hochspannung. Etliche Kamerateams rückten zur Berichterstattung in und um das Burgtheater aus. Es war ein mediales Großereignis. Sigrid Löffler schrieb im *Profil*: »*Ganz Österreich ist Bühne, alle Österreicher sind Komparsen, die Hauptdarsteller sitzen in der Hofburg und am Ballhausplatz, in den Zeitungsredaktionen und in den Parteizentralen.*«

In der *Kronen Zeitung* erschien eine Fotomontage mit dem brennenden Burgtheater. Ein Großaufgebot an Polizei wurde angekündigt. Vor dem Theater wurde Pferdemist abgeladen und Transparente mit der Aufschrift »Nestbeschmutzer« wurden hochgehalten. Angst vor Ausschreitungen jeder Art lag in der Luft. Meine Eltern blieben aus Sicherheitsgründen zu Hause und verfolgten den Abend im Fernsehen. Ich befand mich mit den Außenberichterstattern vor dem Burgtheater. Die Aufführung wurde immer wieder durch Zwischenrufe gestört und endete mit einer Schrei-, Pfeif- und Applausschlacht. Thomas Bernhard, bereits schwer von seiner Krankheit gezeichnet, kam schließlich auch auf die Bühne und verbeugte sich strahlend mit Peymann. Es war sein letzter öffentlicher Auftritt.

Ich wurde in gewisser Weise von verschiedenen Redakteuren der Kulturredaktion adoptiert und hatte das Gefühl, in eine Art Großfamilie gekommen zu sein. Ich durfte den Theaterspezialisten Franz Zoglauer zu Interviews begleiten, Krista Fleischmann beim Schnitt ihrer fantastischen Dokumentationen über Bernhard zusehen, insbesondere fand ich jedoch in der Filmressortleiterin Gabriele Flossmann eine Vorbildfrau. Insgeheim habe ich mir eine solche immer als Mutter gewünscht. Mit der stürmischen Überzeugung einer fast Zwanzigjährigen lehnte ich kategorisch ab, erst einmal Redaktionsassistenz zu machen, sondern bestand darauf, gleich freie Redakteurin zu werden. Von meiner Mutter stets zum Schreiben ermutigt, befand ich, dass ich hervorragend Texte verfassen konnte. Alles, was ich in den Redaktionssitzungen nicht wusste oder kannte, las ich anschließend schnell auf dem Klo in Kulturlexika nach. Nach dem Motto »Frechheit siegt« bluffte ich mich rasch zur vielbeschäftigten Redakteurin hinauf, arbeitete mit Begeisterung rund um die Uhr, auch an Feiertagen und Wochenenden, durfte Beiträge bis hin zu ganzen Dokumentationen gestalten und teilweise auch besprechen, und das trotz meines deutschen Idioms. Höhepunkt war, dass ich mit Gabi Flossmann zu sämtlichen Filmfestivals fahren und unvergessliche Interviews mit Filmschaffenden wie Catherine Deneuve, Marcello Mastroianni, Isabelle Huppert,

Claude Chabrol, Jean-Pierre Léaud, Jean-Louis Trintignant oder Robin Williams machen durfte.

Die Filminterviews führten mir jedoch immer schmerzhaft vor Augen, dass ich auf der falschen Seite saß, und ich wünschte mir sehnsüchtig, ein Regisseur würde während eines Interviews plötzlich zu mir sagen: »You're an actress, right?« Zusätzlich kämpfte ich mit dem mir völlig neuen Problem, als junge Frau nicht für ganz voll genommen zu werden. Die meisten, mit denen ich zu tun hatte, waren Männer, ältere Männer, in deren Augen jung und hübsch gleichbedeutend mit blöd war. Ich musste als Redakteurin zumeist Drei-Mann-Kamerateams führen und versuchte, in sündhaft teuren Kostümchen verkleidet, beim Equipment tragen helfend und Kette rauchend, den Anschein einer toughen Businesswoman zu erwecken. Das war sehr anstrengend, und am Ende meiner Journalistentätigkeit war ich bei drei Schachteln pro Tag angelangt. Die Kombination aus übermäßigem Nikotinkonsum und zu wenig Essen und Schlaf bescherte mir immer wieder kleinere Ohnmachten, für die ich mich in Grund und Boden genierte.

Eine meiner skurrilsten Dienstreisen für eine längere Reportage führte mich gemeinsam mit Peter Turrini nach Hamburg auf die Reeperbahn. Der Anlass dafür war die deutsche Erstaufführung seines Stückes *Tod und Teufel*. Meine Eltern waren mit Peter Turrini befreundet und ich schätzte ihn als sehr direkten und ehrlichen Menschen überaus und liebte seine Stücke, vor allem auch, wenn er sie selber bei Lesungen vortrug. *Tod und Teufel* hatte er bei sich zu Hause im kleineren Rahmen vorgelesen, und ich war fasziniert, wie gut Turrini sein eigenes Werk schauspielerisch interpretieren konnte. Elfriede Jelinek war auch bei dieser Lesung anwesend. Ich konnte nicht aufhören, sie heimlich immer wieder zu beobachten, weil ich sie als Autorin und Mensch so überaus spannend fand. Als Turrini und ich über die Reeperbahn schlenderten, kamen wir zu einer Straße, die für Frauen gesperrt war.

Da das Rotlichtmilieu schon immer eine wahnsinnige Faszination auf mich ausgeübt hatte, war ich todunglücklich, Turrini und mein Kamerateam allein in die geheimnisvolle Sündenmeile ziehen lassen zu müssen. Später im Schneideraum stellte ich zu meiner Beruhigung fest, dass ich nicht wirklich viel verpasst hatte. In unserem sehr schönen Interview sprach Turrini über die katholische Kirche und meinte, es ginge da immer um dasselbe, um, wie er sagte, »Fut und Beidl«. Bei der Abnahme der Reportage zeigte sich mein Chef Karl Löbl begeistert über diese provokante Aussage. Plötzlich fragte er mich, ob ich überhaupt wisse, was das heiße. Ich antwortete: »Natürlich! Fut ist die Peitsche und Beidl der Klingelbeutel!« Zu meiner großen Verwunderung brach er lachend zusammen. Peter Turrini ermutigte und unterstützte mich auch sehr, als ich später meine eigenen Stücke verfasste.

Privat pendelte ich zwischen wesentlich älteren Männern hin und her, mit denen ich entweder reine Sexaffären oder nahezu platonische Liebesbeziehungen hatte, und befriedigte meine Abenteuerlust mit aufregenden Reisen in touristisch noch wenig erschlossene Länder wie Guatemala, Honduras oder Kolumbien – auf den Spuren der Maya. Bei einer dieser Reisen verwendete mich mein damaliger Begleiter als lebendes Schutzschild, nachdem es im Dickicht des Urwalds, durch den wir gerade marschierten, geraschelt hatte. Ich bekam eine derartige Wut, dass mir mein Leben plötzlich völlig egal war. Enttäuscht und von meinem Freund im Stich gelassen, stürzte ich mich ins Gebüsch, um mit dem gefährlichen Tier zu kämpfen. Der raschelnde Angreifer entpuppte sich als verschrecktes Gürteltier, das bei meinem Anblick sofort den Kopf in die Erde steckte.

Bei einer anderen Reise zu einer ehemaligen Pirateninsel in Honduras wurde ich von einem Ex-Marine- und einem Ex-Navy-Soldaten furchtbar bedrängt. Verängstigt bat ich mei-

129

nen Freund, mir zu helfen, doch er antwortete nur: Hast du gesehen, wie riesig die Hände von den Typen sind? Wieder wurde mir schmerzhaft bewusst, dass es die heldenhaften Beschützer aus all meinen Lieblingsfilmen offensichtlich in der Realität nicht gab, zumindest nicht in meinem Leben.

Peter Zadek kam ans Burgtheater und mein Vater durfte den *Shylock* in *Der Kaufmann von Venedig* spielen. Ich liebte die an den Film *Wallstreet* erinnernde Inszenierung sehr und fand meinen Vater wirklich großartig. Zadek schien seine eigene kleine Theaterfamilie zu haben, mit der er kontinuierlich arbeitete. Er hatte ein Faible für extrem ungewöhnliche Schauspieler und Menschen, die nichts Theaterhaftes an sich hatten, was mir überaus gefiel. Zadek hatte auf mich eine sehr einschüchternde, väterliche Wirkung, fast wie Marlon Brando in *Der Pate*. Er nannte mit leicht überheblich anmutendem, britischem Akzent alle »Darling« oder wahlweise auch »Liebling« und sagte dann häufig gar nicht so nette Sachen, wie man erwarten hätte können.

Als ich bereits selber freies Theater machte, sagte er einmal zu mir, dass das unglaublich feige sei, weil ich mich dem Wettbewerb gar nicht stellen würde. Das traf mich sehr, weil es natürlich einerseits stimmte, zugleich fand und finde ich jedoch, dass es mir als Künstlerin ja auch nicht darum gehen soll, mit anderen zu wetteifern und Karriere zu machen, sondern darum, die Themen, die ich für wichtig halte, an die Menschen heranzubringen, auch wenn dort nur zwei sitzen. Ich wünschte, ich hätte ihm damals so antworten können. Stattdessen bekam ich eine Zitterunterlippe und ging weg.

Ähnlich wie bei Peymann verband meinen Vater und Peter Zadek eine Hassliebe, die mit vielen Verletzungen und Enttäuschungen einherging. Sie war jedoch getragen von einer unglaublichen Faszination, die sie füreinander hegten. Es folgten noch viele weitere Arbeiten wie *Ivanov* oder *Rosmersholm*.

Zadek schaffte es, bei meinem Vater eine ganz feine, tiefe Emotionalität hervorzulocken. In *Rosmersholm* gab es eine Szene zwischen meinem Vater und Angela Winkler, in der er wirklich weinte und es mich vor Schmerz fast zerrissen hätte.

George Tabori beendete seine Intendanz am Theater Der Kreis und nahm meine Mutter mit ans Burgtheater, um mit meinem Vater *Othello* zu machen. Nun waren meine beiden Eltern am selben Theater und meine Mutter eine anerkannte Dramaturgin, die Tag und Nacht schuftete. Ich machte mir oft Sorgen um sie, weil sie ihre schier endlos wirkenden Kräfte ohne Rücksicht auf ihre oft angegriffene Gesundheit komplett überstrapazierte. Chronische Stirn- und Nebenhöhlenentzündungen, teilweise mit Fieber, wurden einfach ignoriert beziehungsweise durch selbst verordnete Antibiotika unterdrückt. Hatte hingegen mein Vater auch nur das kleinste Anzeichen für ein körperliches Problem, wurde ihm sofort strenge Bettruhe verordnet, und sie umsorgte ihn aufopfernd rund um die Uhr. Dieses Ungleichgewicht zwischen den Geschlechtern trieb mich manchmal in den Wahnsinn.

Tabori war ein Regisseur beziehungsweise Spielleiter, wie er sich selbst gerne bezeichnete, der ganz anderen Art, vollkommen antiautoritär, verspielt, neugierig, liebevoll, geduldig, ohne den geringsten Druck auszuüben. Ihm ging es immer um das Forschen und Experimentieren, und das musste nicht zwingend ein Ergebnis bringen. Bei den Vorbereitungen für *Othello* bat er meinen Vater und Ignaz Kirchner eines Tages, einfach einmal die Rollen zu tauschen. So kam es, dass mein Vater schließlich anstelle des *Jago* den *Othello* spielte.

Bei *Othello* fand die für mich beeindruckendste Verwandlung meines Vaters statt, die ich miterleben durfte. Er arbeitete bei dieser Figur mit Verfremdung auf allen Ebenen, kreierte ein vollkommen eigenes Bewegungsrepertoire, ähnlich dem einer Raubkatze, und eine völlig neue Stimme. Dazu schrie er sich stundenlang in unserem Garten die Seele regelrecht aus dem Leib. Die Maske, die er sich für *Othello* erfand – er hatte bis zu vier Taschentuchröllchen im Mund, die seine Sprache veränderten – war, glaube ich, nur ein weiteres äußeres Hilfsmittel, um sich selber im Spiegel als fremd zu empfinden. Durch diese totale Verfremdung konnte er sich von sich selber derart befreien, dass Raum für ganz ursprüngliches, ungebremstes, teils auch unheimlich emotionales Verhalten gegeben war. Es fand eine regelrechte Depersonifikation statt – für mich die absolute Königsdisziplin der Schauspielkunst.

Die nächste gemeinsame Arbeit mit Tabori war *Goldberg-Variationen*, in denen zwischen meinem Vater und Ignaz Kirchner die unglaublichsten Improvisationen entstanden, deren Irrwitz sich nur unter den Augen eines so freien, weisen und entspannten Beobachters wie Tabori entfalten konnte. Ignaz Kirchner und mein Vater avancierten mit dieser Inszenierung zum neuen Komikertraumpaar, das Tabori noch für unvergessliche weitere Produktionen – am gelungensten vielleicht in *Fin de partie* (Endspiel) – einsetzte. Er nutzte die nicht unkomplizierte Beziehung der beiden zueinander. Sie kamen mir wie Brüder vor, die miteinander wetteiferten, krankhaft eifersüchtig waren, beleidigt, gekränkt, enttäuscht und dann aber doch wieder mit Begeisterung zusammenspielten, weil sie nicht voneinander lassen konnten und großen Spaß miteinander hatten.

Meine Großmutter Marion starb. Ich war unendlich traurig und konnte tagelang nicht mehr aufhören zu weinen. Es irritierte mich, dass mein Vater nicht weinte. Meine Mutter erklärte mir, dass sich mein Vater bei tiefem Schmerz ganz in sich zurückzog und still in sich hineinweinte. Das kam mir irgendwie bekannt vor ...

Marion hatte bestimmt, dass sie verbrannt werden sollte. Wir reisten also an den Bodensee. In der Aufbahrungshalle lag jedoch ein fremder Toter. Meine Kusine und ich machten uns auf die Suche nach dem Sarg mit meiner Großmutter. Wir wurden in einen Raum mit offenen Särgen geführt, in dem einbalsamierte Leichen lagen. Betreten schritten wir von Sarg zu Sarg. Beinahe gingen wir an Marions Leiche vorbei, weil sie vollkommen verändert aussah. Erstmals nahm ich wahr, dass das, was den Menschen ausgemacht hatte, seine Seele oder sein Wesen, nach dem Tod den Körper zu verlassen schien und nur eine fremd anmutende Hülle zurückblieb. Nach einer kurzen Ansprache fuhr der Sarg in den Boden und der evangelische Pfarrer sagte: »Wir übergeben ihren Leib nun dem Feuer.« Ich hörte ein ohrenbetäubendes Geräusch, fast so, als ob jemand einen Gasherd anzündete und dabei zu lange auf den Gasknopf drückte. Durch die Ritzen der Bodenplatten sah ich orange Glut aufleuchten. Ich weiß bis heute nicht, ob das wirklich der Realität entsprach, oder ob ich es mir nur eingebildet habe.

Anschließend saßen wir in einem nüchtern eingerichteten Kaffeehaus und aßen Kuchen. Jemand hatte einen ganz jungen Cockerspaniel mitgebracht. Mein Vater und ich beobachteten, wie der Hund unter den Tisch schiss und sein Herrchen, der das nicht bemerkt hatte, mit seinen nervös scharrenden Schuhen die gesamte Hundescheiße unter dem Tisch großflächig verschmierte. Mein Vater und ich implodierten beinahe vor Lachen.

Bei einer Filmpremiere lernte ich einen wesentlich älteren Mann kennen, der mich noch in derselben Nacht in die Welt der SM-Praktiken einführte. Ich war Anfang zwanzig und gänzlich unerfahren in dieser Hinsicht. Es dauerte auch eine ganze Weile, bis mir überhaupt bewusst wurde, in was ich da hineingeraten war. Der Mann war ein ausgeprägter Sadist, demütigte mich durch leichte Schläge ins Gesicht und verbale

Gemeinheiten. Er hatte eigentlich eine Beziehung zu einer Frau in seinem Alter und musste mich, wie er dachte, dafür bestrafen, dass ich ihn mit meiner Jugend verführt hatte. Seine hypnotischen, grünen Augen faszinierten und schüchterten mich zugleich vollkommen ein. Als Grenzgängerin war ich hin- und hergerissen zwischen Neugier auf dieses unbekannte Extrem, gleichzeitig war ich jedoch permanent damit beschäftigt, den ständigen physischen Verletzungen, die er mir zufügte, zu trotzen. Ich war zu stolz, um ihm zu zeigen, dass er mir wehtat, also biss ich die Zähne zusammen und gab vor, durch nichts in die Knie zu zwingen zu sein. Die verhängnisvolle Affäre glich einer teuflischen Abwärtsspirale, die mich immer tiefer in ein totales Abhängigkeitsgefühl, das aus einer Mischung von gekränktem Stolz und dem Gefühl von Macht bestand, riss. Meine Macht bestand darin, dass der Mann von mir besessen zu sein schien und ich ihn durch meinen Mut, den ich durch das Ausführen seiner demütigenden Aufgaben immer wieder bewies, zu beeindrucken schien. Ich ging zum Beispiel splitternackt am Fenster eines vollen Lokals vorbei und brüstete mich vor mir selbst damit, dass es nichts gäbe, was ich mich nicht traute. Ich wusste, dass es in mir so etwas wie einen Schalter gab, der sich in Extremsituationen umlegte und mir das Gefühl gab, dass mir alles egal war, auch wenn ich dabei draufgehen würde. Dieses Gefühl hatte sowohl positive, als auch negative Seiten. Im Positiven half es mir, außergewöhnlich waghalsige Dinge zu riskieren, zu erforschen und zu bestehen, bis hin zu Konfrontationen mit mir physisch überlegenen, einmal sogar bewaffneten Gegnern, die ich mit meinem Blick und meiner Ausstrahlung tatsächlich abwehren konnte. Im Negativen bedeutete es, dass ich mich derart von meinen Gefühlen abschnitt, bis ich mich selbst überhaupt nicht mehr spürte.

Durch den perversen Machtkampf, den ich selber begonnen hatte, weil ich meinem Peiniger nie den Triumph gab, mich durch Schmerz besiegen zu können, ergab sich eines Nachts ein Spiel, bei dem mich der Mann fast bis zur Bewusstlosigkeit würgte. Ich starrte in seine Augen und spürte, wie langsam alle Kraft aus meinem Körper wich und ich mich nicht mehr wehren konnte. Mir wurde bewusst, dass ich jetzt sterben würde. Irgendetwas in meinem Gesichtsausdruck dürfte den Mann zur Vernunft gebracht haben. Abrupt ließ er meinen Hals los und verkroch sich in eine dunkle Zimmerecke. Ich kämpfte lange damit, wieder atmen zu können, mein Hals und meine Lunge schmerzten entsetzlich, mir war schwindelig und übel. Als ich mich endlich so weit gefasst hatte, dass ich mich aufsetzen konnte, kroch ich keuchend aus seiner Wohnung bis zu meinem Auto und fuhr nach Hause. Meine Eltern schliefen und ich schloss mich im Bad ein. Ich zog mich aus und betrachtete meinen geschundenen Körper. Es war, als sähe ich mich zum ersten Mal wieder mit klarem Blick. Plötzlich nahm ich all die Blutergüsse wahr und musste mich vor Selbstekel übergeben. Am nächsten Tag beichtete ich meinen Eltern die harmloseren Teile der Geschichte, ohne jedoch den Namen des Mannes preiszugeben. Mein Vater kannte ihn, und ich wollte nicht, dass er sich womöglich mitverantwortlich fühlte. Meine Mutter verstummte bei meiner Erzählung, ihr liefen Tränen über die Wangen und schließlich verließ sie das Zimmer. Mein Vater hörte mir in seiner geduldigen, verständnisvollen Art zu und machte mir zu meiner größten Erleichterung keine Vorwürfe. Weder beschimpfte er mich, noch erklärte er mich für verkommen, pervers oder verloren, sondern er fragte nur nach, ob mir diese Praktiken wirklich Spaß gemacht hätten. Als ich verneinte, beruhigte er mich, indem er mir erklärte, dass ich nicht krank oder pervers sei, sondern dass es eben Menschen gäbe, die so eine Art von Sex mochten und ich aus Unerfahrenheit da hineingeraten war. Ich solle mir keine Vorwürfe machen, nun wisse ich wenigstens, dass das nicht meine Art von Sexualität war. Auch bestand er nicht darauf, den Namen des

Mannes zu erfahren, sondern akzeptierte meine Entscheidung. Durch dieses Gespräch wurde mir klar, dass ich, wann auch immer ich wieder in eine Extremsituation kommen würde, mit meinem Vater darüber sprechen und mich in seiner beruhigenden Gefasstheit aufgehoben fühlen konnte.

Seit ich mich erinnern konnte, neigte mein Vater zu hohem Blutdruck und nahm regelmäßig Betablocker. Später kam dann noch Vorhofflimmern dazu, das irgendwann chronisch wurde. Da sein Vater Wilhelm an den Folgen von Herzproblemen gestorben war, war mein Vater übersensibel, was sein Herz betraf. Wenn ein Arzt seinen Blutdruck messen wollte, regte er sich derart auf, dass der Blutdruck in unglaubliche Höhen stieg. Ähnlich verhielt es sich mit dem Vorhofflimmern. Wenn er unter großem psychischen Stress stand, trat es so sicher wie das Amen im Gebet auf. Da ich selber eine kleine Herzanomalie habe und zu Herzrasen neige, kenne ich die entsetzliche Todesangst, die einen überfällt, sobald das Herz verrücktspielt. Auch wenn man noch so oft gehört hat, dass man nicht daran sterben kann, ist man der Angst, dass das Herz eine so starke Belastung nicht aushalten könnte, wehrlos ausgeliefert.

Während der Proben zu *Macbeth* schlitterten mein Vater und Claus Peymann in eine tiefe künstlerische Krise. Sie konnten das Stück und die Hauptfigur nicht gemeinsam bewältigen, gerieten aneinander und verloren immer mehr den Halt. Die Angst, an *Macbeth* zu scheitern, hatte dramatische Auswirkungen auf die Gesundheit meines Vaters. Es ging ihm im wahrsten Sinne des Wortes zu Herzen. Peymann, der die Hypochondrie meines Vaters kannte, nahm seinen Zustand zuerst nicht wirklich ernst, und so kam es auch zu einer schweren persönlichen Krise zwischen den beiden. Ich machte mir große Sorgen um meinen Vater und fragte mich wieder einmal, warum es bei den Theaterleuten immer um Leben und

Tod ging, warum die Kunst über das Leben gestellt wurde, obwohl es doch letztendlich nur Theater war …

In weiterer Folge arbeitete mein Vater mit zwei Regisseuren, für deren Inszenierungen er seit Jahren geschwärmt hatte. Unter der Regie von Peter Stein spielte er in Salzburg in *Julius Caesar* den *Marc Anton* neben vielen weiteren grandiosen Schauspielern von Martin Benrath bis Thomas Holtzmann. Peter Stein schien ein ähnlich Wortbesessener wie Peymann zu sein und wohl auch ebenso väterlich autoritär. Ich kannte Arbeiten von Peter Stein von der Schaubühne in Berlin, die mich unglaublich beeindruckt hatten. Ich verehrte die sogenannten Stein-Schauspieler von Jutta Lampe über Otto Sanders bis Bruno Ganz zutiefst.

An der Schaubühne sah ich mir auch gemeinsam mit meinem Vater *Triumph der Liebe* in der Inszenierung von Luc Bondy an. Jutta Lampe und Thomas Holtzmann, meine damaligen Lieblingsschauspieler, spielten darin in einer so zarten und gleichzeitig verzweifelt komischen Liebesszene, dass ich bis heute noch davon verzaubert bin. Luc Bondy war der zweite Traumregisseur meines Vaters, mit dem er nun endlich arbeiten durfte, im *Illusionist* an der Schaubühne mit Dörte Lyssewski als Partnerin. Mein Vater lernte für das Stück sogar Zaubertricks von einem echten Magier, worum ich ihn unendlich beneidete. Immerhin gehörten Zauberer und ihre Magie zu meinen großen Faibles. Die Arbeit mit Bondy machte meinem Vater großen Spaß. Er hatte nichts Autoritäres an sich, sondern war vielmehr ein sehr verspielter Theatermacher, dessen Spezialität feinsinnige Zwischenmenschlichkeit mit zarter Komik war. Bondy kam mir wie ein neugieriger, unruhiger, kleiner Junge vor, der alles bemerkte, sich an allem freute. Trotz seiner schweren Erkrankungen war er von einer Lebensfreude erfüllt, die beinahe physisch spürbar war. Er war auf eine überaus charmante Weise bescheiden-unbescheiden und süchtig nach Schokolade und Frauen. Letzteres bekam ich auch am eigenen Leib zu spüren.

Eine weitere Arbeit mit Bondy war *Die Möwe* im Jahr 2000 im Akademietheater. Hier gab es eine unvergessliche Szene gemeinsam mit Jutta Lampe, in der mein Vater die Beziehungsfrustration seiner Figur darstellte, indem er unglaublich komisch ein Essiggürkchen nach dem anderen in sich hineinstopfte. Als besonderes Geschenk empfand es mein Vater, unter Bondy den *König Lear* am Burgtheater spielen zu dürfen, mit Birgit Minichmayr als Narr, die mich mit ihrer extremen Körperlichkeit in dieser Rolle begeisterte. Mein Vater liebte die Figur des *Lear* über alles. Ein Traum ging für ihn in Erfüllung, und Bondy ließ ihn sich in seiner grenzenlosen Fantasie und Spielfreude so richtig austoben. Bondy und mein Vater schienen perfekte Spielkameraden zu sein.

Bei einer meiner Reportagen für den ORF lernte ich Nina kennen. Wir begegneten einander im Café Prückel. Herein kam eine stattliche blonde Frau mit großer Nase und blitzblauen Augen. Sie arbeitete für eine PR-Agentur und war ein ausgesprochener Workaholic. Sie stand so gut wie immer unter Hochspannung. Es war so etwas wie Liebe auf den ersten Blick. Wir hatten denselben schwarzen Humor, waren beide getriebene Grenzgängerinnen, immer auf der Suche nach einem neuen Kick. Nina wurde innerhalb kürzester Zeit zu meiner wichtigsten Bezugsperson. Sie war zehn Jahr älter als ich und übernahm für mich auch so etwas wie eine Mutterfunktion. Beide nicht gerade mit viel Selbstvertrauen gesegnet, stützten wir einander auf wunderbare Art, schon, weil wir bedingungslos aneinander glaubten. Nina war der erste Mensch, dem ich von meinem heimlichen Doppelleben und meinem Wunsch, Schauspielerin werden zu wollen, erzählte. Sie sagte wie aus der Pistole geschossen: »Du bist Schauspielerin, das weiß ich!«

Mit diesem Satz berührte sie meinen wundesten Verzweiflungspunkt, denn ich war durch meine exzessive Arbeit als Journalistin mittlerweile erschöpft und so tief in eine andere Identität hineingerutscht, dass ich mir kaum noch vorstellen konnte, woher ich die Energie nehmen sollte, um meinen Lebenstraum zu verwirklichen. Nina machte mir klar, dass ich genau das tun müsse, und zwar jetzt sofort. Sie schenkte mir das Buch *Die Kleine* von Armistead Maupin, das von einer Zwergin handelte, der die unglaublichsten Dinge passierten und die trotzdem niemals aufgab. Nach Beendigung dieser Lektüre sagte ich mir, dass es, wenn es diese kleine Person schaffen konnte, auch mir gelingen würde. Ich kündigte beim ORF und organisierte mir eine Wohnung in der Upper Westside von New York. Praktischerweise wollte wenig später auch Veronika, eine befreundete Journalistin, nach New York, um dort eine wöchentliche Kolumne zu schreiben. Wir beschlossen, uns Wohnung und Miete zu teilen.

New York

Mit der Sorglosigkeit einer Zwanzigjährigen kam ich in New York an. Ich hatte zwar eine Wohngelegenheit, ansonsten war ich jedoch vollkommen planlos, aber voller Optimismus, hier, am Ziel meiner Träume, mein Glück zu finden.

Mein erster abendlicher Gang zum Supermarkt führte mich an einer Reihe von schwarzen Obdachlosen vorbei, die in Kartons schliefen. Ich war nicht gewöhnt, so viele Schwarze auf einmal zu sehen, und hatte ein bisschen Angst, gleichzeitig war ich erschüttert von all dem Elend in den Straßen. In einem Supermarkt, wo ich, ermattet vom Flug, eigentlich nur schnell Kaffee, Milch, Spaghetti, Butter und Brot kaufen wollte, strandete ich vor einem Milchregal, in dem an die zwanzig verschiedene Milchsorten standen – mit Vitaminen, ohne Vitamine,

et cetera. Der Supermarkt war überheizt wie sämtliche Räume
in Amerika, wo es üblich zu sein schien, zur Kühlung die Fenster zu öffnen, anstatt die Heizung herunterzudrehen. Ich war
vollkommen überfordert und fing beinahe zu weinen an, weil
ich nicht wusste, welche Milch die normale war. Bereits
schweißgebadet, griff ich nach einer orangefarbenen Packung.
Die Auswahl bei der Butter war ähnlich groß. Mir standen
schon die Tränen in den Augen. Als ich dann vor dem Nudel-

regal angelangt war, das ein derartiges Überangebot an Packungen in Größenordnungen aufwies, wie ich sie überhaupt noch nie gesehen hatte, begann ich zu schluchzen. Mir war alles im wahrsten Sinne des Wortes zu viel. Auf dem Heimweg sprang plötzlich ein Mann aus dem Gebüsch, packte mich und sagte: »Give me all your money!« Ich trug schwachsinnigerweise einen Großteil meines gesamten Ersparten für New York einfach so in meinem Rucksack. Dies herzugeben und bereits am ersten Tag die Grundlage für meinen Lebenstraum zu verlieren, war schlichtweg unmöglich. Wie im Schock hörte ich mich spontan dem Angreifer ins Gesicht lügen: »I don't have any money!« Dabei befand sich mein prall mit Bargeld gefüllter Rucksack direkt vor meinem Bauch, zwischen mir und dem Kleingangster. Ich war eigentlich sicher, dass er mich umbringen würde, er sah mich jedoch nur fassungslos an, stieß mich dann plötzlich zurück und sagte fast freundlich: »Okay, thanks!« Trotz gallertartiger Beine schaffte ich den Weg zurück ins Appartement und vertilgte einen riesigen Berg Spaghetti aus der Jumbopackung. Am nächsten Tag griff ich mir die Yellow Pages und blätterte unter der Rubrik Acting schools ...

Ich hatte von Tabori und Martin Fried, der eine Schwester hatte, die am Actors Studio unterrichtete, ein paar Namen von privaten Acting-Coach-Gurus bekommen. Der Besuch einer Schauspielakademie selbst war unerschwinglich für mich, jedoch durfte ich ein paar Mal als Gasthörerin im Actors Studio teilnehmen. Auf der Bühne befanden sich Ben Gazzara, den ich aus Woody-Allen-Filmen kannte, und seine Studentin. Sie spielten in einem extrem konventionellen Bühnenbild eine Salonszene zwischen Hausherr und Bediensteter. Gazzara hatte eindeutig den Sprechpart und seine Schülerin eher den dekorativen Beiwagenpart. Im Zuschauerraum saßen außer mir noch ein paar ältere Kollegen, die alle selbstverständlich zu Lee Strasbergs Lieblingsschülern gehört hatten. Als die Szene zu Ende war, fragte eine der Method-Mumien aus dem Zuschauerraum:

»Well, Ben, and how do you feel now?« Daraufhin zeichnete Ben Gazzara ein rund dreißigminütiges Bild seines Innenlebens und beschrieb detailliert, was er in jeder Sekunde empfunden hatte. Seine Schülerin wurde völlig links liegen gelassen. Anschließend beschrieben dann die Actors-Studio-Rezipienten ebenso ausführlich ihren emotionalen Entwicklungsbogen während der Betrachtung der Szene. Nach einer Stunde bekräftigten alle, wie »wonderful« Ben gewesen sei, und ich marschierte genervt nach Hause – mit massiven Zweifeln an dieser Institution, an der mir eindeutig zu viel gequatscht wurde.

Mein nächster Besuch galt der Klasse von Charles Laughton, von dem es hieß, er sei der »Private Coach« von Al Pacino. Aufgeregt nahm ich zwischen vielen jungen Schauspielschülern in einer Art kleinen Arena Platz. Nach einer gefühlten Ewigkeit in dem mittlerweile an ein Dampfbad gemahnenden kleinen Raum schob ein junger Mann mit schwarzer Hornbrille einen Rollstuhl herein, in dem ein korpulenterer alter Mann in einem asiatisch wirkenden, blauen Kittel mit aschenbecherdicken Brillen saß: Charles Laughton. Er konnte seinen Kopf nicht heben, war natürlich auch einer der absoluten Lieblinge von Lee Strasberg gewesen, kurz eines von Lees »pets« (Kuscheltieren), und erinnerte mich an einen steinalten Kofferfisch. Vier junge Schauspielerinnen stellten sich in die winzige Arena vor ihn und begannen den Anweisungen des Meisters zu folgen. Laughton, dessen Kopf nahtlos in seinen Rumpf überzugehen schien, murmelte Unverständliches in seine Hautfalte. Sein hornbebrillter Assistent hielt sein lauschendes Ohr in diese Region und übersetzte dann die heiligen Worte. Die Schauspielerinnen sollten sich vorstellen, unter einer Dusche zu stehen. Während sie sich mit jeder Faser ihres Körpers in sämtliche Sensationen, die das auf die Haut prasselnde Wasser auslösen konnte, hineinversetzten, wurde ihnen immer wieder die offensichtliche Standardfrage gestellt: »How does it feel?« Die periodisch eingeforderte Inneninspektion bewirkte nach und nach bei jedem der Mädchen das Aufsteigen unterschiedlich heftiger, traumatischer Erinnerungen. Sie durchlebten teilweise furchtbare Zusammenbrüche, weinten und schrien, hatten Orgasmen oder Wutausbrüche. Am Höhepunkt dieser Katharsis ertönte der trockene Kommentar: »That's enough. Thank you.« Die Klasse schien beendet. Zu meiner Empörung kümmerte sich niemand mehr um die aufgelösten Mädchen, sie taumelten verheult und verschwitzt aus der Arena. Ich stand auf und ging zu Charles Laughton, weil ich ihn fragen wollte, ob ich bei einer seiner Stunden mitmachen durfte. Er reagierte nicht. Sein Assistent raunte mir zu: »You have to speak up, he is nearly deaf.« Also näherte ich mich Laughtons behaartem Ohr und richtete sehr laut mein Anliegen an ihn. Wieder erfolgte keinerlei Reaktion. Sein Assistent raunte erneut: »You have to come very close to his face and wave. He is almost blind, too.« Also winkte ich mit meiner Hand direkt vor den beschlagenen Gläsern seiner dicken Brille. Dann schrie ich in sein Ohr. Der Meister nickte. Ich zog mich dezent zurück, hatte mich aber bereits entschieden, nicht wiederzukommen, da ich keinen Sinn darin sah, vor jemandem zu spielen, der gleichzeitig nahezu taub und blind war.

Ich besuchte noch zwei weitere Klassen von Strasbergs »pets« und wurde Zeugin, wie eine Gruppe Studenten eine Stunde damit verbrachte, ein unsichtbares Whiskeyglas in der Hand zu ertasten und dann am Höhepunkt der Übung einen Schluck Whiskey in Mund und Hals zu erschmecken und zu erspüren. Plötzlich wurde ich aufgefordert, nach der Pause mitzumachen – bei der Duschübung. Ich bekam sofort Herzklopfen und wie früher sehr oft bei Aufregung eine Durchfallattacke. Verzweifelt presste ich zwischen den Lippen hindurch: »Where is the bathroom, please?« Der Schauspielcoach sagte: »Please, hurry up! We will wait for you!« Zugleich deutete er auf eine verborgene Tür im Raum. Wie die meisten Wände und Türen in Amerika hatte sie die Konsistenz von Papier. Ich hatte jedoch keine Wahl und hastete aufs Klo. Mir war klar, dass jedes auch noch so unterdrückte Geräusch im erwartungsvoll stillen Nebenraum geradezu hallen würde. Unter keinen Umständen würde ich je wieder in diesen Raum zurückkehren und der höflich wartenden Klasse unter die Augen treten! Schwitzend arbeitete ich an der Entriegelung des Toilettenfensters, quetschte mich äußerst schmerzhaft hindurch und kletterte hastig die Feuerleiter hinunter. Erstmals wurde mir die dringende Notwendigkeit dieser mir aus romantischen Filmen bekannten Vorrichtung bewusst.

Einen Namen hatte ich noch auf meiner Schauspielguru-Liste: Avra Petrides. Sie galt als extrem neurotisch und exaltiert, war eine ehemalige Geliebte von Greta Garbo und hatte mit Alfred Hitchcock gearbeitet. All ihre Schüler, so hieß es, waren absolut begeistert von ihrer Klasse. Avras Wohnung befand sich in Fußnähe von mir, gleich neben dem Central Park, in einem wunderschönen, herrschaftlichen, alten, rostroten Gebäude. Ein unglaublich gutaussehender, an James Dean erinnernder Schüler öffnete mir. Er wies mir den Weg in die Küche, wo sich jeder Schüler ein Kristallglas mit Wasser nehmen sollte. Ich folgte einer sehr hübschen, vollschlanken Blondine in Avras geschmackvoll eingerichteten Salon. Avra war eine sehr zierliche Frau mit halblangen, aschblonden Haaren, großen, empfindsamen, blauen Augen und sehr dünnen Lippen. Sie erinnerte mich an einen nervösen Windhund, der ständig hin- und hertänzelte. Offenbar machte ich Eindruck auf Avra. Sie errötete bei meinem Anblick, kam auf mich zu, lächelte verlegen, ergriff stürmisch meine Hand und ließ sie lange nicht mehr los. Sie hauchte: »Welcome to my class, it almost seems as if we've met before in another life, maybe.« Die Klasse gefiel mir ausgesprochen gut. Zwar wurden auch hier die klassischen Method-Übungen praktiziert, Avra arbeitete jedoch auch viel mit Fantasie anregenden, körperlichen

Verwandlungsreisen und ganz konkret an Szenen und Mono-
logen. Sie führte mich in die gesamte zeitgenössische amerikanische Dramatik ein.

Mittlerweile war auch Veronika, meine Freundin aus Wien,
nach New York gekommen. Wir teilten ab nun unsere Erfahrungen mit der oft sehr herausfordernden Stadt und hatten
abwechselnd Nervenzusammenbrüche, bei denen wir einander beistanden. Zumeist vergaßen wir sie wieder bei einem
leckeren Essen.

Avra war geradezu besessen von mir und davon überzeugt,
dass ich unglaublich talentiert und vor allem für Film geeignet
war. Sie wollte mich ernsthaft adoptieren, damit ich für immer
in New York bleiben und arbeiten konnte. Das schmeichelte
mir zwar einerseits, war mir aber auch irgendwie unheimlich,
zumal Avra immer öfter sagte, meine Eltern seien schlecht für
mich und ich solle doch mit ihnen brechen. Sie stellte mich
allen möglichen Leuten vor, schickte mich zu einem Fotografen, der Headshots von mir machte, bat mich regelmäßig, nach
der Klasse noch zu bleiben und mich auf ihrem riesigen, baro-
cken Bett noch ein wenig auszuruhen. Ich wollte nicht unhöf-
lich sein und legte mich brav und stocksteif auf ihr Bett. Sobald
sie den Raum betrat, schnellte ich hoch, sprang mit einem Satz
vom Bett, bedankte mich und erklärte, ich sei schon wieder
ganz erholt. Eines Tages sagte Avra zu mir: »A woman is only a
real woman until she has slept with a woman.« Bei mir klingelte es immer noch nicht, ich lächelte und erwiderte verlegen:
»Well ...« Erst als mir Avra schließlich in einem Restaurant die
Hand auf den Arm legte und mir mit Tränen in den Augen
gestand, dass sie mich liebte, dämmerte es mir langsam. Ich
räusperte mich, lächelte verlegen und wusste nicht, was ich
sagen sollte, ohne sie zu verletzen und zu riskieren, dass sie
mich als Protegé verstoßen würde. Im Endeffekt zog ich die
Schultern nach oben und versuchte damit anzudeuten, dass
ich überfordert war, was ja auch stimmte.

Auf dem Heimweg kam mir ein junger, rothaariger Mann im Anzug entgegen. Er wirkte wie ein Wallstreet-Broker. Als er auf meiner Höhe war, holte er plötzlich aus, presste mit einer unglaublichen Wut in der Stimme hervor »I just wanna punch your fucking face!« und schlug zu. Wie durch ein Wunder streifte mich seine Faust nur an der Wange, weil ich noch in letzter Sekunde ausweichen hatte können. Ansonsten wäre ich definitiv an diesem Abend k. o. gegangen. Der junge Mann lief einfach weiter, als wäre nichts geschehen. Ich rannte geschockt nach Hause.

Avra überredete mich, alleine in die Wohnung einer Freundin von ihr zu ziehen. Ich willigte schließlich ein, weil ich ein immer größeres Rückzugsbedürfnis verspürte. Die Wohnung lag gleich neben dem Hudson River in einem sehr alten Haus, ohne Lift und »doorman«. Unten im Haus befand sich eine Synagoge, und der Oberrabbiner wohnte gleich unter mir. Ich schämte mich entsetzlich für meine Nationalität und gab vor, Österreicherin zu sein. Vor lauter Angst, irgendwie antisemitisch zu wirken, passierten mir die unglaublichsten Fauxpas. Meine Vermieterin bat mich zu sich in die Wohnung, wo auch gerade der Rabbi zu Gast war. Sie wollte mir ihre Nummer geben und ich sagte lachend, ich hätte leider nichts zu schreiben und könne die Nummer nur auf mein Handgelenk schreiben. Sie erstarrte, der Rabbi blickte mich vorwurfsvoll an, und ich wäre am liebsten im Erdboden versunken. Kurz darauf kaufte ich mir einen »Ghettoblaster« und einige CDs, darunter auch einen Classic Mix. Ich hatte die Fenster offen und versehentlich den Ton voll aufgedreht. Die erste Nummer, die zu meinem absoluten Entsetzen ertönte, war Wagners Walküre. Mit einem Hechtsprung riss ich den Stecker aus der Wand. Zu Weihnachten kaufte ich mir einen kleinen Tannenbaum und schleifte ihn stolz die endlosen Treppen zu meiner Wohnung hinauf. Plötzlich riss der Rabbi die Tür auf und fauchte: »What on earth are you doing?« Ich zeigte strahlend auf meinen Baum und keuchte: »Christmas Tree!« Er sah mich voller Verachtung an und knallte die Tür wieder zu. Erst jetzt dämmerte mir, dass sich sein Verständnis für nadelnde, laut durchs Treppenhaus gezerrte Weihnachtsbäume wohl in Grenzen hielt. Wieder fühlte ich mich schuldig und schlecht.

In der U-Bahn passierte es mir, dass ich vor lauter Angst, für eine Rassistin gehalten zu werden, dauernd vornehmlich schwarzen Mitfahrern auf die Füße stieg. Ich bildete mir stets ein, dass mich meine Opfer vorwurfsvoll anblickten, ganz so, als wollten sie sagen: »Natürlich, weil ich schwarz bin!« Einmal sprach mich ein älterer Afroamerikaner in der U-Bahn an. Er meinte, ich könne auf keinen Fall aus New York sein, weil ich den Menschen direkt in die Augen schauen und lächeln würde. Die New Yorker würden immer den Blick senken, um ja nichts und niemanden zu sehen. Das gab mir zu denken.

Ich hatte die Telefonnummer des Filmproduzenten Eric Pleskow aus Wien mitgegeben bekommen. Er hatte Filmgeschichte mit Produktionen wie *Einer flog übers Kuckucksnest, Der Stadtneurotiker* oder *Platoon* geschrieben. Eines Tages nahm ich all meinen Mut zusammen und rief ihn an. Er lud mich zum Frühstück in sein Appartement in der Park Avenue ein. Es war eine sehr lustige Begegnung und wir plauderten vollkommen entspannt über Gott und die Welt. Plötzlich nahm ich wahr, dass an den Wänden um uns lauter Vitrinen mit Oscars standen. Es waren nicht zwei oder drei, sondern wirklich viele. Pleskow bemerkte mein Erstaunen, lächelte, zuckte abwertend mit den Schultern und sagte lakonisch: »Ich weiß nicht, wo ich sie sonst hintun soll. Es sind nur Staubfänger.« Dann fragte er mich verschwörerisch, ob ich Schwarzbrot mochte. Ich nickte traurig. Wir sprachen darüber, dass es in Amerika nirgends gutes, dunkles Brot gab. Er deutete mir, dass er gleich wiederkommen würde. Ich wartete. Wenig später stand er, bis über beide Ohren lächelnd, mit einem kleinen silbernen Tablett vor mir und flötete: »Pumpernickel!« Fein säuberlich getrennte, verheißungsvoll glänzende Scheiben von köstlichem, saftigem, dunkelbraunem Pumpernickel lagen darauf. Schweigend und überglücklich vertilgten wir die gesamte Packung. Anschließend richtete er wieder das Wort an mich und erzählte, er lasse sich das Pumpernickelbrot immer schicken, und wann auch immer ich wieder Appetit auf dunkles Brot hätte, solle ich ihn anrufen, er sei jetzt mein »Pumpernickelfreund«. Das beruhigte mich ungemein. Beschwingt und sehr satt schlenderte ich nach Hause.

Seit ich alleine wohnte, setzte mir New York in seiner Unberechenbarkeit und Härte immer mehr zu. Mein gesamter Körper schien sich mit Angst und bleierner Schwere zu füllen. Ich erreichte einen Punkt, an dem ich die Wohnung nur noch verlassen konnte, wenn ich einen Termin hatte, wie etwa meinen Schauspielunterricht bei Avra. Auf dem Rückweg kaufte ich dann zumindest die nötigsten Dinge ein. Ich vertelefonierte an die 500 Dollar im Monat mit meinen Eltern, ohne ihnen jedoch von meinen Angstzuständen zu erzählen, weil ich ihnen keine Sorgen machen wollte und wusste, dass meine Mutter ohnehin nicht gerade gut mit schlechten Nachrichten umgehen konnte. Mein Vater erzählte mir aufgeregt, dass er zugesagt hatte, den *Jedermann* zu spielen. Das überraschte mich, weil mein Vater bis dahin populistische Projekte immer wie die Pest gemieden hatte. Nie im Leben hätte er zum Beispiel einen *Tatort* gedreht. Auch wenn er noch so sehr davon träumte, Filmrollen zu übernehmen, so hatte er stets gesagt: »Wenn es nicht ein ganz toller Film ist, drehe ich lieber gar nicht.« Dementsprechend diskutierte ich hitzig mit ihm über den *Jedermann* und versuchte vergeblich, ihm die Rolle wieder auszureden.

Eines Nachts, auf dem Höhepunkt eines Angstschubs, begann ich ein Gespräch mit mir auf Englisch. Seit meiner Schulzeit in

Wien hatte ich angefangen, Englisch zu denken. Ich hatte das Gefühl, dass ich meine Emotionen in dieser Sprache wesentlich direkter ausdrücken konnte. Im Laufe dieses Selbstgesprächs fragte ich mich, wo ich mich außerhalb meiner Wohnung sicher fühlte. Sofort fiel mir ein Buchgeschäft ein. Ich las für mein Leben gerne, am liebsten ganz dicke Bücher, in die ich über mehrere Tage komplett eintauchen konnte. Relativ in meiner Nähe war eine riesige Filiale von Barnes & Noble, in der es sogar einen Bereich gab, wo man gemütlich auf Sofas sitzen, Kaffee oder Tee trinken, Kekse essen und in die Bücher hineinlesen konnte. Das fand ich großartig und beschloss, mich am nächsten Tag zu überwinden, die Wohnung zu verlassen und genau dorthin zu gehen. Der Weg bis zu Barnes & Noble war eine Tortur, aber ich schaffte es. In der ruhigen, entspannten Atmosphäre des Buchgeschäftes, umringt von anderen Lesern, fühlte ich mich sofort geborgen. Im Sitzbereich entdeckte ich eine mir völlig unbekannte Büchergattung, die True-Crime-Abteilung. Hier standen ausschließlich Bücher über Mörder und grauenvolle Verbrechen, die real existierten beziehungsweise passiert waren. Trotz meiner Angstzustände war ich ein extremer Angstjunkie und tauchte mit Begeisterung in die Biografien von Charles Manson, Jeffrey Dahmer, Ted Bundy, Andrei Romanowitsch Tschikatilo (»der Ripper von Rostow«) oder Pedro Alonso López (»das Monster der Anden«) ein. Absurderweise bewirkte die Konfrontation mit dem schlimmsten Grauen meine Selbstheilung. Ich fürchtete mich beim nächtlichen Lesen alleine in meiner Wohnung zu Tode, gleichzeitig fühlte ich mich nach und nach immer stärker und mutiger, bis ich mich schließlich getraute, um drei Uhr nachts noch alleine durch die Straßen von New York zu gehen. Ich verließ mich vollkommen auf meinen Instinkt, wechselte die Straßenseite oder bog ab, wenn es mir meine innere Stimme sagte, und fühlte mich vollkommen angstfrei und unabhängig. Im Zuge dieser Selbstinspektionsphase führte mich mein Instinkt auch eines Abends am Central Park entlang. Plötzlich hatte ich den Drang, unbedingt die Straße zu überqueren und in ein gegenüberliegendes, dunkles Hochhaus hineinzugehen. Der Eingang bestand aus einer gigantischen Drehtür. In dem Moment, als ich von außen die Drehtür betrat, stieg ein düster wirkender Mann im Inneren des Gebäudes dazu. Die Drehtür stoppte plötzlich. Beide begannen wir unruhig einmal gegen die eine Seite der Glastür zu drücken und dann wieder gegen die andere. Ruckartig bewegte sich die Tür immer ein paar Zentimeter, um dann wieder zu stoppen. Der düstere Mann und ich waren wie zwei gefangene Raubtiere. Bei einem der immer verzweifelter werdenden Versuche, aus der Gefangenschaft auszubrechen, klatschten wir gleichzeitig mit unseren Köpfen gegen dieselbe Scheibe. Langsam hob der düstere Mann seinen Kopf und starrte mich an. Es war Al Pacino. Ich war überwältigt und versuchte, schüchtern zu lächeln. Er schien dadurch nur noch panischer zu werden und drückte wie ein Irrer gegen die Scheibe. Plötzlich löste sich der Widerstand und wir wurden beide weitergewirbelt, ich ins Innere des dunklen Gebäudes, Al Pacino auf die Straße hinaus. Er drehte sich noch einmal kurz mit vor Entsetzen geweiteten Augen zu mir um und stürmte davon.

In Avras Schauspielunterricht fand ich die Bestätigung, dass mein Traum vom Schauspielen keine Einbildung war, sondern dass das Verkörpern einer anderen Figur für mich eine Art des kreativen Ausbruchs war, der mich unermesslich glücklich machte. Da ich nicht die geringste Ahnung hatte, wer ich selber war, empfand ich es als ungeheures Geschenk, in eine Persönlichkeit schlüpfen zu können, die klar umrissen war, und sie darüber hinaus noch mit ein paar Facetten meiner grenzenlosen Fantasie anzureichern. Schnell wurde mir jedoch klar, dass ich viel und lange spielen wollte. Film allein – das erkannte ich bald – würde mein Bedürfnis in keiner Weise stillen können. Bislang hatte ich einmal in einem merkwürdigen Experimentalfilm von einem depressiven griechischen Filmstudenten mitgewirkt. Ich hatte eine Frau gespielt, die im Rollstuhl saß und ihren Mann töten wollte. Der Rollstuhl hatte kein Trittbrett und ich musste die ganze Zeit über meine Beine anziehen ...

Durch eine Schauspielstudentin erfuhr ich von einer Künstlergruppe, die sich *Naked Angels* nannte. Sie trafen einander regelmäßig in einer leer stehenden Fabrik, jeder, der wollte, konnte dazukommen, um Material zu bringen und anzusehen. Schauspieler schrieben ihre eigenen Monologe oder Szenen und spielten sie jungen, angehenden Regisseuren vor, junge Autoren brachten ihre ersten Stücke, lasen entweder selber oder fragten junge Schauspieler und Regisseure, ob sie Lust hätten, daran zu arbeiten. Die Idee, selber seine Texte zu verfassen und nicht von der Gunst eines Regisseurs abhängig zu sein, begeisterte mich kolossal. Ich beschloss, meinen ersten Monolog zu schreiben – über das Frau-Sein, meine Zerrissenheit zwischen männlich und weiblich und meinem Gefühl der permanenten Überforderung, all den sich widersprechenden Frauenbildern von heute, die von der emanzipierten Praktikerin bis zur perfekten Vollzeitmutter oder zum atemberaubenden Vamp reichten, nicht entsprechen zu können.

Die Wohnung, in der ich wohnte, stand eigentlich zum Verkauf, und ich begegnete der Maklerin, einer jungen, überaus sympathischen jüdischen Stückautorin, die nebenher noch als Logopädin und Akzenttrainerin arbeitete. Ihr Name war Simone Bloch. Als wir uns das erste Mal begegneten, erzählte sie mir, dass ihre Mutter, wie sie sagte, das Konzentrationslager besucht hat, während andere Mütter auf die Uni gegangen sind. Diese Aussage schockierte mich einerseits, gleichzeitig fand ich sie aber so böse, dass ich darüber lachen musste. Wir lachten beide, und Simone war begeistert, in mir jemanden getroffen zu haben, der einen ähnlich schwarzen

Humor hatte wie sie. Sie erzählte mir, dass sie wegen ihrer Stücke von vielen älteren Juden angefeindet wurde, weil sie zu einer jungen, jüdischen Generation gehörte, die sich nicht dauernd nur als Opfer sehen wollte. Das faszinierte mich, weil ich noch nie darüber nachgedacht hatte, dass es für junge Juden, die den Holocaust nicht erlebt hatten, belastend sein konnte, als ewige Opfer stigmatisiert zu werden. Zu dieser Gruppe gehörte auch John Turturro, damals einer meiner amerikanischen Lieblingsfilmschauspieler. Wir verbrachten etliche Abende in Simones Küche, kochten italienisch, tranken viel Rotwein und diskutierten über die Probleme der Post-Holocaust-Generation. Ich als junge Deutsche, die sich derart für ihre Geschichte schämte, dass sie ihre Nationalität grundsätzlich verschwieg, obwohl nicht einmal meine Eltern den Nationalsozialismus erlebt hatten, und junge, jüdische Intellektuelle aus Simones Freundeskreis. Ich empfand diese Gespräche als sehr befreiend.

Bei Simone nahm ich auch Unterricht, um mir einen sogenannten »standard American accent« anzutrainieren. Trotz all meiner Energie, die ich in Schauspielunterricht und Akzenttraining investierte, wurde mir nach und nach immer mehr bewusst, dass ich Europäerin war, mich zwar perfekt an die Amerikaner anpassen, aber im Grunde nicht auf Dauer dort leben könnte. Während dieser Phase begann ich eine Affäre mit einem Mann, der einen Selbstmordversuch hinter sich hatte und spiel- und sexsüchtig war. Mein Messiaskomplex lief wieder einmal zur Hochform auf. Binnen kürzester Zeit finanzierte ich ihn komplett und bezahlte sogar meine Spielschulden bei ihm mit echten Dollars. Der Mann weigerte sich, Kondome zu verwenden. Ich ließ mich, getrieben, wie ich war, darauf ein. Wenig später hatte er merkwürdige Symptome und musste in New York zu einem sündhaft teuren Arzt für Haut- und Geschlechtskrankheiten, den ich natürlich auch enthusiastisch verantwortungsbewusst bezahlte. Als Sexualpartnerin wurde ich gleich mit getestet auf HIV, Hepatitis C, Syphilis und einiges mehr. Plötzlich dämmerte mir, in welche Gefahr ich mich schon wieder begeben hatte, und wurde ohnmächtig. Ich erwachte in den Armen einer sehr dicken, schwarzen Nurse und hätte am liebsten an ihrer enormen Brust eine Woche lang geheult. Das Schicksal hatte es jedoch noch einmal gut mit mir gemeint: Ich hatte mich mit nichts infiziert. Dennoch saß der Schock so tief, dass ich mir schwor, keine längere Affäre mehr einzugehen geschweige denn eine Beziehung, bis ich in der Lage dazu war, mir selbst gegenüber Verantwortung zu übernehmen und nicht dauernd mein Leben aufs Spiel zu setzen.

Meine Eltern kamen zu Besuch und ich genoss es, ihnen New York zu zeigen. Im Rainbow Room bestach ich einen Kellner, dass er uns einen Tisch mit Blick über die Skyline gab. Wie ich es aus Filmen kannte, steckte ich ihm einfach einen Zwanzigdollarschein in die Brusttasche und sagte, ich wolle den besten Tisch, weil meine Mutter Geburtstag habe. Später erfuhr ich, dass es fünf Dollar auch getan hätten. Jedenfalls kam ich mir ungeheuer cool vor. Meine Eltern, besonders mein Vater, waren restlos begeistert von New York und erzählten mir, sie wollten nun auch endlich anfangen, Reisen in ferne Länder zu machen. Das freute mich ungemein.

Mein letztes kleines New-York-Abenteuer ereignete sich, als ich spätnachts das Haus betrat, in dem sich meine Wohnung befand. Im Vorraum des Treppenhauses wäre ich beinahe über einen schlafenden Obdachlosen gestolpert. Ich erschrak furchtbar, weil ich befürchtete, er könnte aggressiv werden oder versuchen, in meine Wohnung zu kommen. Vorsichtig versuchte ich, über ihn darüberzusteigen, blieb aber mit meinem Schuh in seinem Ärmel hängen. Er schreckte hoch und ich presste erschrocken ganz fest den Zeigefinger auf meine Lippen, flüsterte »Psssst!« und bewegte mich vollkommen übertrieben, gewissermaßen in Zeitlupe schleichend und mit klopfendem Herzen an ihm vorbei. Dieses merkwürdige Verhalten irritierte den Mann derart, dass er wie ein hypnotisiertes Karnickel sitzen blieb und ich zitternd in meiner Wohnung verschwinden konnte.

Rückkehr nach Wien

Zurück in Wien wollte ich als Erstes meinem Vater vorführen, was ich Grandioses in New York gelernt hatte. Anhand eines Antigone-Monologs von Jean Anouilh sollte mein Vater die Dramatik meiner durch eine sogenannte »affective memory« hervorgerufenen Verzweiflung erleben. Während einer »affective memory« versucht man, sich in ein besonders traumatisches Erlebnis hineinzuversetzen, indem man sich durch Erinnerung an jedes noch so kleine Detail dieses Tages bis zu dem Ereignis selbst sukzessive emotional aufwärmt, um dann schließlich effektiv zusammenbrechen zu können. Das dauert natürlich eine ganze Weile ... Vorab erklärte ich meinem Vater, dass zum Beispiel Meryl Streep mit einer »affective memory« gearbeitet hätte, für die herzzerreißende Szene in *Sophie's Choice*, als sie von einem SS-Mann gezwungen wurde, sich zwischen ihren beiden Kindern zu entscheiden. Nur eines durfte überleben.

Ich hatte mir also die Latte sehr hoch gesteckt und zog mich für knapp eine Stunde in mein Turmzimmer zurück, um genau zu diesem hochdramatischen Punkt zu gelangen. Als ich bereit war, rannte ich, nur mühsam meinen Gefühlsausbruch noch zurückhalten könnend, blitzschnell die Treppe hinunter zu meinem Vater ins Wohnzimmer und trat auf. Bereits nach zwei Sätzen meines Monologs unterbrach er mich und sagte verwirrt: »Entschuldige, Grischi, aber könntest du bitte noch mal anfangen, ich wollte im Text mitlesen und hab' jetzt gerade nicht aufgepasst.« Ich bekam einen Nervenzusammenbruch und schrie heulend: »Wie kannst du mich in so einem Moment unterbrechen? Jetzt ist alles zerstört!« Mein Vater musste lachen, was meinen Zustand nicht gerade verbesserte, und sagte: »Ja, aber was ist denn das für eine komische Methode? Beim Theater geht es doch um permanente Wiederholbarkeit. Du kannst dich doch nicht jedes Mal vor einer Szene für eine Stunde zurückziehen, um dich in eine Emotionalität hineinzusteigern. Spiel es doch einfach mal!« Obwohl mir das bis zu einem gewissen Grade einleuchtete, schrie ich: »Darum geht es ja gerade bei der Methode, dass man es wirklich fühlt und nicht nur spielt! Sonst bleibt es eben nur Theater und dann glaube ich den Schauspielern nicht!« Wir begannen eine hitzige Diskussion, die damit endete, dass wir beide schwer gekränkt waren. Ich verließ das Zimmer schluchzend mit dem dramatischen Schlusssatz: »Ich kann nicht vor dir spielen und auch überhaupt nicht mit dir arbeiten. Du verstehst mich einfach nicht!« Nach dieser Erfahrung beschloss ich, niemals mit meinem Vater zusammenzuspielen ...

Ich bewarb mich damals mit Vorsprechen bei diversen Regisseuren und Casting-Agenturen. Eines Morgens lag in der Post ein großes Kuvert an mich, mit der Zusage, dass ich in der Tischgesellschaft mitspielen durfte. Anbei befand sich das Stück *Jedermann*. Lachend rannte ich zu meinem Vater und sagte: »Witzig, schau mal, die haben aus Versehen dein Stück an mich geschickt!« Mein Vater meinte daraufhin, dass er seinen Text schon längst hätte. »Wie auch immer«, lachte ich, »dafür habe ich eine Rolle in dem Stück *Die Tischgesellschaft* bekommen!« Mein Vater sah mich verwirrt an. »Dann spielst du ja mit mir zusammen!« »Nein«, entgegnete ich entnervt, »ich spiele in einem anderen Stück mit, das *Die Tischgesellschaft* heißt!« Mein Vater sagte noch verwirrter, dass seines Wissens nach auch im *Jedermann* eine Tischgesellschaft vorkomme und dass er noch nie von einem Stück gehört hätte, das *Die Tischgesellschaft* heißt. »Nein«, entgegnete ich noch

In der *Tischgesellschaft* (zweite Reihe, dritte von rechts), Salzburg 1995

einmal, »ich spiele nicht im *Jedermann* mit. *Die Tischgesellschaft* ist ein ganz modernes Stück, das kennst du eben nicht.« Schließlich nahm mir mein Vater das Kuvert aus der Hand, las den Brief, schlug das Manuskript vom *Jedermann* auf und zeigte mit dem Finger auf die Rollenbezeichnung: *Die Tischgesellschaft.* Sie war sogar unterstrichen ... »Siehst du!«, grinste er. Ich stöhnte, genierte mich ob meiner Unwissenheit in Grund und Boden und war kurz verzweifelt. Dann dachte ich mir jedoch, dass es wohl das Beste wäre, gleich mit dem anzufangen, was mir am meisten Angst machte, nämlich gemeinsam mit meinem Vater auf der Bühne zu stehen.

Die Proben in Salzburg waren sehr lustig – für mich zumindest. Mein Vater und ich hatten sogar einen kleinen Dialog miteinander. Während ich als Dame der Tischgesellschaft ausgesprochen viel bezahlte Freizeit hatte, ein unfassbar luxuriöses und teures Kostüm tragen durfte, einen ausgelassenen Badesommer im herrlichen Umland von Salzburg verbrachte und mich von einer Affäre in die nächste stürzte, war die Probenzeit für meinen Vater ausgesprochen ernüchternd. Peter Stein hatte ihm zugesagt, die bestehende *Jedermann*-Inszenierung würde völlig neu überarbeitet werden und er selber würde die Inszenierung beaufsichtigen. De facto blieb dann aber alles beim Alten und mein Vater fühlte sich betrogen. Trotzdem versuchte er, das Beste aus der Figur zu machen.

Absurderweise standen wir kurz darauf gleich wieder zusammen auf der Bühne. Ich hatte auch bei George Tabori vorgesprochen, wobei vorgesprochen vielleicht das falsche Wort war. Tabori lud mich zu sich nach Hause ein und wir sprachen über meine Erfahrungen mit dem Method-Acting. Er war sehr nett und wir lachten viel. Gobbo, der Hund von Tabori und Ursula Höpfner, lag auf meinen Füßen. Schließlich forderte mich George auf, ganz entspannt aus unserem Gespräch heraus in einen Monolog überzugehen. Ich war plötzlich sehr aufgeregt und versuchte, der Aufgabe gerecht zu werden. Nach einer Weile lächelte Tabori und sagte: »Ich glaube, ich werde dich fesseln.« Er nahm seinen Schal ab und begann vorsichtig, meine Hände hinter dem Stuhl zusammenzubinden. Aufgrund meines eher abschreckenden Ausritts in die Welt des SM erstarrte ich, dachte, ich sei wieder in eine Falle geraten und rechnete mit dem Schlimmsten. Doch Tabori lehnte sich nur zurück, lächelte wieder sanft und meinte: »Jetzt kannst du nicht mehr so herumfuchteln. Probiere es noch einmal.« Gott, war ich erleichtert! Ein regelrechter Felsbrocken fiel mir vom Herzen. Am Ende unserer Arbeitssitzung fragte mich Tabori, ob ich in seinem neuen Stück *Die Ballade vom Wiener Schnitzel* mitspielen wolle. Mein Vater und Uschi Höpfner wären auch dabei. Ich freute mich riesig. Dann sagte er, ich würde allerdings lauter Männer spielen, ob das ein Problem für mich sei. War es natürlich nicht. Und so kam es, dass ich im Akademietheater einen dicken Koch und ein Gorillababy-Männchen

Proben zu
*Die Ballade vom
Wiener Schnitzel*
mit George
Tabori, 1996

Mein Vater und
ich als dicker Koch
in *Die Ballade vom
Wiener Schnitzel*

spielen durfte. Hans Dieter Knebel und Karl Menrad, die ich seit meiner Kindheit schätzte, waren meine Gorilla-Eltern.

Ich genoss den Probenprozess ungemein, beobachtete und saugte alles auf. Es war auch sehr spannend für mich, einmal mitzuerleben, wie mein Vater probte. Bei Tabori wurde viel improvisiert und ausprobiert, alles war im Prinzip möglich, und ich war begeistert von der Spontaneität, dem Mut und Irrwitz meines Vaters beim Probieren. Je näher die Premiere kam, umso angespannter wirkten manche Schauspieler. Sie wollten, dass endlich Dinge festgelegt und Regie geführt wurde. Doch Tabori ließ sich darauf nicht ein, er sagte stets, er sei kein Regisseur, sondern Spielleiter, die Schauspieler sollten sich entspannen und aufs Improvisieren einlassen. Die Premiere sei nicht wichtig. Mit dem Nachsatz »Morgen machen wir wieder alles ganz anders!« beendete er stets verschmitzt lächelnd die Probe und tänzelte leichtfüßig davon.

Die Vorstellungen machten mir großen Spaß, mein Vater und ich hatten ein paar Momente miteinander und besonders bei einer kurzen Szene kämpften wir beide immer mit einem Lachanfall. Ich musste ihn als »geiles Gorillababy-Männchen«, so die Bezeichnung meiner Rolle, fragen, ob er schon einmal sexuell belästigt worden sei ...

George Tabori schrieb mir netterweise sogar einen Empfehlungsbrief für mein Vorsprechen in Hamburg bei Jürgen Flimm. Ich hatte vielen Regisseuren sehr persönliche Briefe geschrieben und gefragt, ob ich einmal vorsprechen oder ein paar gute Ratschläge haben dürfe. In meinem grenzenlosen Optimismus nahm ich natürlich an, Jürgen Flimm habe mich alleine eingeladen, ihm vorzusprechen, und war nach einer langen, unbequemen Nacht im Zug nach Hamburg völlig perplex, dass Dutzende junge Schauspieler zu diesem Vorsprechen gekommen waren. Alle hatten ganze Koffer voll mit Kostümen und Requisiten bei sich und bereiteten sich in einem Aufenthaltsraum ehrgeizig auf ihren großen Moment vor. Das schüchterte mich ungemein ein. Ich hatte gar nichts bei mir, trug ein schwarzes Sweatshirt und eine schwarze Hose und wollte alles aus mir selbst heraus entwickeln. Nach ewigem Warten wurde ich schließlich in einen Raum gerufen, wo an einem langen Tisch Jürgen Flimm und vier weitere Personen gelangweilt in ihren Stühlen hingen. Ich wurde gefragt, was ich vorsprechen wollte. Ich hatte den Ringmonolog der Olivia aus Shakespeares *Was ihr wollt* vorbereitet. »Gott, den haben wir heute schon tausendmal gesehen!«, stöhnte einer der Männer. »Haben Sie nichts anderes?« Ich stammelte »Doch!« und schlug meine *Antigone* von Anouilh vor. Wieder ertönte Stöhnen. Schließlich sagte ein Mann – abgesehen von Jürgen Flimm kannte ich hier keinen und wusste auch nicht, welche Funktion die anderen hatten – »Hach, dann spielen Sie halt die Olivia, aber schnell bitte!« und schaute auf seine Uhr. Die Männer fanden das sehr witzig und lachten. Ich war total verunsichert und stellte mich relativ mutlos in eine Ecke, um meinen Monolog von dort zu beginnen. Plötzlich fiel mir ein, dass ich vergessen hatte, meinen Ring zu deponieren. Schnell rannte ich auf die andere Seite des Raumes und legte den Ring dort auf den Boden. Die Männer stöhnten wieder. Einer sagte: »Mensch, geht das jetzt endlich mal los?« Ich hatte bereits einen riesigen Kloß im Hals und entschuldigte mich mit brüchigem Stimmchen. Dann fiel mir plötzlich ein, dass ich vergessen hatte, meine Wollmütze aufzusetzen – das war meine Verkleidung, wenn ich den jungen Mann spielte. Ich hob kurz meine Hand, während mir schon die erste Träne über die Backe kullerte, rannte zu meiner Jacke und zerrte meine Mütze aus der Jackentasche. Hinter meinem Rücken hörte ich wieder Lachen und jemand sagte genervt: »Gibt's ja nicht, oder?« Ich drehte mich um, trat rennend auf und spielte meinen Monolog mit zittriger Unterlippe und der tiefen Überzeugung, nicht die geringste Chance zu haben. Als ich fertig war, hastete ich zu meiner Jacke und wollte so schnell wie möglich diesen Ort verlassen. Jürgen Flimm rief mir nach: »Sie hatten doch in Ihrem Brief geschrieben, Sie würden sich auch über einen guten Rat von mir freuen. Gehen Sie mal nach oben in mein Büro und warten Sie dort auf mich!« Unsicher drehte ich mich um, nickte und verließ den Raum mit einem unguten Vorgefühl. Etwas im Klang seiner Stimme hatte mich irritiert. Er ließ mich über eine Stunde in seinem Büro warten. Mir war schon schlecht vor Hunger, weil ich den ganzen Tag noch nichts gegessen hatte. Schließlich kam er, lachte und sagte: »So, Sie wollen also Schauspielerin werden? Ha, ha, ha, ha!« Ich brachte nicht viel mehr als ein Räuspern heraus. »Und um das zu lernen, waren Sie in New York? Ha, ha, ha, ha! Die haben doch überhaupt keine Ahnung vom Schauspiel!« Schwer angeschlagen, versuchte ich dennoch meinen bisherigen Weg zu verteidigen und erwähnte auch George Tabori. Wieder lachte Flimm und sagte nur: »Ja, der George … ha, ha, ha!« Es folgte eine nicht enden wollende, kapitale Hinrichtung meiner selbst, während der ich immer weichere Knie bekam, verzweifelt gegen eine Ohnmacht ankämpfte und mich immer mehr in mich zurückzog. Nur das schallende Lachen Flimms riss mich zwischendurch wieder an die Oberfläche der Wahrnehmung und ich hörte den Satz: »Also, wenn Sie wirklich Schauspielerin werden wollen, was ich ja nicht glaube, ha, ha, ha, dann müssen Sie erst mal auf eine deutsche Schauspielschule gehen!« Ich blickte schnell auf meine Uhr, weil mir einfiel, dass ich ja meinen Zug erwischen musste. Mit Entsetzen stellte ich fest, dass ich mich wirklich beeilen musste, um ihn nicht zu verpassen. Ich stotterte etwas in der Art wie »Mhm, danke, ich muss jetzt leider schnell gehen, mein Zug …«, und rannte los.

Der Amazonas war ein dünnes Rinnsal im Vergleich zu der Tränenflut, die sich nun über mein Gesicht ergoss. Der Gedanke, ich könnte wegen dieses angeblich gut gemeinten Ratschlags nun auch noch meinen Zug verpassen und mutterseelenalleine nachts in Hamburg festsitzen, ohne Geld für ein neues Ticket, war schlichtweg unerträglich. In allerletzter Minute erklomm ich die Bahn. Als ich wieder zu Atem kam, erreichte meine Verzweiflung ihren Höhepunkt und ich wollte mich auf der Stelle umbringen und aus dem Zug stürzen. Ich war lange nicht mit der Bahn gefahren und musste mit wachsendem Entsetzen feststellen, dass man in den modernen Zügen weder Türen noch Fenster öffnen konnte. Das einzige Fenster, das sich zumindest kippen ließ, befand sich auf der Zugtoilette, aber da passte ich nicht durch. Ermattet sank ich zu Boden und erkannte, dass ich wohl dazu verdammt war, weiterzuleben und diese verheerende Niederlage wegzustecken. In Wien angekommen, berichtete ich meinen Eltern von meinem Vorsprechdebakel. Meine Mutter fing furchtbar an zu weinen und sagte schluchzend: »Ach Gott! Immer machst du mir nur Sorgen!« Ich umarmte und tröstete sie. Mein Vater wurde sehr ernst und zog scharf die Luft ein. Nachdem ich meine Mutter ins Schlafzimmer begleitet hatte, wo sie sich ins Bett zurückzog, erzählte mir mein Vater, er habe erst vor Kurzem Jürgen Flimm eine Absage erteilt und glaube, das sei quasi die Retourkutsche dafür gewesen.

Als besessene Optimistin bewarb ich mich selbstverständlich weiter, ergatterte tatsächlich ein paar Drehtage in diversen Fernseh- und Studentenfilmen und hatte mein nächstes Vorsprechen bei Otto Schenk in der Josefstadt. Wieder gab ich die Olivia aus *Was ihr wollt*. Das hätte mir eigentlich schon zu denken geben müssen. Am Ende meines Vorsprechens sagte Schenk nichts. Der einzige Satz, den er mir mitgab, als er mich auf die Straße hinausbegleitete, war: »Bringen Sie sich bloß nicht um!« Bis heute frage ich mich, ob er damit meinte, das Vorsprechen sei so schlecht gewesen, dass man sich danach eigentlich nur umbringen konnte, oder ob er meinte, der Schauspielerberuf wäre so erbarmungslos hart, dass die Wahrscheinlichkeit eines Selbstmordes relativ hoch sei.

Ich hatte von meinem Vater gelernt, dass man auf keinen Fall eitel sein dürfe und bedingungslos an sich selber glauben und selbst sein größter Fan sein müsse. Er hatte immer wieder gesagt, dass man in diesem Beruf gewissermaßen ein Langstreckenläufer sein müsse. Ich denke, das trifft generell auf das Leben zu. Nachdem ich also als Kind im spielerischen Wettstreit mit meinem Vater gelernt hatte, eine gute Kurzstreckenläuferin zu sein, übte ich mich nun im Langstreckentraining.

Immer noch saß mir der Schreck über meine Achtlosigkeit mir selbst gegenüber während der Affäre in New York tief in den Knochen. Im Zuge einer Selbstanalyse kam ich zu dem erschreckenden Ergebnis, dass ich mir permanent Männer aussuchte, die im Grunde ein Fall für eine nachhaltige Therapie gewesen wären. Mein Gefühl, keine richtige Frau zu sein, verstärkte sich zusehends. Es fühlte sich fast so an, als wäre ich zweigeteilt in männlich und weiblich. Entweder lebte ich meine Sexualität und damit meine Weiblichkeit mit einem Mann aus, oder ich liebte platonisch und eher burschikos einen homosexuellen Mann, mit dem ich all das auslebte, was ich unter Beziehung und Liebe verstand, ohne jedoch wirklich Frau sein zu können. Ich verliebte mich bis über beide Ohren in einen jungen Mann namens Klaus, natürlich schwul, und tauchte immer mehr in die Lebensart meiner homosexuellen Freunde ein. Auch bei ihnen gab es oft eine strikte Trennung zwischen Sex und Liebe. Man(n) suchte sich einfach schnell jemanden zum Ficken, wenn man Lust hatte, erledigte dieses Bedürfnis und träumte schmachtend insgeheim von der großen Liebe. Ich genoss die Geborgenheit und Zärtlichkeit bei Klaus, mit dem ich gemeinsam kochte, weinte, lachte, mich so frei wie ein kleines Mädchen fühlte, und zog als weibliche Chauvinistin regelmäßig auf die Jagd, um den einen oder anderen Mann zu »schnupfen«, nur, um ihn dann wieder »wegzuschnippen«. Niemals nahm ich einen Mann mit nach Hause. Ich kam zu ihm, blieb zwei bis drei Stunden und verließ im Morgengrauen seine Wohnung. Gemeinsam frühstücken kam absolut nicht infrage für mich, wäre viel zu persönlich gewesen ... Was mich und meine vielen homosexuellen Freunde verband, waren die brennende Sehnsucht nach Liebe und die innere Einsamkeit. Geteiltes Leid ist immerhin halbes Leid.

Ignaz Kirchner und meine Eltern als Regieteam

Währenddessen ergaben sich immer engere Zusammenarbeiten zwischen meinem Vater und meiner Mutter. In Taboris *Fin de partie* (1998) wurde meine Mutter erstmals auch als Teil des Regieteams genannt. Ihr nächstes gemeinsames Projekt war Samuel Becketts *Das letzte Band* (1999) im Theater in der Josefstadt mit Ignaz Kirchner als drittem Regisseur im Bunde.

Diese neue Form der Zusammenarbeit mündete in meiner absoluten Lieblingsproduktion, *Die Zofen* von Jean Genet, in der fantastischen Ausstattung von Katrin Brack am Akademietheater (2000). Mein Vater und Ignaz Kirchner verkörperten *Claire* und *Solange* in dunkelblauen Lycée-Schülerinnenkleidchen mit weißen Krägen und Pagenkopfperücken. Kirsten

164

Dene spielte die exaltierte Madame als Mann, weiß geschminkt und mit Glatze. Die Geschlechterrollen wurden in dieser Inszenierung auf besonders aufregende Weise aufgehoben. Die *Claire* meines Vaters war das Andocken einer Persönlichkeit an das Kind in sich, in seiner ganzen Verzweiflung, Gemeinheit, Freude und Hingabe. In seinem Zusammenspiel mit Ignaz Kirchner hatte ich das Gefühl, Zeugin zu werden vom infernalisch gefährlichen Spiel zweier kleiner Mädchen, deren Handlungen eine perverse Unschuld hatten. Ich fand diese Arbeit so spannend, weil sie ganz frei aus diesen Menschen heraus entstanden und ungebremster Ausdruck dessen war, was sie einerseits mit dem Stück zeigen wollten und was andererseits das Stück mit ihnen machte. Wie schon bei *Othello* fand ich bei der Rolle der *Claire* die Depersonifikation meines Vaters am extremsten und gelungensten. Ich habe mir so sehr für ihn gewünscht, dass er einmal eine Figur und ihre Geschichte ganz aus sich selbst heraus entwickeln hätte können, rein improvisatorisch. Das wäre dann der Gipfel der kreativen Schöpfung und die absolute Verwandlung gewesen. Manchmal denke ich mir dann gewissermaßen zum Trost, dass meinem Vater durch sein Sterben und seinen Tod im Grunde ja die größte Verwandlung, die ein Mensch erfahren kann, gelungen ist.

Es folgte noch eine weitere enge Zusammenarbeit meiner Eltern bei *Die Sunshine Boys* (2003) mit Ignaz Kirchner, auf die sie besonders stolz waren. Ich konnte mit dem Abend nicht besonders viel anfangen, fand ihn auch nicht wirklich komisch und fühlte mich furchtbar schlecht dafür.

Eine künstlerisch sehr wichtige Begegnung fand für meinen Vater in der Arbeit mit Andrea Breth in *Die Katze auf dem heißen Blechdach* statt. Ich fand es sehr interessant, ihn einmal von einer Frau inszeniert zu erleben. Andrea Breth holte ganz neue Facetten aus meinem Vater heraus, sehr viel Männliches.

165

Als geradezu schicksalhaft für die Zukunft entpuppte sich die Zusammenarbeit mit Thomas Ostermeier bei *Baumeister Solness* (2004). Ich hatte unter anderem *Shoppen und Ficken* von ihm gesehen und war begeistert von seiner Sensibilität und seinem feinen Humor. Außerdem fand ich es großartig, dass mein Vater endlich von einem Regisseur der jüngeren Generation entdeckt worden war.

Ich selbst durfte damals in unzähligen Kleinstrollen in Michael Schottenbergs *Cyrano de Bergerac* am Wiener Volkstheater über die Bühne flitzen.

Dabei gehörte ich zu einer kleinen Schar von hoch motivierten Jungschauspielern, die alle große Träume und Pläne hatten. Die Proben und Trainings mit Schottenberg machten ungeheuer viel Spaß, aber im Vorstellungsalltag wurde so manchem von uns schmerzlich bewusst, dass man bei Weitem nicht so eine wichtige Rolle, besser gesagt, Rollen spielte, wie man sich das gewünscht hätte. George Tabori begleitete meine Eltern zu meiner Premiere und ich war wahnsinnig stolz auf mich. Ich hatte meinem Vater einen genauen Plan gezeichnet, wann ich von wo in welchem Kostüm über die Bühne rennen würde. Anschließend sagte er zu mir: »Naja, also die Hauptrolle war das ja nicht gerade ...« Das machte mich sehr traurig, ich glaube jedoch, dass mein Vater damals selber traurig war, weil er mir einen größeren Part gewünscht hätte.

Langsam fing mir zu dämmern an, dass ich nicht so wirklich zum Zug kam, sich die Dinge nicht so entwickelten, wie ich es mir vorgestellt hatte. Ich fühlte mich unterfordert, unausgelastet und sah auch keine Möglichkeit, diesen Zustand zu verändern, da mir mehr als klar geworden war, dass ich mich für Vorsprechen nicht eignete. Es reichte schon das Bewusstsein, dass mir jemand skeptisch, gelangweilt oder unwillig zusah, um mich in eine Art gelähmten Zustand zu versetzen. Alles sperrte sich dann in mir und ich konnte überhaupt nicht mehr

Premiere von *Cyrano de Bergerac* mit Michael Schottenberg, meinen Eltern und George Tabori

Eine meiner vielen kleinen Rollen in *Cyrano de Bergerac*, 1996

aus mir heraus und mich daher auch nicht mehr öffnen. Ich war tief davon überzeugt, dass ich niemals würde gewinnen können und keiner Wettbewerbssituation gewachsen war. Ich hatte das Gefühl, in einer aussichtslosen Situation zu stecken, und rutschte tiefer und tiefer in eine Depression. In dieser Zeit verlagerte sich mein Leben ganz in die Nacht und ich schrieb sehr viele Texte, die ich in späteren Arbeiten verwenden konnte. Am besten beschreibt dieses Gedicht, wie ich mich damals fühlte:

Jeden Morgen sterb' ich ein bisschen mehr.
Jeden Morgen kommt mir der Zeitabschnitt, um den ich kämpfe,
ein bisschen kürzer vor.
Jeden Morgen fühl' ich mich ein bisschen weniger.
Jeden Morgen erwart' ich ein bisschen weniger.

Und dann, dann kommt der Tag
wie eine riesige, erdrückende Welle über mich,
und ich halte die Luft an, atme ganz flach,
schließe die Augen, so fest ich kann,
und warte, warte, warte,
und warte, warte, warte,
und lauere, harre aus, versteck mich, verkrieche mich,
bin wie gelähmt ...
Und dann, dann kommt die Nacht
und ich fange an zu leben, zu beben, zu atmen,
und ich stehe auf und seh' mich an
und kann es gar nicht fassen:
Ich hab' überlebt, bin noch, fühl mich noch,
kann wieder hoffen, kann wieder sein,
hab' Lust, Appetit auf Abenteuer, auf Spiel,
auf Konfrontation, auf Kampf, auf Liebe
auf mich, auf Menschen, auf die Welt.
Und dann, dann kommt der Morgen,
der Morgen, das Licht,
und es zerfrisst mich, löst die Schatten der Nacht auf,
die schönen,
und da frag ich mich dann:
Was hat der Morgen mit der Nacht gemacht?
Was hat man mit mir gemacht?
Wo bleibt nur, wo bleibt nur die nächste Nacht?

Mein Weg

Ich erreichte einen Punkt, an dem ich eine Bestandsaufnahme meiner selbst vornehmen konnte, war ganz auf dem Grund meines Daseins angekommen, tiefer ging es nicht mehr. Nichts war mehr selbstverständlich. Langsam betrachtete ich mich oder was von mir übrig war, sammelte mich zusammen und

Probe mit Puppen
zu *Totenfest* in der
Alpenmilchzentrale,
1997

stellte mir die Frage, was mich eigentlich glücklich machte. Es waren ganz einfache Dinge, wie zum Beispiel eine winzige Blume am Wegesrand zu entdecken, die von der Sonne angestrahlt wurde, einen schönen Stein zu finden, nach einem heißen Tag den kühlen Wind auf der Haut zu spüren, der Geruch des Meeres, das Gefühl der absoluten Freiheit, wenn ich nachts stundenlang durch Wald und Wiesen spazierte und mich nur noch auf meine Instinkte verließ. Und ich wusste, dass ich Geschichten erzählen, schreiben, spielen, tanzen und Dinge mit meinen Händen formen wollte.

Ich glaube, in der tiefsten Verzweiflung liegt die größte Erkenntnis. Sobald mir wieder bewusst war, was mich glücklich machte und wohin ich wollte, begegnete ich einem freien Künstlerkollektiv in der ehemaligen Alpenmilchzentrale. Gemeinsam mit dem Komponisten und Puppenkünstler Georg

Jenisch tauchte ich ein in die Welt des freien Theaters, konnte selbst Texte verfassen, sie spielen, lernte Figurenbau und genoss das gemeinsame Kreativsein und Leben in einer Gruppe Gleichgesinnter, die fast etwas von einer Familie hatte.

Ich erinnere mich gut daran, wie verzaubert und beeindruckt mein Vater und ich nach einer Aufführung von Ariane Mnouchkine gewesen waren. Wir gaben uns gegenseitig einen Ruck und sprachen sie nach der Aufführung an, um unsere Begeisterung auszudrücken. Sie war mitten unter ihren Schauspielern, die man beim Schminken beobachten durfte, und legte gerade ein paar Kostüme zusammen. Sie freute sich über die Komplimente, dann wandte sie sich plötzlich mir zu und fragte mich, was ich machte, ob ich nicht gleich mit ihr kommen wolle, und lächelte. Ich wäre für mein Leben gerne auf der Stelle mit ihr gezogen, aber zu dieser Zeit arbeitete ich noch als Journalistin und lebte das sehnsüchtige Leben einer Inkognito-Künstlerin ...

Mein Vater und ich besuchten auch gemeinsam Produktionen von Robert Lepage, unter anderem eine achtstündige Performance über Hiroshima. Ich war fasziniert von seiner Methode, gemeinsam mit Künstlern ein Thema zu recherchieren, die Schauspieler selber Texte verfassen zu lassen, zu improvisieren und daraus etwas zu schaffen, das im Grunde eine Art »work in progress« war und sich immer weiterentwickelte.

Bei einer Sommerproduktion begegnete ich meinem langjährigen Partner Ernst Kurt Weigel. Wir beschlossen, gemeinsam unser eigenes Theater zu machen, und ich nahm mir die Freiheit, mich von nun an einfach *Grischka zu* nennen. Ich machte sozusagen meinen eigenen Namen zu meinem Künstlernamen. Unsere freie Theaterarbeit begann mit der Realisierung meines ersten Stücks *Hundert Gründe, eine Diva zu werden*, in dem ich meine Zerrissenheit als Frau von heute thematisierte

Mein erstes Stück
Hundert Gründe,
eine Diva zu werden,
1998

und Rollenbilder infrage stellte. Es war ein Ein-Frau-Abend mit Pianist.

In den Anfängen der Beziehung mit Ernst versuchte ich, mich erstmals auch emotional auf einen Mann, mit dem ich Sex hatte, einzulassen.

Während dieser sehr aufregenden Anfangsphase wurde bei meiner Freundin Nina Krebs diagnostiziert. Sie hatte zwei riesige Tumore um die Speise- und Luftröhre herum. Auch in Ninas Leben war das Gefühl, irgendwie keine richtige Frau zu sein, ein großes Thema. Aus diesem Grund entschied sie sich unter anderem gegen eine Operation und wollte andere Alternativbehandlungsmethoden ausprobieren. Ich haderte entsetzlich mit ihrer Entscheidung und kämpfte wochenlang in endlosen Gesprächen mit ihr. Ich hatte furchtbare Angst, sie zu verlieren, musste aber lernen zu akzeptieren, dass jeder Mensch über sein eigenes Leben bestimmt und dass das auch

171

seine Richtigkeit hat. Nina lebte noch ein halbes Jahr. Ich begleitete sie bis zum Schluss und durchlebte mit ihr sämtliche Phasen des Sterbens. Am schlimmsten empfand ich ihr plötzliches Bedauern, nicht doch eine radikalere Behandlung begonnen zu haben, und die Verzweiflung darüber, dass es nun bereits zu spät dazu war. Kurz bevor sie starb, sprachen wir noch einmal am Telefon miteinander. Sie klang sehr gelöst und glücklich, erzählte vom schönen Blick auf den Traunstein – ihre Eltern hatten sie mit zu sich nach Hause nehmen dürfen – und darüber, dass sie nun bald ein *Engerl* sein würde. Bald darauf schlief sie friedlich ein. In meinem tiefen Schmerz, den neben meinen Eltern wichtigsten Menschen in meinem Leben verloren zu haben, lag anfangs auch eine verzweifelte Wut. Ich war zornig, weil sie mich verlassen hatte, weil sie ihrer heimlichen Todessehnsucht, von der ich gewusst hatte, nachgegeben hatte.

In meinem Stück *Ab und zu kleine Gemütsschwankungen* widmete ich mich auf verschiedenen Ebenen dem Thema Selbstmord, dem Recht des Menschen, über sein Leben und Sterben selbst zu bestimmen, und den verschiedenen Beweggründen, die ihn dazu brachten, sein Leben zu beenden. Ich recherchierte in diversen Selbstmordforen und zeichnete auch den Weg einer Figur, die sich durch eine Krankheit aus dem Leben nahm.

Davor hatte ich mich mit dem Thema Fehlkommunikation beschäftigt, mit dem Phänomen, dass im Grunde jeder Mensch eine andere Sprache spricht, weil jedes Individuum unterschiedliche Emotionen mit bestimmten Worten verbindet. Ich erfand die Geschichte von einem Mädchen, das sich mit dreizehn einen Pappkarton aufsetzte und von da an nur noch so mit ihrer Umwelt kommunizierte. *Das Kistenmädchen* war eine Art Outing über das Leben einer mittlerweile jungen Frau. Sie selbst spielte es gemeinsam mit zwei Laienschauspielern dem Publikum vor.

Ernst Kurt
Weigel und ich
vor dem Stück-
plakat, 2004

In meinen Projekten verarbeite ich eigentlich immer Lebens-
themen von mir, nachdem ich eine gewisse Distanz dazu
gewonnen habe. Mein Ziel ist es dabei jeweils, das Thema
anderen Menschen näher zu bringen, sie dazu zu verlocken,
sich selbst zu inspizieren, in der Hoffnung, ihnen etwas mitge-
ben zu können. Ich will etwas in ihnen bewegen oder sogar
verändern. Um das zu erreichen, gebe ich mich vollkommen
preis, weil ich davon überzeugt bin, je mehr man von sich
zeigt, umso mehr kann sich auch das Gegenüber öffnen, mit
dem Thema konfrontieren, es zulassen.

Meine Projekte sind von extremem Galgenhumor geprägt
und rühren meistens an Tabus. Nicht selten wurden meine
Arbeiten von weiblichen Rezensenten geradezu vernichtet,
weil ihnen mein Humor zu brutal war. Ich suche auch stets die
direkte Konfrontation mit dem Publikum, oft werden bereits
die ankommenden Zuschauer durch Interaktion persönlich in
eine Situation versetzt, die meinem Thema entspricht.

173

1998 gründeten Ernst und ich den Verein *das bernhard ensemble*. Wir benannten es nach Thomas Bernhard, weil wir seine Arbeit stets sehr bewundert haben und seinen Kampfgeist, mit dem er bis zum Schluss künstlerischen Widerstand geleistet hat. Ernst und ich schrieben abwechselnd Stücke, wenn gerade keines unserer eigenen fertig war, realisierten wir auch Werke anderer zeitgenössischer Autoren wie etwa *Hain* von Klaus Haberl, für das wir 2001 mit dem Nestroy ausgezeichnet wurden.

Es entpuppte sich als genauso schwierig, ein fixes Ensemble zusammenzuhalten, wie einen Partner zu finden und eine Beziehung zu führen. Ich investierte alles, was ich hatte, in unsere Theaterarbeit, lebte von der Notstandshilfe, war immer am absoluten Existenzminimum. Nina hatte mir einen Betrag hinterlassen, um meine künstlerische Arbeit zu unterstützen. Das war lange die finanzielle Grundlage für unsere Projekte. Meine künstlerische Mission war mir derart wichtig, dass ich ein nahezu asketisches Leben führte und das Interesse an jeder

Als Mutter in
Hain, **2000**

174

Art von Luxus verlor. Oft lag ich tagelang auf der Couch, bis ich einen Satz schreiben konnte, oder musste mich den ganzen Tag mental auf eine Vorstellung vorbereiten, um am Abend das Maximum an Intensität beim Spielen zu haben. Ich gab mich vollkommen meiner Arbeit hin – kompromisslos, mit jeder Faser – und geriet in eine derartige Verzweiflung, wenn jemandem womöglich meine Arbeit nicht gut genug gefiel, dass es zuweilen sogar zum Bruch einer Freundschaft führte ...

Fast kein Schauspieler konnte und wollte sich so ein Leben leisten, und so blieb eigentlich nur ein einziger Schauspieler, Kajetan Dick, von Anfang an dabei. Um freies Theater zu machen und das Leben eines freien Künstlers zu führen, braucht es eine sehr starke innere Berufung, die täglich von Neuem hinterfragt werden muss. Ernst und ich machten alles selber, vom Bühnenbild bis zum Kartenverkauf, dennoch war es über weite Strecken ein zum Teil deprimierender Kampf um jeden einzelnen Zuschauer. Ich erinnere mich, wie zu meiner großen Freude eine Dame telefonisch bei mir zwei Karten reservierte, dann plötzlich stockte und fragte: »In der Ankündigung steht, dass G. Voss in diesem Stück mitspielt, das heißt doch Gert Voss, oder?« Ich antwortete: »Nein, tut mir leid, das G. steht für Grischka Voss.« – »Aha«, erwiderte die Dame, »na dann stornieren Sie meine Karten wieder ...«

Bei meinem ersten Stück *Hundert Gründe, eine Diva zu werden,* mit dem wir in mehreren Wiener Theatern gastierten und immer mit dem Satz »Wegen des großen Erfolgs verlängert!« warben, der leider nicht der Wahrheit entsprach, trug es sich tatsächlich einmal zu, dass kein einziger Zuseher gekommen war. Ich rannte schließlich die Treppe des Kellertheaters herauf, hinaus auf die Straße, weil ich es schlichtweg nicht glauben konnte. Eine Frau näherte sich mit schnellem Schritt. Erleichtert dachte ich bei mir: »Hab ich's doch gewusst!« In diesem Moment ging sie am Theatereingang vorbei. Ich ging die Treppe wieder runter und spielte trotzdem – um in Übung zu bleiben.

Meine Eltern waren zwar begeistert von mir als Schauspielerin und von meiner Arbeit, trotzdem hatte ich ständig das Gefühl, dass sie skeptisch waren, sich nicht vorstellen konnten, wie man mit freiem Theater seine Existenz bestreiten sollte. Je mehr ich gegen Widerstände anzukämpfen hatte mit unseren Theaterprojekten, desto mehr Ressentiments empfand ich vor allem meinem Vater gegenüber. Ich verglich andere Schauspielerkinder mit mir und dachte, ich könnte schon viel weiter sein, wenn mich mein Vater ein wenig unterstützt und mir Mut gemacht hätte. Dieses Gefühl wurde immer bohrender, und ich beschloss, für eine Weile ganz auf Distanz zu meinen Eltern zu gehen, mich in gewisser Weise auch endlich innerlich abzunabeln. Diese sehr schmerzhafte Phase dauerte fast zwei Jahre an. Meine Mutter und ich hatten noch regelmäßig Kontakt, aber zwischen meinem Vater und mir herrschte relative Funkstille. Er hat mir nie Vorwürfe deswegen gemacht und meine Abkehr still hingenommen. Heute, als Mutter eines Sohnes, kann ich mir vorstellen, wie hart das für ihn gewesen sein muss.

Wegen entsetzlicher Schmerzen im Unterleib kam ich eines Nachts ins Krankenhaus. Man diagnostizierte Endometriose bei mir, eine damals noch weitgehend unerforschte Schleimhauterkrankung, die zu Unfruchtbarkeit führen kann. Im Zuge dessen mussten mir im Abstand von einem halben Jahr gleich zweimal hintereinander endoskopisch Zysten am Eierstock entfernt werden. Dabei handelte es sich eigentlich um harmlose Routineoperationen, dennoch wurde ich beim zweiten Mal zum Opfer eines sogenannten Kunstfehlers. Nachdem ich ja innerhalb kürzester Zeit das Vergnügen hatte, genau die gleiche Operationsprozedur wieder zu erleben, war mir der Ablauf vertraut, und ich kannte auch die diversen OP-Nebenwirkungen. Bereits am frühen Nachmittag nach dem Eingriff spürte ich jedoch dieses Mal ein mir völlig unbekanntes Bren-

nen im Brustkorb, das sich dann zu entsetzlichen Krampf-
attacken steigerte, die so schmerzhaft waren, dass sich mein
Körper jedes Mal aufbäumte und ich kaum noch atmen konnte.
Ich begann, in regelmäßigen Abständen nach der Schwester zu
läuten, bekam aber kontinuierlich die Antwort, das sei ganz
normal. Das ärgerte mich natürlich maßlos, da ich ja ganz
genau wusste, dass das überhaupt nicht normal war. Endlich
bequemte sich eine Ärztin in mein Zimmer, mittlerweile war
es Nacht und ich schon relativ verzweifelt und geschwächt. Ich
erklärte der Ärztin, ich hätte diese OP nun schon zum zweiten
Mal innerhalb kurzer Zeit gehabt und wisse, wie sich die
OP-bedingten Schmerzen im Brustkorb anfühlten, meine heftigen Krämpfe dieses Mal würden aber immer schlimmer werden und wären ganz anders als beim ersten Mal. Es war nahezu
stockdunkel in meinem Zimmer und die Ärztin machte nicht
einmal Licht, um mich genauer zu betrachten. Trotzdem
erkannte ich im Halbdunkel ihren enervierend kalmierenden
Gesichtsausdruck. Sie sagte, ich solle mich nicht aufregen, das
sei ganz normal. Ich dachte amüsiert bei mir, aufregen? Dazu
hätte ich nicht einmal mehr die Kraft gehabt!

Vis-à-vis von meinem Krankenbett befand sich eine große
Uhr, auf die ich meine Augen heftete. Ich beschloss, verbissen
durchzuhalten, bis hoffentlich am nächsten Morgen ein anderer Arzt kommen und mir helfen würde. Die Sekunden vergin-
gen wie in Zeitlupe. Zwischen der immer größeren Atemnot
und den immer länger andauernden Krämpfen spürte ich, wie
meine Kräfte mehr und mehr schwanden. Ich wehrte mich mit
aller Kraft dagegen und klammerte mich verbissen an mein
Leben, während ich die Uhr fixierte. Minute um Minute ver-
strich. Im Morgengrauen befand ich mich in einem merkwürdigen Zustand, der sich am ehesten als gelassen, schwebend
beschreiben ließ. Ich starrte zwar noch immer auf die Uhr und
wartete auf meinen Retter, gleichzeitig war jedoch alles nicht
mehr so wichtig. Ich war so geschwächt, dass ich nicht einmal

mehr meinen Kopf drehen konnte. Zwei Krankenschwestern betraten das Zimmer und baten mich, aufzustehen. Ich lächelte nur milde. Sie versuchten, mich aufzusetzen, ließen dann aber rasch von mir ab und fragten, ob ich immer so bleich sei. Wäre ich nicht so geschwächt gewesen, hätte ich spätestens hier einen Lachanfall bekommen. Wieder eine Ewigkeit später betrat ein Arzt von der Notaufnahme das Zimmer. Meine Bettnachbarin war seine Patientin und er wollte sie besuchen. Auf halber Strecke zu ihr sah er mich an, erstarrte und sagte: »Ihnen geht es gar nicht gut, das sehe ich!« Ich war unendlich erleichtert, dass das endlich jemand wahrnahm. Er setzte sich auf mein Bett, fühlte meinen Puls und begann danach sofort, meinen Bauch abzuklopfen. »Sie haben sehr viel Flüssigkeit im Bauch«, sagte er ernst. Kurz darauf erschien ein anderer Arzt, klopfte wieder meinen Bauch ab und sagte dann mit Grabesstimme: »Das sieht nicht gut aus. Ich komme gleich wieder.« Ich war dankbar, dass nun endlich etwas geschah. Wieder ein anderer Arzt kam herein und nahm mir wortlos Blut ab. Eigentlich hasse ich Blutabnehmen, aber ich war nicht mehr in der Verfassung, hysterisch zu werden. Etwas später kam der Arzt noch einmal und nahm mir ein zweites Mal Blut ab. Er verließ den Raum. Nun ging es relativ zügig weiter. Mehrere Ärzte kamen, erklärten mir, ich hätte innere Blutungen und müsse noch einmal in den OP. So etwas könne schon mal passieren, fügten sie noch hinzu. Amüsiert dachte ich bei mir: »Unfassbar, ich habe innere Blutungen und Sie nehmen mir zusätzlich auch noch ein paar Mal Blut ab!«

Ich war dermaßen erleichtert darüber, dass man endlich beschlossen hatte, mir zu helfen, dass ich kurzfristig grenzenlose Dankbarkeit allen Ärzten gegenüber empfand. Geradezu beschwingt und mit dem Herzen voller Liebe für die Engel in Weiß ließ ich mich innerhalb von nur vierundzwanzig Stunden zum zweiten Mal in den OP schieben. Als der Anästhesist mir die Narkoserisiken aufzählen wollte, lachte ich fröhlich und sagte nur: »Hey, wir kennen uns doch von gestern!«

Als ich aus der Narkose erwachte, hing ein schmerzhafter Drainageschlauch aus meinem Bauch. Meine Eltern saßen vor meinem Bett. Sie sahen mitgenommen aus. Eine Ärztin trat ein und erklärte mir beinahe sensationslüstern, ich hätte über drei Liter Blut im Bauch gehabt – sechs Liter hat man insgesamt – und einen Hämatokritwert von 17 Prozent. Der Normalwert für Frauen in meinem Alter lag bei rund 35 Prozent. Sie würde mir daher dringend zu einer Blutkonserve raten, da ich andernfalls noch wochenlang im Krankenhaus bleiben müsste. Das war ein schlagendes Argument, fand ich und willigte überschwänglich ein. Mein Vater erzählte mir, dass er sich furchtbar beschwert und im Krankenhaus einen riesigen Krach geschlagen habe, und zwar bis ganz nach oben. Ich sah, wie erschüttert meine Eltern waren, und spielte ihnen vor, dass es mir bereits wieder hervorragend ging, machte Witze und lachte andauernd. Nachdem sie gegangen waren, sank ich in mich zusammen und bekam entsetzliche Angstzustände. Mein Vertrauen in die Ärzte war, milde gesagt, schwer angegriffen. Was, wenn sie noch einen Fehler gemacht hatten und ich immer noch innerlich blutete, fragte ich mich. Ich wollte diesen unsicheren Ort so bald wie möglich verlassen und trank literweise rote Säfte, um meine Blutwerte schnell zu verbessern. Am nächsten Morgen stand ich bereits auf, ging allein auf die Toilette, um dann schreiend zusammenzufahren. Entsetzt starrte ich in das rot verfärbte Wasser der Klomuschel. Dann fiel mir jedoch glücklicherweise wieder ein, dass ich Rote-Bete-Saft getrunken hatte.

Sowohl die Ärzte als auch die Schwestern begannen, sich mir gegenüber zu rechtfertigen, behaupteten, ich hätte die Symptome falsch beschrieben, fragten, ob ich nicht eventuell vor der Operation heimlich blutverdünnende Schmerzmittel genommen hätte, et cetera. Anstatt nun außergewöhnlich nett zu mir zu sein, wie ich es mir eigentlich erwartet hätte, waren sie geradezu feindselig, mieden mich wie die Pest und wechselten viel zu lange meinen Venflon nicht, sodass ich zusätzlich auch noch eine unangenehme Nervenentzündung bekam. Ständig wurde mir wortlos Blut abgenommen. Meine Arme waren übersät mit Einstichlöchern. Demonstrativ begab ich mich auf den Krankenhausflur, um zu zeigen, wie fit ich trotz allem wieder sei. Dabei stolperte ich über einen Junkie, der in einer Ecke auf dem Boden schlief. Ich lachte hysterisch über die Tatsache an sich und weil ich mir vorstellte, dass das womöglich gar kein richtiger Junkie war, sondern vielleicht auch das Opfer eines ärztlichen Kunstfehlers, und dass die Einstichlöcher in seinen Armen nicht von Heroinspritzen, sondern von Blutabnahmen und Infusionen stammten. Fälle wie er und ich würden in diesem Krankenhaus unter dem Codenamen »Junkieprogramm« einfach im Gang abgelegt ... Seit diesem weiteren misslungenen Versuch des Schicksals, mich aus dem Weg zu räumen, der mir wieder einmal bestätigte *Nothing can kill me!*, weiß ich, dass Verbluten sicher zu den angenehmsten Weisen eines langsamen Abgangs zählt.

Allen Widrigkeiten zum Trotz wurde ich schwanger, obwohl ich mich bereits darauf eingestellt hatte, mit zwei Siamkatzen ein erfülltes Leben führen zu müssen. Am 8.8.2006 erblickte mein Sohn Emil das Licht der Welt, beförderte sich quasi von selbst aus mir heraus und trat mit einem löwenhaften Brüller auf die Bühne des Lebens. Er kam zum errechneten Geburtstermin, was mich nicht weiter überraschte, da ich zwanghaft pflichtbewusst bin und das berechnete Datum für mich gleichbedeutend mit dem Termin war, an dem ich zu liefern hatte. Dementsprechend hatte sich wohl auch mein Körper darauf eingestellt.

Schon gegen Ende der Schwangerschaft hin zeichnete sich ab, dass mein Mann und ich in puncto Familie gänzlich divergie-

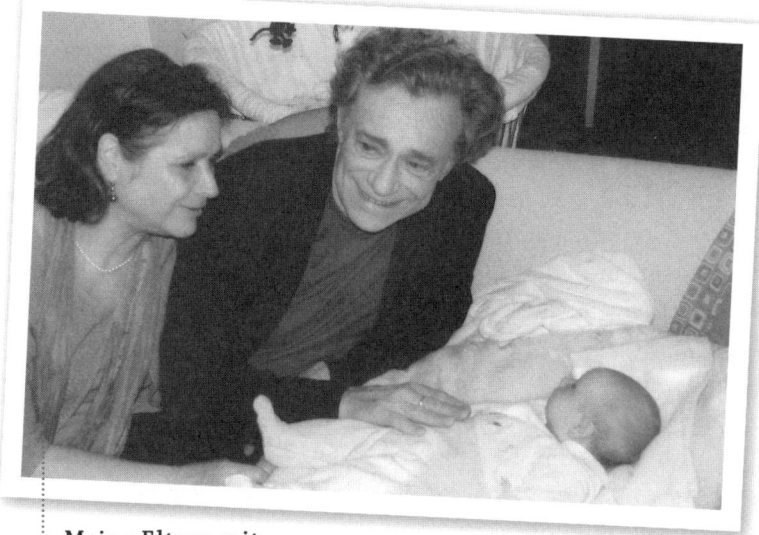

Meine Eltern mit
meinem Sohn Emil, 2006

rende Vorstellungen hatten, und es folgte ein neunjähriger,
verzweifelter Kampf, unsere kleine Familie aufrecht zu halten.
Ein Sohn braucht seinen Vater und Aufgeben gibt es nicht, lautete meine Mission. Nach fast zehn Jahren glücklicher Zusammenarbeit entwickelten sich Ernst und ich auch künstlerisch
immer weiter auseinander. Die Geburt meines Sohnes rückte
für mich alles an seinen Platz, relativierte meine Arbeitsbeses-
senheit, sorgte dafür, dass ich völlig neue Prioritäten setzte.
Jetzt ging es um das Wunder eines heranwachsenden Lebens,
das größte Geschenk überhaupt, um einen kleinen Menschen,
den ich über alles liebte und der für mich immer an allererster
Stelle stehen würde. Meine Theaterarbeit kam plötzlich an
zweiter Stelle, endlich konnte ich Abstand dazu gewinnen,
toleranter und entspannter damit umgehen und sogenannte
Theaterkatastrophen relativieren, indem ich erkannte, dass es
ja schließlich nur Theater war und dabei nicht um Leben und
Tod ging – wie bisher ... Auch war es mir auf einmal möglich,
unter Umständen zu spielen und zu schreiben, die für mich

noch ein halbes Jahr zuvor undenkbar gewesen wären. Ich probte bereits wieder, als Emil noch nicht einmal ein Jahr alt war. Er war mit der Babysitterin im Nebenraum, ich stillte in den kurzen Pausen und spielte die Generalprobe mit schreiendem Kind auf dem Arm. Bei Vorstellungen verbrachte ich nicht wie bisher den ganzen Tag auf dem Sofa liegend, um mich mental auf die Vorstellung vorzubereiten, sondern spielte mit meinem Kind oder wickelte es bis fünf Minuten vor Vorstellungsbeginn. Plötzlich reichten ein paar Minuten, um mich ins Spiel zu bringen. Nach der Vorstellung zog ich mich sofort um, rannte zu meinem Sohn, nahm ihn zumeist schlafend entgegen und fuhr mit ihm nach Hause. Diese Doppelbelastung brachte mich regelmäßig an die absoluten Grenzen der Erschöpfung. Rückblickend kann ich mir überhaupt nicht mehr vorstellen, wie ich das durchgehalten habe. Beim Schreiben war es nicht viel anders. Um schreiben zu können, musste ich die Babysitterin für zwei bis drei Stunden kommen lassen und

Neue Prioritäten – mein Sohn und ich

Als Schwester
Berta in
Monster, 2008

dann auf Knopfdruck kreativ sein. Währenddessen rannte mein Sohn quietschend und kreischend mit der Babysitterin um mich herum. Nicht selten schrammte ich dabei an der Grenze des Wahnsinns entlang, stellte mir vor, ich säße unter einer dicken Glashaube, wo mich nichts stören konnte, und tauchte komplett in mich und meine Fantasiewelt ein.

Das Thema, das mich damals beschäftigte, war Aggression. Nicht ganz überraschend endete fast jede Szene mit einem Mord ... Ich hatte bereits zwei Jahre über verschiedene Formen von Aggression, ihre Ursachen und Aggressionsabbau geforscht. Mein Stück *Monster* handelte von fünf Menschen, die alle für eine Art Escortservice arbeiteten, bei dem die Kunden aggressive Rollenspiele bestellen konnten. Jede der Figuren hatte ein dunkles Geheimnis, etwas Grauenvolles getan, was sie zum Monster gemacht hatte. Die Aggressionsthemen, auf die ich mich an diesem Abend konzentrierte, waren unter anderem Gewalt in der Familie, Vergewaltigung, Kindersoldaten, das Programmieren von Soldaten zu Killermaschinen, die Todesstrafe und Selbstjustiz. Da mein Mann nicht so viel mit dem Stück anfangen konnte, gab ich es auch meinem Vater zu lesen. Er war richtiggehend begeistert und ermutigte mich, es

Tanzsequenz aus *Myface*, 2010

selber zu inszenieren, gab es sogar Peter Turrini zu lesen, dem es auch sehr gefiel. Ich freute mich wahnsinnig über die Anerkennung und beschloss, den Sprung zu wagen und erstmals Regie zu führen. Dabei erfüllte ich mir zusätzlich zwei große Träume: Ich integrierte Gesang und Ausdruckstanz in mein Projekt.

Gleich danach widmete ich mich in *Myface – Liebe mich!* dem Thema Liebe und Einsamkeit, erforschte die Welt der Datingforen, die das Kreieren von falschen Persönlichkeiten und dem schmerzhaften Abbröckeln der Fantasieidentitäten bei der persönlichen Begegnung geradezu voraussetzten. Es ging um das Abhandenkommen des direkten Umgangs miteinander, um ein schüchternes, sehnsüchtiges Rufen nach Liebe in einer komplett elektronisierten Welt, um die verzweifelte Suche nach dem fehlenden Puzzleteil, das zu einem passte. Diesmal integrierte ich noch mehr Tanz- und Performancesequenzen und zeichnete auch für Bühnenbild und Kostüme verantwortlich.

Währenddessen probte mein Vater den *Mephisto* in der *Faust*-Inszenierung von Matthias Hartmann. Es kam zu ungeheuren Spannungen zwischen den beiden. Mein Vater konnte mit dem Regiekonzept nicht viel anfangen und wurde immer verzweifelter. Es zeichnete sich bald ab, dass diese zwei Alphatiere nicht kompatibel miteinander waren und zugleich die gesamte Produktion unter keinem guten Stern stand. Symptomatischerweise verunglückte mein Vater bei einer der Vorstellungen, er stürzte aus beinahe vier Metern Höhe ab und zog sich schwerwiegende Brüche zu. Es war bereits der zweite schwere Unfall meines Vaters in diesem Jahr. Vorangegangen war ein komplizierter Armbruch, den er sich im Sommerurlaub zugezogen hatte. Monatelang war er lahmgelegt, die Brüche wollten und wollten nicht heilen, und erst durch die Vermittlung von André Heller kam er endlich in die Behandlung von Ärzten, die ihm helfen konnten. Die Brüche waren beinahe so etwas wie die Vorboten zu einer nun folgenden, künstlerisch sehr beschwerlichen und zermürbenden Zeit. Unter der Burgtheaterintendanz von Hartmann schien kein besonders großer Bedarf mehr für meinen Vater zu sein. Dies traf ihn in einem Ausmaß, das schwer in Worte zu fassen ist. Er fühlte sich zutiefst gedemütigt, war verzweifelt und hatte entsetzliche Angst davor, vergessen zu werden. Es war ein ständig nagender Schmerz, der ihn aufzufressen schien.

2011 wurde er von Claus Peymann kurzfristig errettet durch die Inszenierung von *Einfach kompliziert* (Thomas Bernhard). Mein Vater spielte am Berliner Ensemble. Wie ein Verdurstender in der Wüste labte er sich an der Anerkennung, die ihm in Deutschland nun widerfuhr. Wenig später holte ihn Thomas Ostermeier mit der Inszenierung von *Maß für Maß* an die Schaubühne Berlin. Mein Vater war restlos begeistert von dieser Zusammenarbeit, liebte die Inszenierung, die Kollegen und den Respekt, der ihm endlich wieder entgegengebracht wurde. Er erzählte mir, Ostermeier hätte ihm sozusagen die

Schaubühne zu Füßen gelegt und ihm ein Engagement angeboten, mein Vater fühlte sich jedoch schon zu sehr mit Wien verwachsen, als dass er sein Zuhause dort hätte verlassen wollen. *Maß für Maß* ist die einzige Arbeit meines Vaters, die ich nicht gesehen habe, was mich unendlich schmerzt. Ich war in dieser Zeit zerrissen zwischen permanenten Ehekrisen, dem Wunsch, trotz alledem die beste Mutter zu sein, Theaterprojekten und Waldorfschulaktivitäten. Eine Kurzreise nach Berlin war unter diesen Umständen nicht möglich. Es hieß immer, die Produktion würde noch lange laufen, und ich lebte in der Hoffnung darauf, sie irgendwann besuchen zu können.

Insgesamt war es damals so, dass sich parallel sowohl mein eigenes Leben, als auch das meiner Eltern immer mehr zu einem absoluten Alptraum entwickelte. Meine Eltern verbrachten den Großteil ihrer Zeit im Flugzeug zwischen Wien und Berlin. Sie pendelten hin und her. Nach jedem Flug waren sie für mindestens ein bis zwei Wochen krank, von irgendeinem Virus lahmgelegt. Dazwischen leisteten sie sich zumindest endlich wunderschöne Reisen, um sich von den Strapazen zu erholen.

Ich habe an meinen Eltern stets bewundert, dass sie es sich miteinander einfach immer schön gemacht haben, egal, wie schrecklich alles andere um sie herum auch war. Auf diese Weise gönnten sie sich in vollem Ausmaß alle Dinge, die ihnen Freude bereiteten und sie glücklich machten. Dazu gehörten ein wunderschönes Zuhause – am Wolfersberg hatten sie ein traumhaftes Haus mit riesigem Pool und Garten gemietet, das sie sich zur kleinen Traumoase gestalteten –, grandioses Essen, Kleidung aus den herrlichsten Materialien und luxuriöse Kreuzfahrten auf der ganzen Welt.

Mein Vater hatte beinahe zeitgleich mit der Geburt meines Sohnes erfahren, dass er an einer sehr seltenen Blutkrankheit litt. Da er ein Mensch war, der immer wissen wollte, was Sache

Meine Eltern reisen
nach China, 2011

war, hatte er sofort gefragt, ob er daran sterben würde. Die
Ärzte erklärten ihm, dass das nicht der Fall sei, man könne die
Krankheit derzeit jedoch leider nur mit Chemotherapien, die
im Grunde einer Überdosierung entsprachen, in Schach halten. Das heißt, man könne durchaus mit dieser Krankheit alt
werden, und die Krankheit würde meinen Vater auch nicht bei
seiner Arbeit einschränken. Mein Vater hatte nie Rücksicht
auf sich und seine Gesundheit genommen, die Arbeit hatte
immer Vorrang gehabt. Lediglich, wenn ihn meine Mutter
dazu gezwungen hatte, war er im Bett liegen geblieben. Er war
immer ein absoluter Kämpfer gewesen, der niemals aufgab.
Irgendwann einmal hatte er zu mir gesagt: »Weißt du, wir drei
sind wie der Zauberer Houdini, wir gehen nie unter und kommen aus jeder Fessel!«

Unmittelbar nach einer Chemotherapie flog mein Vater zum
Theaterfestival in Edinburgh und spielte fünfmal hintereinan-
der den *Lear*. Als Tochter fragte ich mich oft mit wachsender
Besorgnis, ob ein derartiger Raubbau am Körper gut gehen

187

konnte. Seine Ärzte schienen sich darüber keine nennenswerten Sorgen zu machen. Während der ein- bis zweitägigen Krankenhausaufenthalte für die Chemotherapie besuchte ich ihn immer. Es waren die ersten und einzigen Gelegenheiten, bei denen mein Vater und ich einmal alleine miteinander waren. Da meine Eltern eigentlich in den über vierzig Jahren ihrer Beziehung durchgehend zusammen waren, hatte sich nie die Situation ergeben, dass mein Vater und ich alleine miteinander sprechen konnten. Ich genoss diese kostbaren Stunden, während derer meine Mutter schnell nach Hause fuhr, um die Katze zu versorgen und Dinge zu erledigen, ungemein. Aufgrund seiner entspannten, ruhigen und gutmütigen Art konnte ich wirklich über alles mit meinem Vater reden, auch über Sex. Irgendwann erwähnte ich einmal, dass es für mich als Einzelkind oft schwer war, bei Konflikten immer ganz alleine einer Einheit von zwei Erwachsenen gegenüberzustehen, die natürlich immer dieselbe Meinung hatten und in der Mehrheit waren. Mein Vater sah mich lange an und sagte dann, dass das keineswegs so war. Es gab wohl oft Situationen, in denen er nicht der Meinung meiner Mutter war, aber da in ihrer Beziehung die Aufteilung galt, dass er bei seiner künstlerischen Arbeit und meine Mutter bei meiner Erziehung bestimmt, hat er sich immer zurückgehalten. Einerseits musste ich darüber lächeln, weil das einem derartigen Mann-Frau-Klischee entsprach, das ich ihnen gar nicht zugetraut hätte, andererseits erfüllte es mich mit Schmerz. Ich antwortete ihm, es wäre schön gewesen, hätte er mir das ein wenig früher kommuniziert, weil ich mich dann nicht immer so alleine und ausgeliefert gefühlt hätte. Meine Mutter war ein sehr cholerischer, eher schwieriger Charakter und neigte in ihrer oft unverhältnismäßigen Wut zu emotionalen Amokläufen. Im Laufe meines Lebens hat sie immer wieder auch Sätze fallen lassen, die sich unauslöschlich in mein Gedächtnis eingegraben haben. Da ich ein zutiefst harmoniebedürftiger Mensch bin, habe ich mich oft bei ihr für Dinge entschuldigt, bei denen ich meiner Ansicht nach eigentlich im Recht war. Ich tat es um des lieben Friedens willen. Ich denke, unsere Beziehung war so kompliziert, weil ich meine Mutter einerseits als trotziges Kind betrachtete, das nun einmal nicht aus seiner Haut herauskonnte, andererseits stiegen in mir trotzdem immer wieder Erwartungen an sie als Mutter auf, die sie jedoch nicht erfüllen konnte.

2013 starb meine Omi Melli, die Mutter meiner Mutter. Einige Jahre zuvor war schon mein *Grapsch-Opa* Jupp gestorben. Sein Tod hatte weder mich noch meine Mutter emotional wirklich mitgenommen. Melli war nach dem Ableben ihres Mannes regelrecht aufgeblüht, und ich hatte eine sehr starke Beziehung zu ihr entwickelt. Jeden Sommer hatte ich sie am Bodensee besucht und in der kurzen Zeit meines Aufenthaltes versucht, alles mit ihr zu unternehmen, was mein Großvater verabsäumt hatte. Die Zeiten, in denen sie zweimal täglich mehrgängige Menüs kochen hatte müssen, waren nun endgültig vorbei. Ich führte sie zweimal täglich zum Essen aus und machte wunderschöne Ausflüge mit ihr. Sie schien mich als Frau sehr gut zu verstehen, sah meine Beziehungsprobleme und verstand meinen inneren Konflikt, der sich über weite Strecken zwischen zwei Polen bewegte: Einerseits wollte ich ausbrechen, andererseits zwang ich mich dazu durchzuhalten. Mellis Tod traf mich schwer. Ich bot meiner Mutter an, sie zur Trauerfeier zu begleiten. Bescheiden, wie meine Omi nun einmal war, wollte sie auch nach ihrem Tod niemandem Umstände machen und hatte bestimmt, eingeäschert und in einem anonymen Hügelgrab beigesetzt zu werden. Meine Mutter war unendlich froh, dass ich mit ihr fahren wollte. Wir verbrachten die Hin- und Rückfahrt im Schlafwagen, und erstmals konnte ich auch mit ihr ungestört sprechen. Ich versuchte, so viel wie möglich über sie zu erfahren. Ich wusste fast nichts über meine

Mutter, weil sie mir gegenüber so gut wie nie über ihre Beziehung zu ihren Eltern und ihre Kindheit gesprochen hatte. Ich erhielt so zumindest ein paar kleine Einblicke in ihre Vergangenheit und begann zu verstehen, weshalb sie zu mir so wenig mütterlich war. Sie muss eine grauenvolle, von Gewalt erfüllte Kindheit gehabt haben und sehr einsam gewesen sein, da sie so etwas wie aufopfernde Liebe weder von ihrer Mutter noch von ihrem Vater erfahren hat. Der Tod ihrer Mutter löste eine Gefühlskonfusion in ihr aus. Zum einen war sie distanziert, zum anderen voll von sehnsüchtigem Schmerz, weil zwischen ihrer Mutter und ihr eine Rechnung offengeblieben war. Aus diesem Grund bot ich ihr an, die Wohnung von Melli am Bodensee für sie zu räumen. Dies tat ich dann auch schweren Herzens, während des letzten Sommerurlaubs in meinem Kindheitsparadies am Bodensee.

Noch im selben Jahr durfte mein Vater mit dem letzten Überlebenden seiner Wunschregisseure *Tartuffe* machen – mit Luc Bondy. Diese Arbeit war für meinen Vater unendlich wichtig und schön, weil er in Bondy so etwas wie seinen geistigen Lieblingsspielkameraden gefunden hatte. Bondy inszenierte mit meinem Vater die Rolle des *Orgon* fast wie eine Art Hommage an meinen Vater und sich selbst. Beide waren gesundheitlich geschwächt, hatten aber unendlich viel Spaß miteinander und genossen jede Sekunde ihrer Zusammenarbeit. Bondy, der unermüdlich allen Krankheiten und selbst den unerträglichsten Schmerzen getrotzt hatte, erinnerte meinen Vater bei den Proben oft an Louis de Funès.

Bereits seit einigen Jahren hatte ich mich immer wieder mit dem Thema Angst auseinandergesetzt. Da ich jedoch nun innerhalb meiner Beziehung diffuse Ängste zu entwickeln begonnen hatte – und die diffusen Ängste, also all diejenigen, die man nicht benennen kann, gehören wohl zu den schlimms-

Skinned, 2014

ten –, musste ich meine Arbeit an diesem Thema immer wieder wegen mangelnder Distanz unterbrechen. Zu Beginn des Jahres 2014 war ich jedoch endlich so weit und riskierte künstlerisch alles, und zwar auf beinahe allen Ebenen. Ich setzte mich dem aus, vor dem ich selber am meisten Angst hatte. Erstmals verzichtete ich auf das sichere Gerüst eines Stückes und baute um vier Monologe, die das Kernstück des Abends bildeten, intuitiv angeordnete Bilder, die verschiedene Formen von Angst ausdrückten. Die Grundangst, die jeder anderen Angst zugrunde liegt, ist die Todesangst.

Insofern war die Auseinandersetzung mit der Angst zugleich auch eine mit dem Sterben und dem Tod. Gemeinsam mit Bernhard Fleischmann schrieb ich Chansons dazu und experimentierte mit Geräuschen, einer verfremdeten Stimme und ebensolchen Klängen. Diesmal verwendete ich auch abstrakte

Absurde
Puppenszene
in *Skinned*

Puppen, Objekte und Schwarzlicht. Mein Bühnenbild bestand lediglich aus einem alten roten Samtvorhang, der versteckte Öffnungen hatte, durch die man dem Zuschauer verschiedene Bildausschnitte zeigen konnte. Ähnlich wie beim Film in der Großaufnahme konnte man zum Beispiel durch den einen Ausschnitt nur die Köpfe sehen oder den halben Körper oder eben nur die Füße. Ich versuchte die Atmosphäre des Théâtre du Grand Guignol, des ersten Theaters des Grauens in Paris, herzustellen. Die Zuschauer betraten ein nur mit spärlichen Kerzen erleuchtetes OFF Theater, wurden von drei stummen, schwarzen Gestalten in die Theaterbar gewiesen, um dann einzeln, von einer dunklen Gestalt an der Hand geführt, in den komplett finsteren Theatersaal gesetzt zu werden – alleine. Es gab auch Splattereffekte und Schockmomente wie in der Geisterbahn. Es war die erste meiner Produktionen, bei der mein damaliger Mann nicht dabei sein wollte. Ich empfand die Arbeit als absoluten künstlerischen Befreiungsschlag und bin überglücklich, dass meine Eltern, besonders mein Vater, diesen Abend noch gesehen haben.

III *Loslösung und Sterben*

Mein Vater

Am 1. Juni 2014 rief mich meine Mutter an und sagte mir, dass mein Vater im Krankenhaus lag und die Dreharbeiten zu der Fernsehserie *Altes Geld* abgebrochen hatte. In der Sekunde war mir klar, dass es sich diesmal nicht um einen Unfall oder einen der so vielen krankheitsbedingten Kurzaufenthalte wegen Nierensteinen, Herz- oder Lungenproblemen handelte, sondern um etwas Gravierendes. Mein Vater war aus einer Arbeit ausgestiegen – das hatte es noch nie gegeben. Sofort fuhr ich zum Krankenhaus. Ich werde nie den Anblick meines Vaters in dem hellgelben Zimmer mit der hellgelben Bettwäsche vergessen. Hochgelagert, in einer halbsitzenden Position mit aschfahlem Teint sah er mich mit fassungslosen Augen an. Sein Körper wirkte vollkommen leblos und schwer. Seine Hände und Füße waren kaum durchblutet. Sie waren weiß und kalt. Er war so geschwächt, dass er sich fast nicht mehr bewegen konnte. Ich hatte immer schon einen Blick dafür gehabt, ob ein Mensch eine schwere Krankheit hatte oder bald sterben musste. Dieser Blick bestätigte sich auch jedes Mal wie ein unerbittlicher Fluch. Ich erkannte sofort, dass mein Vater bald sterben würde, dass ich jede Sekunde nutzen musste, um ihn entweder noch zu retten oder um mich von ihm zu verabschieden – von jeder Faser von ihm. Ich begann, seine eiskalten Füße zu massieren, sie mit wärmendem Öl einzureiben, streichelte ihn, nahm seine Hand und sah ihn unentwegt an. Meine Mutter schilderte aufgeregt in einer Tour, was sich zugetragen hatte, was die Ärzte sagten, welche Medikamente sie ihm gaben, welche Wirkstoffe darin enthalten seien, welche Nebenwirkungen sie hätten und welche Untersuchungen geplant seien. Niemand schien wirklich zu wissen, was eigentlich mit meinem Vater los war. Man vermutete eine schwere Virusinfektion. Ständig wurden neue Antibiotika verabreicht, man versicherte uns immer wieder, dass es meinem Vater bald wieder besser gehen würde. Aber so war es nicht. Im Gegenteil. Er wurde einfach immer schwächer und schwächer. Er war wie gelähmt. Da er das Krankenhausessen hasste, bereitete ich für ihn all seine Lieblingsspeisen wie Hühnersuppe mit frischen Shiitakepilzen oder Kartoffeln mit Cottage Cheese mit ganz vielen Kräutern oder noch warmen Marillenkuchen zu. Sein Mund schmerzte furchtbar, war voller Bläschen, sodass er bald nicht einmal mehr die Dinge essen konnte, die ich ihm brachte. Das trieb mich fast in den Wahnsinn vor Verzweiflung. Ich wollte ihm so gerne helfen und fühlte mich vollkommen machtlos. Oftmals war sein Blick nun so müde, als hätte er sich bereits aufgegeben, als wäre sein Kampfgeist erloschen. Selbst wenn ich da war, traute sich meine Mutter nicht mehr, von seiner Seite zu weichen. Sie schlief in den ersten Tagen in einem Stuhl sitzend neben seinem Bett. Eine Schwester brachte ihr später aus Mitleid ein Klappbett. Trotz aller Qualen bewahrte mein Vater immer seine Haltung. Er jammerte nie. Zumeist hatte er einen fragenden Blick wie ein Kind, das überhaupt nicht verstand, was da mit ihm geschah.

Es schien mir, als bestünde mein Vater nur noch aus Infusionsschläuchen und Nadeln, die überall in seiner Haut steckten. Er wurde vollgepumpt mit Medikamenten, die zum Teil furchtbare Nebenwirkungen hatten. Die Ärzte schienen rigoros alles zu versuchen, um seinen Zustand zu verbessern, aber in meinen Augen war sein Körper schon längst nicht mehr in der Lage, all die Substanzen aufzunehmen und zu verkraften. Ich blieb täglich drei bis vier Stunden bei meinem Vater. Meistens sprachen wir nicht viel, sondern kommunizierten über unsere Augen. Dabei hielt ich unentwegt seine immer schwächer werdende Hand. Ich versuchte, ihm all meine Energie zu geben, um seinen Lebenswillen wieder anzukurbeln.

An einem Tag, als ich das Zimmer betrat, strahlten mich meine Eltern beide an. Ich dachte: »Jetzt ist mein Vater wieder da, er kämpft wieder! Jetzt wird alles wieder gut!« Er hatte seinen Arzt gefragt, ob er denn wieder gesund werden könne, und der Arzt hatte das bejaht. Draußen war ein wunderschöner Tag und ich schlug vor, dass wir gemeinsam mit meinem Vater ein bisschen an die frische Luft gehen könnten. Er hatte das Zimmer noch kein einziges Mal verlassen, und hier war es ungeheuer stickig und heiß. Meine Mutter meinte traurig, dass der Rollstuhl nicht in den engen Fahrstuhl passen würde. Das war kein Argument, fand ich. Irgendwie gelang es mir gemeinsam mit meiner Mutter, meinen Vater aus dem Bett in den Rollstuhl zu hieven und ihn dann tatsächlich mitsamt dem Rollstuhl in den Fahrstuhl zu quetschen. Es war eine ungeheure Prozedur und wir mussten wahnsinnig lachen. Ich schob meinen Vater in den wunderschönen Garten des Krankenhauses. Er war so glücklich, endlich wieder einmal draußen zu sein, Blumen sehen und riechen zu können. Er liebte Blumen über alles. Wir waren sehr fröhlich und meine Mutter begann euphorisch, Reisepläne zu schmieden. Sie überlegte laut, wo sie noch überall hinfahren könnten. Plötzlich senkte mein Vater den Blick und sagte: »Ach, das kann ich doch gar nicht mehr.« In mir schrie es: »Nein, nein, nein – nicht aufgeben, bitte gib nicht auf!« Er schien nicht mehr daran zu glauben, dass er je wieder auf Reisen würde gehen können, und das machte mir Angst. Er sagte traurig, er sei nun müde und wolle wieder ins Zimmer.

Jedes Mal, wenn ich mich von meinem Vater verabschiedete, schloss ich ganz langsam die Tür und wir sahen einander bis zur allerletzten Sekunde durch den immer schmaler werdenden Spalt an. Er lächelte dabei unendlich liebevoll und freudig wie ein Kind, das beobachtete, wie das Kasperle langsam hinter dem Vorhang verschwand. Als ich am nächsten Tag wiederkam, war aller Lebensmut aus seinen Augen wieder verschwunden. Meine Mutter berichtete wie immer von den neuesten Therapien, die die Ärzte nun versuchen würden, und von den Untersuchungen, die anstünden. Sie wirkte wie aufgezogen und klammerte sich mit einer Art Besessenheit an die Medizin, während mein Vater mich heimlich mit dem Rücken zu ihr verzweifelt anblickte, als wolle er mir stumm sagen: »Siehst du es? Siehst du, was mit mir passiert?« Ich dachte bei mir, dass der Tag kommen würde, an dem ich meine Mutter bitten müsste, meinen Vater loszulassen, ihn gehen zu lassen. Sein stetig größer werdendes Leid mit anzusehen, wurde für mich immer unerträglicher. Er hatte mittlerweile überall Schmerzen, konnte kaum atmen und spuckte ständig Schleim. Er bat mich mit schwacher Stimme, ob ich ihm helfen könne, sich im Bett ein wenig höher zu legen, damit er besser atmen könne. Ich umfasste seinen Oberkörper und versuchte, ihn zu bewegen. Es ging nicht. Er war viel zu schwer für mich. Ich bat ihn, seine Arme um mich zu legen, dass schaffte er jedoch nicht mehr. Sie rutschten vollkommen schlaff von meinem Rücken ab. Ich packte ihn mit aller Kraft und zerrte an seinem Körper. Plötzlich mussten wir beide lachen, weil die Situation so grotesk war. Wir waren beide komplett verschwitzt und nach drei weiteren Versuchen hatte ich das Gefühl, wir seien ein Stückchen weitergekommen. Ich richtete mich auf, um mein Werk zu betrachten. Mein Vater lag ungefähr zwei Zentimeter höher. Er bedankte sich und wieder mussten wir beide furchtbar lachen.

In den nächsten Tagen sprach meine Mutter kaum noch, während ich meinen Vater besuchte. Sie blickte mich hoffnungsvoll an, als ob ich etwas verändern konnte. Das versuchte ich natürlich jedes Mal unermüdlich. Als meinem Vater dann jedoch auch noch ein Zugang am Hals gelegt wurde, weil die

Venen in seinen Armen schon so zerstochen waren, brach ich innerlich fast zusammen. Er sah für mich inzwischen derart unmenschlich aus, fast wie eine Art Frankensteinwesen, das künstlich belebt wurde. Ich sah in den Augen meines Vaters, dass er unermesslich unter dieser Hilflosigkeit und vor allem unter der Würdelosigkeit litt. Er wollte so nicht leben. Das war für mich offensichtlich. An diesem Tag fühlte ich mich selber sehr schwach und erschöpft, ich hatte furchtbare Angst, ihm nicht genug Energie geben zu können. Ich wusste nicht, was ich ihm noch erzählen sollte. Als ich ihm meine Sprachlosigkeit mitteilte, sagte er nur: »Ach, das macht ja nichts. Du musst mir ja auch gar nichts erzählen.« Das brach mir fast das Herz. Wieder hielt ich stundenlang seine Hand. Als ich mich verabschiedete, sahen wir uns durch den immer schmaler werdenden Türspalt hoffnungsvoll in die Augen. Dieses Mal war es, als wolle mich mein Vater überhaupt nicht gehen lassen, immer wieder vergrößerte ich den Türspalt, um ihn noch einmal anzulächeln und besser sehen zu können. Als ich dann schließlich die Tür ganz langsam geschlossen hatte, wusste ich, dass er immer noch auf die Tür sah – mit diesem liebevollen Lächeln im Gesicht. Ich zwang mich zu gehen.

Am Abend rief ich meine Mutter an, um zu fragen, wie es meinem Vater ginge. Sie sagte, dass sich sein Zustand wieder verschlechtert, er furchtbare Herz- und Atemprobleme und schrecklich geweint hatte. Auch sie hatte geweint und ihn angefleht, bei ihr zu bleiben. Mein Vater hatte in seiner unnachahmlich trockenen Art geantwortet: »Ich geb' mir alle Mühe!« Ich musste lachen und weinen zugleich und bat meine Mutter, mich sofort anzurufen, wenn es etwas Neues gäbe.

In dieser Nacht erreichte mein Schmerz über das unerträgliche Leid meines Vaters den absoluten Höhepunkt und ich betete zu Gott. Ich bete immer in absoluten Notsituationen zu Gott, wenn ich mich vollkommen machtlos fühle. Dabei habe ich große Schuldgefühle, weil ich eben nur bei Katastrophen an Gott glaube, und ich entschuldige mich auch stets ausführlich dafür, dass ich mich so lange nicht gemeldet habe.

Ich betete inbrünstig, Gott möge meinen Vater erlösen, Erbarmen haben und ihn von seinen Qualen befreien. Am nächsten Morgen klingelte mein Handy und mein Vater war dran. Seine Stimme klang völlig verändert, sie war ungewohnt kräftig. Er sagte, er habe sich gerade rasieren und kämmen lassen und fühle sich heute viel besser. Er klang fröhlich, erzählte jedoch, dass er eine grauenvolle Nacht hinter sich hatte. Dann nannte er mich auf einmal *mein Spätzchen*. Ich hatte diesen Kosenamen seit meiner Kindheit nicht mehr von ihm gehört und wunderte mich darüber. Wir schmiedeten Pläne, wie ich ihn aus dem Krankenhaus entführen und befreien würde, darüber, was wir zu Hause für leckere Sachen essen könnten und wie schön es für ihn sein würde, endlich wieder zu Hause zu sein. Nach einer Weile meinte er, er sei nun ein wenig müde, weil er in der Nacht überhaupt nicht geschlafen hatte. Ich sagte, er solle doch ein Nickerchen machen und ich würde ihn dann am Nachmittag besuchen kommen. Kurz bevor ich mich auf den Weg zum Krankenhaus machen wollte, rief mich meine Mutter an. Ich stand gerade auf meinem Balkon mit Blick auf die schönen alten Villen und den Wald beim Lainzer Tiergarten. Ich dachte, sie wollte mir mitteilen, wann ich kommen konnte. »Hallo Grischi«, sagte sie nur, dann kam eine Pause. »Der Papi ist gerade gestorben.« Es klang so, als könne sie es selber kaum glauben. Eine eiserne Platte in mir schnellte mit einem ohrenbetäubenden Knall herunter. Ich sagte: »Oh Gott – ich komme sofort! Ich bin gleich bei dir!« Ab diesem Zeitpunkt dachte ich nur noch daran, dass ich meine Mutter retten musste.

Die Fahrt zum Krankenhaus dauerte für mich eine gefühlte Ewigkeit. Immer wieder bekam ich keine Luft, etwas ganz Schweres schien auf meinen Brustkorb zu drücken. Ich öffnete das Autofenster und hielt meinen Kopf hinaus. Es wurde nicht besser und ich geriet innerlich in Panik, ich hatte das Gefühl, ersticken zu müssen. Mein Sohn befand sich ebenfalls im Auto und ich versuchte, mir nichts anmerken zu lassen. Im Krankenhaus angekommen, bat ich meinen Mann, sich mit meinem Sohn im Gang auf die Stühle zu setzen und zu warten. Ich wollte nicht, dass mein Sohn meinen toten Vater sah, ich wusste ja nicht einmal selber, was mich erwartete. Ich öffnete die Tür zum Zimmer. Meine Mutter stand über meinen Vater gebeugt am Bett. Sie stürzte auf mich zu und wir umarmten uns. Sie fing furchtbar an zu weinen und schluchzte immer wieder laut »Oh Gott!«, während ich sie in meinen Armen hielt. Ich betrachtete den Leichnam meines Vaters. Er lag mit seitlich gedrehtem Kopf im Bett. Sein geöffneter Mund war blutverschmiert, auch die Decke war blutig. Er sah aus, als wäre er in einer Schlacht ums Leben gekommen. Ich war zutiefst erschrocken. Meine Mutter berichtete mir nun mehrmals hintereinander bis ins kleinste Detail, was sich zugetragen hatte, als müsse sie eine Szene so oft hin- und herspulen, bis sie sie bewältigt oder begriffen hätte. Mein Vater sei am Morgen sehr fröhlich gewesen. Er verlangte, dass man ihn schön machte, dann legte er sich wieder auf seine Kissen zurück und strahlte. Plötzlich sagte er etwas zu meiner Mutter, was sie nicht verstehen konnte, griff sich auf den Brustkorb und konnte sich nicht mehr artikulieren. Sie hielt ihn im Arm und fragte, ob er Schmerzen habe. »Nein«, sagte er, »keine Schmerzen.« Dann quoll plötzlich ein nicht enden wollender Schwall schwarzen Blutes aus seinem Mund. Der Arzt war auch anwesend, und sie flehte ihn an, etwas zu machen. Dabei hielt sie die ganze Zeit meinen Vater im Arm. Mein Vater lächelte, wirkte sehr entspannt und sagte so etwas wie »Jetzt ist es gut«. Dann fiel sein Kopf zur Seite und er schlief ganz friedlich in ihrem Arm ein. Sie dachte, mein Vater würde schlafen, und hielt ihn ganz lange so im Arm, bis der Arzt ihr auf die Schulter klopfte und ihr deutete, dass mein Vater tot ist.

Wieder umarmte ich meine Mutter ganz fest. Dann ging ich zum Bett meines Vaters. Ich nahm seine Hand. Sie war noch ganz warm. Vorsichtig streichelte ich über seine Wange, auch sie war warm. Ich küsste ihn auf die Stirn. Sein Gesicht hatte einen ganz entspannten Ausdruck, ganz so, als ob er schliefe. Nur die Reste des Blutes erinnerten mich daran, dass er definitiv nicht schlief. Ich setzte mich neben ihn. Die Schwestern sagten, sie müssten meinen Vater herrichten und danach dürften wir noch drei Stunden bei ihm bleiben, bis der Totenbeschauer kommen würde. Sie fragten, ob uns das reichen würde. Meine Mutter und ich wussten überhaupt nicht, was wir darauf antworten sollten. Reichen? Wofür? Im Angesicht des Todes und der Unfähigkeit, ihn zu begreifen, wirkt jede Zeitangabe vollkommen absurd. Wir wurden hinausgeschickt. Ich ging voran. Auf dem Gang stand mein Sohn. Er war vollkommen verstört und verängstigt. Ich nahm ihn fest in meinen Arm und fühlte mich schuldig, weil ich ihn so lange allein gelassen hatte.

Wir wurden in eine Art Aufenthaltszimmer geschickt. Dort erklärte man uns, was als Nächstes passieren würde, und fragte uns, ob wir Bescheid wüssten, was bei Todesfällen alles zu tun sei. Wir verneinten. Man sagte uns, dass mein Vater, nachdem der Totenbeschauer den Totenschein ausgestellt hat, im Keller des Krankenhauses kühl gestellt wird, bis klar ist, wo er beerdigt werden soll. Meine Mutter wurde aufgefordert, am nächsten Tag einen Anzug für ihn zu bringen. Ich schickte meinen Mann mit meinem Sohn spazieren und ging mit meiner Mutter an der Hand wieder zum Krankenzimmer meines Vaters. Als ich die Tür öffnete, erschrak ich. Man hatte sein Gesicht geglättet, ihm einen lächelnden Ausdruck verliehen und den Mund geschlossen. Es wirkte vollkommen artifiziell. Ich wünschte, sie hätten ihn so gelassen, wie er vorher ausgesehen hatte. Nun lag er aufgebettet in weißen Laken, die Hände über dem Bauch gefaltet, eine rote Blume lag darüber, die ich überhaupt nicht schön fand. Daher fragte ich meine Mutter, ob ich sie gegen eine von den Sonnenblumen, die ich ihm geschenkt hatte, austauschen dürfe. Sie nickte. Ich fragte, ob sie nicht auch fände, dass mein Vater jetzt so künstlich aussehe. »Ich finde, Papi sieht sehr schön aus«, sagte sie nur und wiederholte das auch immer wieder.

Wir nahmen beide rechts und links von ihm Platz. Ich ärgerte mich, dass man seine Hände gefaltet hatte und ich seine Hand nicht mehr halten konnte. Also legte ich meine Hand auf seinen Unterarm. Meine Mutter tat dasselbe. Ich musste ihn unentwegt ansehen. Ich versuchte, den Tod zu begreifen. Nach einer Weile wollte ich wissen, ob mein Vater noch wie mein Vater roch und schnüffelte an seinem Haar. Es roch nach meinem Vater. Wieder streichelte ich seine Wange. Sie fühlte sich schon relativ kühl, aber immer noch lebendig an. Ich wollte alles erfühlen, ertasten, ihn mit meinen Augen ganz erfassen. Ich schob meine Hand unter das Laken und berührte seinen Bauch. Der Bauch war noch ganz warm. Seine Füße waren schneeweiß und kalt. Man hatte ein Schild an seine rechte, große Zehe gehängt. Das fand ich grauenhaft. Ich hätte es am liebsten abgerissen. Es wirkte wie ein unnötiges Etikett.

Meine Mutter sah mich immer wieder an. Sie wirkte so zerbrechlich, so fassungslos und gleichzeitig so gefasst, beinahe wie in Trance. Ich machte mir große Sorgen um sie, fragte mich, wo ich sie bei mir zu Hause hinlegen konnte, wie der restliche Abend und die Nacht verlaufen würden. Ich fühlte ganz stark, dass ich sie keinen Moment alleine lassen durfte. Dann konzentrierte ich mich wieder auf meinen Vater. Sein Gesichtsausdruck hatte sich ein wenig verändert, war etwas abgerutscht. Ich legte meine Hand auf die Stirn meines Vaters. Kühl. Er fühlte sich nicht tot an, fand ich. Manchmal glaubte ich während der drei Stunden, mein Vater hätte gezuckt, sich ein klitzekleines Bisschen bewegt. Auch hörte ich ab und zu Geräusche aus seinem Bauch. Meine Mutter streichelte und berührte ihn ebenso in einem fort. Immer wieder stand sie auf, beugte sich über ihn und sprach zu ihm, küsste ihn auf die Stirn, die Augenlider, den Mund. Sie holte ihr iPad und begann, ihn zu fotografieren. Mit Tränen in den Augen bat sie mich, sie gemeinsam mit meinem Vater zu fotografieren. Es kam mir merkwürdig und unpassend vor, aber ich wagte nicht, ihr diesen Wunsch zu versagen. Ich empfand es als falsch, einen Toten zu fotografieren, fast so, als würde man ihn damit stören – ihn und den Tod stören. Ich machte ein paar Fotos und gab ihr das iPad zurück. Sie lächelte traurig und sagte, sie wolle auch mich mit meinem Vater fotografieren. Das kam mir noch unrichtiger vor, aber ich wollte meine Mutter nicht noch trauriger machen. Also antwortete ich völlig absurd: »Gut, aber ich möchte auf dem Foto nicht lächeln.« Was für ein grotesker Dialog, dachte ich, wie in einem Woody-Allen-Film! Ich rückte näher zu meinem Vater und legte behutsam meinen Arm um seinen Kopf. Dabei roch ich schnell wieder an seinem Haar. Es roch immer noch nach meinem Vater. Meine Mutter machte ein Foto, dann sagte sie, ich solle noch näher zu seinem Gesicht rücken. Tränen liefen ihr über die Wangen, als sie fotografierte. Ich nahm ihre Hand. Ich zwang mich die ganze Zeit über, nicht zu weinen, für meine Mutter stark zu sein.

Wieder schwiegen wir lange und betrachteten meinen Vater. Sein Körper kühlte immer mehr aus. Je länger ich ihn betrachtete, umso fremder wurde er mir. Die Hautfarbe veränderte sich mehr und mehr, sie wurde fast wächsern. Das Leben schien schleichend aus seinem Körper zu weichen. Es gab einen Moment, in dem ich ganz stark das Gefühl hatte, nun verlasse alles, was ihn ausgemacht hatte, seine Seele oder wie auch immer man es nennen mag, den Körper. Es stieg auf, hing über seinem Leichnam in der Luft. Es war für mich, als ob sich mein Vater nun verteile, in die Atmosphäre aufginge, überall und in allem anwesend wäre. Ich fragte meine Mutter, ob sie das auch so empfinden würde. Sie nickte traurig.

Bald darauf kamen die Schwestern und fragten, ob nun der Totenbeschauer kommen dürfe. Meine Mutter fing an, alles von meinem Vater einzupacken und steckte seinen Ehering über ihren. Er war natürlich viel zu groß. Sie legte seine Uhr an. Ich half ihr mechanisch. Eine Schwester drückte mir seinen zusammengeklappten Rollstuhl in die Hand. Meine Mutter und ich verabschiedeten uns noch einmal von meinem Vater. Für mich war der Körper nun eine Leiche. Ich hatte nicht mehr das Gefühl, dass dort mein Vater lag. Als wir langsam den Krankenhausgang in Richtung Ausgang gingen, wurde mir bewusst, dass ich nie wieder hierher zurückkehren würde, um meinen Vater zu besuchen. Kurz stieg ein Schmerzschwall in mir auf, so stark, dass ich dachte, er würde meinen Brustkorb zersprengen. Ich verlor die Fassung. Meine Mutter begann auch zu weinen, und ich riss mich sofort wieder zusammen. Wir packten alle Sachen in den Kofferraum ihres Wagens, auch den Rollstuhl, der nun so erbärmlich und überflüssig wirkte. Dann fuhren wir zu meiner neuen Wohnung, wo mein Mann und mein Sohn warteten. Es war eine merkwürdig ange-spannte und zugleich erschöpfte Atmosphäre. Ich fragte meine Mutter, ob sie etwas essen wolle. Wir holten uns etwas vom Asiaten und ich war ungemein beruhigt, dass sie Appetit hatte. Ich wollte, dass sie bei uns übernachtete, aber sie sagte, sie sei sehr müde und wolle nach Hause, sie käme schon klar.

Ich konnte die ganze Nacht nicht schlafen, weil ich mir solche Sorgen um meine Mutter machte. Die grauenvollen Bilder vom Sterben meines Vaters verfolgten mich, als wäre ich selber dabei gewesen. Plötzlich stieg eine entsetzliche Todesangst in mir auf. Groteskerweise hatte ich erst vor Kurzem ein Buch von Irvin Yalom über die Angst vor dem Sterben gelesen, in dem er beschrieb, dass die meisten Menschen im Todes-moment eines Elternteils schlagartig von Todesangst befallen werden, weil sie in der natürlichen Lebenslinie nun die Nächs-ten sind, die sterben. Damals beim Lesen fand ich das merkwürdig und konnte es überhaupt nicht nachvollziehen. Nun lag ich mit klopfendem Herzen und mit grauenhafter Angst im Bauch in meinem Bett, hörte in mich hinein und fragte mich, ob ich nicht vielleicht schon längst eine schleichende tödliche Krankheit im Körper hatte. Meine Krebsphobie erwachte mit aller Vehemenz. Auch fragte ich mich, ob meine Herzanomalie nicht vielleicht doch lebensgefährlich sei. Ich stand auf und machte mir eine lange Liste von Ärzten, die ich alle am nächsten Morgen anrufen wollte, um mir Untersuchungstermine auszumachen. Ich wusste nicht einmal, woran genau mein Vater gestorben war. Keiner der Ärzte hatte nach seinem Tod mit uns gesprochen, ganz so, als wären wir Aussätzige, als wäre der Tod meines Vaters ein unangenehmer Fehler gewesen, der nicht hätte passieren dürfen und an den sich deshalb niemand erinnern wollte. Im Totenschein stand später Herzstillstand an allererster Stelle. Anzunehmen, dachte ich bei mir.

Am nächsten Tag fuhr ich mit meiner Mutter zum Krankenhaus, um den Totenanzug dorthin zu bringen. Meine Mutter hatte sich für seinen Smoking entschieden. Mit einer großen Tüte marschierten wir in das Krankenhaus hinein, um gleich wieder hinauszugehen. Mein Vater sei bereits überstellt worden, hieß es. Er würde auf den Simmeringer Zentralfriedhof kommen und in einem Ehrengrab beigesetzt werden, wir sollten in den achten Bezirk fahren und den Anzug beim dortigen Bestattungsunternehmen abgeben.

Die Fahrt dorthin gestaltete sich zu einer nervlichen Herausforderung. Meine Mutter bestand darauf, sich auf ihr Navi zu verlassen, das uns konsequent im Kreis herumschickte. Ich erklärte ihr immer wieder, dass ich den Weg wusste. Sie gab die Adresse erneut in ihr Navi ein. Es war ein sehr heißer Tag und ich dachte bei mir, dass das in den nächsten Jahren ja noch heiter werden konnte. Meine Mutter konnte überaus stur sein. Nach über einer Stunde des Kreisens schlug ich schweißgebadet vor, doch einfach das Auto bei der nächsten Möglichkeit zu parken und zu Fuß zu gehen. Meine Mutter willigte ein. Sie hatte Kreislaufprobleme und furchtbaren Durst. Ich schlug vor, im nächstbesten Lokal für sie etwas zu trinken und vor allem zu essen zu bestellen. Sie nickte matt. Nach einer weiteren Stunde trotteten wir zum Bestattungsunternehmen und wurden dort von einem jungen Herrn empfangen, der sichtlich keine Ahnung davon hatte, wer mein Vater war und wo er sich nun befand. Er meinte offensichtlich, dass man trauernden Angehörigen mit einer gehörigen Portion Spaß und guter Laune entgegenzutreten habe. Meine Mutter und ich empfanden das gar nicht so und wurden nach und nach immer verzweifelter und wütender. Der Mann forderte uns auf, den Anzug dazulassen, er würde dann schon irgendwie zu meinem Vater kommen. Ich fragte besorgt, wo denn mein Vater nun sei. »Das kann ich Ihnen leider im Moment nicht sagen, da muss ich jetzt erst einmal selber recherchieren«, erwiderte er fast übermütig. Vollkommen verunsichert verließen wir schließlich diesen Ort. Ich sagte zu meiner Mutter, sie solle Karin Bergmann anrufen. Sie strahlte für mich die notwendige Souveränität aus, mit allen Problemen zurechtzukommen. So war es auch. Die nächsten Schritte gewannen immer klarere Konturen. Der Leiter der Wiener Bestattung würde sich persönlich um alles kümmern. Auch er vermittelte einem das Gefühl, man könne sich ganz in seine Hände begeben und sei dort bestens aufgehoben. Durch unsere intensive Zusammenarbeit entwickelte ich spätestens nach dem Tod meiner Mutter geradezu freundschaftliche Gefühle und tiefe Dankbarkeit ihm gegenüber.

Es hieß, mein Vater solle erst im September beerdigt werden, damit auch alle da seien und er gebührend geehrt werden könne. Daher würde sein Körper einbalsamiert und den Sommer hindurch in einer Art Kühlhaus gelagert werden. Ich fand diesen Gedanken wirklich grauenvoll und war froh, dass ich im Krankenhaus Zeit gehabt hatte, mich alleine von ihm zu verabschieden. Mein Vater war ein Mensch, der Kälte gehasst und im Winter immer die Heizung so warm aufgedreht hatte, dass er bequem ein T-Shirt hatte tragen können, ohne zu frieren. Die Vorstellung, er läge nun über Wochen in einem Kühlhaus, war für mich nahezu unerträglich. Noch dazu ohne Schuhe! Man hatte uns erklärt, Schuhe seien nicht notwendig, die Toten würden in Socken beerdigt.

In den nächsten Wochen und Monaten verbrachte ich jeden Tag mit meiner Mutter. Ich versuchte, ihr beizustehen und Dinge mit ihr zu unternehmen, die ihr guttaten und ihren Lebensmut wieder ankurbeln sollten. So besuchten wir etwa gemeinsam mit meinem Sohn das Schmetterlingshaus, einen meiner Lieblingsorte in Wien. Zugegebenermaßen war es dort so feucht-heiß wie in einem Dampfbad, jedoch die atemberaubend schönen Blumen, die berauschend dufteten, und die Schmetterlinge in allen Farben und Größen, die eine Zartheit und Grazie ausstrahlten, als könnten sie zwischen den Welten hin- und herfliegen wie kleine Boten zwischen der Welt der Toten und der Lebenden, als könnten sie Zeichen und Nachrichten transportieren, bezauberten mich immer wieder von Neuem. An diesem Ort blühte auch meine Mutter für eine kurze Zeit auf. Kaum waren wir jedoch wieder draußen, übermannte sie der Schmerz, dies nicht mehr mit meinem Vater teilen zu können. Ich war stets voll der Hoffnung, beinahe besessen davon, sie nachhaltig zu einem Gefühl der Lebensfreude verführen zu können, und ließ nicht locker.

Ein anderes Mal gingen wir in eine Miró-Ausstellung, wieder zusammen mit meinem Sohn. Meine Mutter war berauscht von den Formen und Farben Mirós, vom Aberwitz seiner Fantasie. Auch mein Sohn ließ sich von der Lebendigkeit der Arbeiten begeistern. Es war nicht immer ganz einfach, die Interessen eines Siebenjährigen und die seiner trauernden Großmutter unter einen Hut zu bringen ... In ihrer Eigensinnigkeit standen sie einander in nichts nach, und ich hatte meistens das Gefühl, zwei hochexplosive Kinder gleichzeitig glücklich machen zu wollen. Im Rahmen der Ausstellung gab es etwa einen Vorführraum, in dem eine fantastische Dokumentation über Miró gezeigt wurde. Mein Mutter wollte sie unbedingt sehen, mein Sohn nicht. Drama. Nach geschlagener Schlacht wollte mein Sohn unbedingt ausführlich den Museumsshop besuchen, meine Mutter jedoch nicht. Drama. Schließlich wollte sie ihm etwas schenken, was ihm nicht gefiel. Drama zum Dritten. Ich sah auf die Uhr und stellte mit Enttäuschung fest, dass es erst 15 Uhr, also definitiv zu früh für ein Glas Prosecco war. Ich zog beide weiter in die unteren Räume der Albertina zur Sammlung Batliner. Wir waren dort nahezu allein und ein Raum war verhältnismäßig dunkel, nur in der Mitte stand eine zarte Skulptur von Giacometti. Ich liebe Giacometti-Figuren, und auch meine Eltern mochten sein Werk außerordentlich gerne. Einen Moment dachte ich bei mir, dass das eine gelungene Überraschung war, und führte Großmutter und Enkel feierlich zu der Skulptur. Meine Mutter betrachtete die Figur sehr lange, dann war es, als würden ihr Gesicht, ihr Kopf, ihr gesamter Körper gleich einer zerrinnenden Dalí-Uhr auf den Boden hinunterschmelzen. Ein derartiger Schmerz überkam sie, dass sie regelrecht zusammensank und so bitterlich weinte, dass ich für einen Moment meine ganze Hoffnung verlor, sie je wieder da herausziehen zu können. Erstmals sah ich, wie durchdrungen meine Mutter von dem Schmerz des Verlusts war, und zwar bis in jede Faser ihres Körpers, wie es schien. Ich habe noch nie eine solche Verzweiflung bei einem Menschen gespürt. Mein Sohn wurde leichenblass und hockte sich neben sie auf den Boden. Ich wusste einen Moment lang nicht, wen ich zuerst trösten sollte. Schließlich kniete ich mich zwischen beide, nahm meinen Sohn an der Hand und drückte meine Mutter fest an meinen Körper. Sie umklammerte mich mit tief gesenktem Kopf, drückte ihre Stirn gegen mein Brustbein und atmete schwer. Ich streichelte über ihren Rücken und sah, dass die Unterlippe meines Sohnes zu zittern begann. Einen Moment lang war ich unglaublich wütend auf meine Mutter, dass sie sich vor meinem Kind nicht zusammennehmen konnte, es so verschreckte. Ich ließ sie los und nahm meinen Sohn auf den Arm. Dann zog ich meine Mutter an der Hand nach oben, streichelte ihren Oberarm und versuchte sie zu beruhigen. Den linken Arm um meine Mutter gelegt und auf dem rechten meinen Sohn stemmend, verließen wir die einsame Giacometti-Figur.

Es gab durchaus auch erfolgreichere, heitere Tage mit meiner Mutter, an denen sie uns zu sich nach Hause einlud, in ihren von André Heller inspirierten Garten zum Schwimmen im Pool. Es bereitete ihr große Freude, mit meinem Sohn zusammen zu schwimmen und ihn mit Leckereien und kleinen Geschenken zu verwöhnen. Auch begann sie, nach und nach wieder Pläne für die Zukunft zu schmieden. Sie erklärte mir, sie wolle das Haus noch weitere fünfzehn Jahre mieten. Ich gab zu bedenken, dass das Haus sehr viele Treppen habe und sie dann schon 85 Jahre alt und vielleicht nicht mehr so gut zu Fuß sein würde. Dieser Gedanke brachte sie vollkommen aus der Fassung. Mir wurde in der Sekunde bewusst, dass ich ein Minenfeld betreten hatte, aber es gab kein Zurück mehr. Mir wurde schlagartig klar, dass sich meine Eltern wohl nie mit dem Thema Alter, geschweige denn Sterben auseinandergesetzt hatten. Im Gegenteil. Sie hatten allein den Gedanken daran gemieden wie die Pest. Da ich es aber ausgesprochen wichtig fand, sich mit dem Tod auseinanderzusetzen, weil er schließlich ein Teil des Lebens ist, den man akzeptieren muss, versuchte ich, meine Mutter in einem Gespräch darüber wieder etwas zu beruhigen. Wie meistens bei Konflikten zog sie sich zurück und ging weg. Ich dachte, sie wäre ins Schlafzimmer gegangen. Mein Sohn und ich spielten noch eine Weile im Wasser, dann machten wir uns auf den Weg zum Schlafzimmer, weil wir langsam gehen mussten. Das Schlafzimmer war leer. Ich rief nach meiner Mutter. Keine Antwort. Das war nicht so ungewöhnlich, weil sich meine Mutter auch manchmal versteckte, wenn sie sehr wütend war. Also durchsuchten wir äußerst gewissenhaft das ganze Haus, jede der fünf Ebenen. Ein Bühnenbildner hatte auf Wunsch meiner Eltern jedes Zimmer in einer anderen Farbe gestrichen, manchmal war auch nur eine Wand farbig. Meine Mutter hatte jedes Zimmer in einem anderen Stil gestaltet. Die Räume wirkten beinahe wie verschiedene Installationen, teils asiatisch, teils kolonialistisch anmutend, dann wieder kühl und modern. Das Haus war menschenleer. Wir suchten im Garten weiter. Schließlich sah ich in der Einfahrt nach, ob ihr Auto noch da war. Die Einfahrt war leer. Mir wurde schlecht vor Angst. Vor meinem inneren Auge sah ich sie in ihrem aufgewühlten Zustand auf die Autobahn rasen und die Kontrolle über das Fahrzeug verlieren, vielleicht sogar absichtlich gegen eine Betonwand steuern. Mein Sohn spürte meine aufsteigende Nervosität, ich versuchte, so ruhig wie möglich zu wirken. Schließlich brachte ich meinen Sohn nach Hause zu meinem Mann und fuhr los auf die Autobahn Richtung Graz. Nach etwa fünf Minuten wurde mir die Sinnlosigkeit dieses Unterfangens bewusst und ich fuhr wieder ab. In meinem Kopf hämmerte es. Ich fuhr rechts heran und überlegte fieberhaft, ob ich die Polizei anrufen sollte oder Krankenhäuser oder ob ich noch einmal die Gegend rund um das Haus meiner Eltern abklappern sollte. Nichts schien Sinn zu machen. Die Angst und unbeschreibliche Schuldgefühle sprengten fast meine Schädeldecke. Ich fuhr schließlich nach Hause und verbrachte die nächsten drei Stunden damit, auf mein Handy zu starren. Endlich klingelte es. Es war nicht die Polizei, sondern meine Mutter. Ihre Stimme klang sehr müde. Sie sagte, sie sei mit dem Auto zum Tulbinger Kogel gefahren und habe sich dort auf die Bank gesetzt, auf der sie immer mit meinem Vater gesessen hatte, wenn sie beide sehr verzweifelt gewesen waren. Erst hatten sie dort oben immer gut gegessen und sich dann auf die Bank gesetzt und versucht, wieder Mut zu fassen. Atemlos fragte ich sie, warum sie denn einfach verschwunden sei, und sie bestätigte meinen Verdacht. Ich hatte den Gedanken an das Altern in den Raum gestellt, und das hatte sie belastet. Sie sagte, mein Vater und sie hätten immer das Gefühl gehabt, noch ganz jung zu sein, und darum habe sie meine Bemerkung so schwer getroffen. Leicht resignativ bat ich sie, so etwas nie wieder zu tun, da ich fast wahnsinnig vor Sorge gewesen war. Sie versprach es.

Eine ihrer Hauptbeschäftigungen bestand darin, alle Nachrufe über meinen Vater auszuschneiden und in ein großes Album zu kleben. Die Qualität der Nachrufe hatte eine große Bedeutung für sie, beinahe als ob es sich dabei um Kritiken über meinen Vater handelte, nur wurde dieses Mal nicht eine Arbeit, sondern sein gesamtes Lebenswerk bewertet. Auch die Kondolenzschreiben klebte sie ins Album, zum Teil versah sie sie mit Anmerkungen. Täglich schien sie sich einer neuen Ecke im Haus zu widmen und sie zu verschönern, als würde mein Vater noch leben und sie ihm eine Freude machen wollen.

Auch beschäftigte sie sich intensiv mit den Vorbereitungen der Trauerfeier und Beerdigung meines Vaters. Dabei ging es vor allem darum, wer alles im Burgtheater eine Rede halten durfte, wer am Grab etwas vortragen sollte, und so weiter. Mir begann diese ganze Beerdigungszeremonie wie ein riesiger Betonklotz im Magen zu liegen. Ich hätte mich gerne in aller Stille von meinem Vater verabschiedet, ein sehr persönliches Ritual abgehalten, ohne dabei von so vielen Menschen, die mir großteils vollkommen fremd waren, umgeben zu sein. Gleichzeitig wurde mir sehr schmerzhaft bewusst, dass mein Vater eine öffentliche Person gewesen war und die Familie den öffentlichen Bedürfnissen Folge zu tragen hatte.

Parallel dazu erreichte die Beziehung mit meinem Mann einen neuerlichen Tiefpunkt. Das deprimierte mich unglaublich, weil wir erst kurz bevor mein Vater ins Krankenhaus gekommen war, in eine wunderschöne Wohnung in idyllischer Lage umgezogen waren. Sie lag ganz in der Nähe der Schule meines Sohnes in Ober St. Veit. Ich hatte noch einmal die große Hoffnung gehegt, dass die schöne Umgebung und das herzliche Umfeld der Waldorfschule meinen Mann wieder zugänglicher und fröhlicher machen würden, aber der emotionale Grand Canyon zwischen uns schien nur noch tiefer geworden zu sein. Ich hatte keine Kapazität, mich mit dieser Beziehungsbaustelle auch noch zu befassen, schloss die Augen, biss die Zähne zusammen und beschloss, mich um diese chronisch entzündete Wunde zu kümmern, wenn ich wieder mehr Kraft hätte.

Vier Tage vor der Trauerfeier für meinen Vater wurde meine Mutter davon in Kenntnis gesetzt, dass die Versicherung der Fernsehproduktion, während der mein Vater gestorben war, eine Regressforderung in der Höhe von einer knappen halben Million stellte. Das versetzte uns beide in einen schockartigen Zustand. Wir beschlossen, uns dem Kampf gegen diese Katastrophe erst nach der Beerdigung zu widmen, da man selbst bei Katastrophen, wenn sie gehäuft auftraten, Prioritäten setzen musste.

Ich hatte für die Trauerfeier eine Babysitterin für meinen Sohn organisiert, weil ich ihm die Prozedur im Burgtheater ersparen wollte. Daher war die Feier in emotionaler Hinsicht die erste Gelegenheit, bei der ich das Gefühl hatte, zumindest kurz einmal weinen zu können und mich nicht zusammenreißen zu müssen. Nicht in meinen kühnsten Träumen hätte ich mir vorstellen können, was mich in der Realität erwartete. Bevor wir uns zu der Trauerzeremonie begaben, wurden wir noch von Karin Bergmann in ihrem Büro empfangen, dort befanden sich auch Thomas Ostermeier und weitere Schaubühnenkollegen meines Vaters. Es herrschte eine angespannte

Atmosphäre wie vor einer Premiere. Wir tranken ein Glas Wasser. Dann fragte Karin traurig, ob wir bereit seien. Wir nickten. Als wir vor dem feierlich geschmückten Eingang eintrafen, brannten dort rechts und links riesige Feuer und laute Trommelmusik ertönte. Draußen standen bereits viele Menschen. Wir stiegen langsam die Treppe empor. Ich ging voran und erblickte plötzlich am oberen Ende der Treppe den mit prunkvollen Blumengestecken dekorierten Sarg meines Vaters. Dieser Anblick versetzte mir einen solchen Stich ins Herz, dass mir beinahe der Boden unter den Füßen wegglitt. Ich begann zu zittern und glaubte für einen Moment, ich würde ohnmächtig werden. Meine Mutter und ich setzten uns nebeneinander auf die angewiesenen Stühle. Ich hob kurz den Blick und sah mich endlos langen Reihen von Menschen gegenübersitzen. Auch hinter uns saßen viele Menschen, die ich teilweise natürlich kannte, aber es war keine Zeit, sie wirklich wahrzunehmen. Ich war wie gelähmt vor Schmerz und Angst, fühlte mich vollkommen überfordert und in die Ecke gedrängt wie ein schwer verwundetes Tier, das sich am liebsten in eine dunkle, stille Höhle zurückgezogen hätte.

Ab und zu schüttelte jemand unsere Hände oder umarmte uns. Ich konnte kaum wahrnehmen, wer das war, geschweige denn, was er gesagt hatte. Ich nahm ganz fest die Hand meiner Mutter, weil ich spürte, dass auch sie vollkommen in sich zusammensank. Das Gefühl, in so einem Moment der absoluten Verwundbarkeit dermaßen exponiert zu sein, den Blicken von so vielen fremden Menschen ausgeliefert zu sein, war nahezu unerträglich. Mein Brustkorb schnürte sich zusammen und ich bekam kaum noch Luft. Ich glaube, meine Mutter hatte auch zumeist ihren Blick gesenkt – aus Selbstschutz. Die Reden begannen. Ich war sehr gerührt von den Worten Luc Bondys. Schließlich mussten wir aufstehen, der Sarg wurde von den Sargträgern angehoben und langsam die Treppe hinuntergetragen. Ein Träger stolperte leicht, und der Sarg wankte für einen Moment gefährlich. Mein Herz blieb fast stehen. Dann sollten meine Mutter und ich langsam hinter dem Sarg hergehen. Unten angekommen, schlug mir grelles Licht entgegen, draußen war ein heißer Spätsommertag. Je näher wir dem Ausgang kamen, umso bedrückender wurde das Gefühl, dass wir uns nun in eine riesige Menge von Menschen bewegen würden, die uns alle anstarrten. Meine Mutter und ich nahmen uns noch fester an den Händen und gingen weiter hinaus in die blendende Helligkeit und Hitze, die auch von der Masse der Menschen widerstrahlte. Der Sarg mit meinem Vater wurde in ein Auto geschoben. Ich war überrascht, weil ich gedacht hatte, er würde in einer Kutsche ums Theater herumgefahren werden. Das Auto hatte Startschwierigkeiten und wir atmeten eine riesige Abgaswolke ein. Der folgende Marsch hinter dem fahrenden Sarg meines Vaters um das gesamte Burgtheater herum in der sengenden Sonne, die Auspuffabgase einatmend, immer wieder stockend, weil der Wagen plötzlich stehen blieb, von Blitzlichtern und Kameras verfolgt, dem Raunen der Menschen umgeben, fühlte sich wie der längste und beschwerlichste Gang meines bisherigen Lebens an. Als wir endlich am Ausgangspunkt wieder angekommen waren, sah ich meinen Sohn in der Menge stehen und rannte zu ihm. Er war vollkommen eingeschüchtert und wir stiegen schnell in ein bereitgestelltes Auto, das uns zum Zentralfriedhof bringen sollte. Kaum saßen wir im Wagen, zerrte ich meine mitgebrachte Notsalami heraus und aß sie gierig. Ich bin leider ein Mensch, der alle zwei bis drei Stunden etwas Salziges essen muss, egal, wie unpassend die Situation auch ist. Binnen kürzester Zeit roch das gesamte Auto nach Salami und der Fahrer musste sehr lachen, meinte, das sei die merkwürdigste Fahrt, die er je gehabt habe.

Als wir auf dem Zentralfriedhof angekommen waren, sollten wir uns vor das Grab stellen. Ich war überrascht, wie wenige Menschen zum Friedhof gekommen waren. Vor dem Grab zu stehen, fühlte sich merkwürdig ernüchternd an. Ein Musiker und Hermann Beil standen neben dem Grab und spielten beziehungsweise sprachen. Ich nahm all diese Dinge nur noch wie durch einen dicken Nebel wahr. Irgendwann kam der Moment, in dem der Sarg ins Grab hinabgelassen wurde. Meine Mutter taumelte ein paar Schritte vor und war unfähig, sich weiter zu bewegen. Ich wusste erst nicht, ob ich sie lieber alleine lassen sollte, entschied mich dann aber, mich neben sie zu stellen und ihr dabei zu helfen, Rosen zum Sarg hinunterzuwerfen. Ich hatte den Arm um sie gelegt, sie ließ ihren Kopf gegen meinen sinken. Wir sprachen nicht. Es gab ja auch nichts zu sagen. Ihr Schmerz war so stark, dass ich ihn geradezu physisch spürte. Nach einer Weile trat meine Mutter zurück und ich blieb alleine vor dem offenen Grab stehen. Ich wäre so gerne nur fünf Minuten alleine gewesen, so hatte ich das Gefühl, dort nicht zu lange verweilen zu dürfen, weil all die anderen Trauergäste schon warteten. Ich versuchte kurz, mit meinem Vater in Kontakt zu treten, mit ihm zu sprechen, konnte es aber nicht. Ich starrte hinunter auf den Sarg, und es war, als wäre mein Vater gar nicht dort.

Als Nächstes mussten wir uns nebeneinander aufstellen, um die Beileidswünsche entgegenzunehmen. Mein Sohn stand bei mir. Er tat mir so unendlich leid. Hier, auf dem Friedhof, schien alles eine Ewigkeit zu dauern, ganz so, als würde jemand konsequent mit einem Finger die Zeiger der Uhr behindern und verlangsamen. Eine Frau sagte tatsächlich zu meiner Mutter: »Ich habe ja Ihren Mann geliebt!« Meine Mutter zuckte zusammen. Matthias Hartmann umarmte mich und sagte, er habe mit meinem Vater immer Wodka getrunken. Das entsprach sicher nicht der Wahrheit, weil mein Vater nie harte Sachen trank.

Man sollte einmal aufschreiben, was Menschen im Moment des Beileidswunsches alles so von sich geben, wirklich die absurdesten Dinge. Andererseits waren mir die meisten der

214

Kondolierenden ja auch nahezu fremd. Ich halte es für ein fragwürdiges Ritual, Menschen dazu zu zwingen, jemandem, der gerade einen geliebten Menschen verloren hat, etwas Persönliches zu sagen, besonders, wenn er keine enge Beziehung zu ihm hatte. Den wahrhaft intimsten Moment hatte ich mit einer vollkommen fremden Frau, die ich für jemand anderen hielt. Wir umarmten uns inniglich ganz lange und ich dachte bei mir, endlich jemand, der wirklich mit mir fühlt. Kurz darauf fragte mich mein Mann, wer denn diese Dame gewesen sei, und ich bemerkte den Irrtum. Ich implodierte fast. Aber immerhin war es eine zutiefst menschliche Begegnung gewesen, die mir sehr viel gegeben hatte. Ich hörte immer wieder, wie meine Mutter zu Kondolierenden sagte, sie wolle meinem Vater bald nachfolgen. Das verletzte mich. Ich wollte nicht, dass sie mich auch noch alleine ließ.

Der lange Tag endete mit einer Trauerfeier im OFF Theater, der gemeinsamen Wirkungsstätte von meinem Mann und mir. Glücklicherweise waren dort auch noch andere Kinder, und mein Sohn konnte endlich wieder ein bisschen lachen. Immer wieder wurde mir von Menschen nahegelegt, ich müsse mich nun wirklich um meine Mutter kümmern, ich sei ihre einzige Überlebenschance. Das empfand ich als belastend und auch nicht gerade als sehr nett, zumal genau jene Menschen, die das sagten, sich kein einziges Mal selber bei meiner Mutter gemeldet hatten, um sie einmal nach ihrem Befinden zu fragen oder sie einzuladen. Auch später taten sie das nicht.

Als alle gegangen waren, war meine Mutter vollkommen erschöpft und wollte nur noch alleine sein. Ich hätte nicht einmal sagen können, wie es mir ging, weil ich nur damit beschäftigt war, stark zu wirken.

In den nächsten Wochen versuchte meine Mutter verzweifelt, Beweise zu finden, die uns aus der Regressforderung der Versicherung retten würden. Das bedeutete auch eine ständige Auseinandersetzung mit den Krankenakten meines Vaters. Sie schien beinahe wahnsinnig zu werden vor Schmerz und vor Schuldgefühlen, ganz so, als hätte sie ihn retten können. Ich begann auch die Vormittage mit ihr zu verbringen, weil ich spürte, dass sie morgens am depressivsten war.

Meine Mutter und ich hatten bis zum Tod meines Vaters keine wirklich einfache Beziehung gehabt. Plötzlich verbrachte ich so viel Zeit mit ihr wie zuletzt vielleicht in meiner Kindheit. Das war teilweise eine emotionale Gratwanderung, weil mir meine Mutter unendlich leidtat, trotzdem aber noch dieselben Dinge tat und sagte, die mich schon immer provoziert und verletzt hatten. Eines Tages explodierte ich und sagte, sie könne gewisse Dinge einfach nicht mehr machen, weil sie mich in den Irrsinn trieben und wir jetzt ganz alleine wären und miteinander klarkommen müssten. Sie sah mich lange an und nickte schließlich.

Ich habe die letzten vier Monate mit meiner Mutter sehr genossen, weil wir es geschafft haben, einander wieder näherzukommen, einander zu tolerieren und anzuerkennen. Wir führten viele Gespräche über meinen Vater und manchmal war meine Mutter voller Bedauern, dass mein Vater so viel gearbeitet hatte, sich nie geschont und am Ende lieber sterben hatte wollen, als bei ihr zu bleiben. Sie sagte dann immer weinend, dass sie ihn gerne gepflegt und sich so gewünscht hätte, dass er bei ihr geblieben wäre. Ich versuchte ihr klarzumachen, dass mein Vater nicht anders gekonnt hatte, dass das Schauspiel einfach sein Leben gewesen war.

Meine Mutter

Meine Mutter konnte wegen des drohenden Prozesses nie das Erbe antreten. Ich half ihr, wo ich nur konnte, aber da ich selber kaum verdiente, wurde die finanzielle Situation immer prekärer. Es war wirklich ein absoluter Alptraum. Dazwischen versuchten wir irgendwie weiterzumachen. An einem dieser Irrsinnstage telefonierte ich mit meiner Mutter, weil eine neue unfassbare Entwicklung innerhalb der drohenden Regress-Katastrophe stattgefunden hatte. Es war ein heißer Sommertag und ich stand schwitzend auf einer Wiese. Ich war dort mit meinem Sohn und seinem Freund, die gerade immer heftiger miteinander stritten. Am Abend zuvor hatte mein Sohn gedroht, sich mit meinem jemenitischen Dolch zu erstechen, weil ihn etwas gekränkt hatte. Dies saß mir noch in den Knochen, als meine Mutter plötzlich ins Handy schrie, sie werde sich jetzt in die Badewanne setzen und Tabletten nehmen. Mittlerweile prügelten sich mein Sohn und sein Freund und ich versuchte, zugleich meine Mutter zu beruhigen und die Kinder zu trennen. Nachdem ich einen relativ heftigen Stoß in den Bauch von einem der Kinder eingesteckt hatte, brüllte ich meine Mutter an, sie solle sich bei ihrem Selbstmord gefälligst mit meinem Sohn koordinieren, weil mich das sonst organisatorisch überfordern würde.

Bei einem meiner nächsten Besuche teilte sie mir mit, sie habe ihre Diabetesmittel abgesetzt. Ich fragte mich, ob das gut sei, aber da ich daran gewöhnt war, dass meine Mutter eigenmächtig Diagnosen stellte, sich Medikamente verordnete und auch besorgte, war ich eher resignativ und sagte nur traurig: »Aha.«

Der Termin für die Präsentation ihres Buches über meinen Vater, *Gert Voss auf der Bühne*, in Berlin rückte immer näher. Ich hatte ein ganz schlechtes Gefühl dabei und war verzweifelt, weil ich sie bei dieser Reise nicht begleiten konnte. Ich hatte Vorstellungen zu spielen. Zwei Tage bevor sie nach Berlin abreiste, war ihre rechte Gesichtshälfte plötzlich furchtbar geschwollen. Auch in ihren Beinen schien sie Wasser zu haben. Ich drängte sie dazu, zum Arzt zu gehen. Sie vermutete inzwischen selbst, dass es wohl mit ihrer Niere zu tun hatte, weil fünf Jahre zuvor eine chronische Nierenerkrankung bei ihr diagnostiziert worden war. Nach der Reise werde sie sich darum kümmern, meinte sie. Sie war furchtbar traurig, dass ich sie nicht begleiten konnte, hatte Angst, in einen tiefen Abgrund zu fallen.

Als meine Mutter von der Reise zurückkam, war sie verändert und wirkte beinahe distanziert. Ihre Beine schmerzten. Sie begann, sich selbst mit Kortison zu behandeln, viel zu hoch dosiert, wie sich später herausstellte. Bis heute frage ich mich, woher sie die Unmengen an Kortison bekommen hat. Nach ihrem Tod fand ich weitere fünf Schachteln des Medikaments neben ihrem Bett. Endlich ging sie zum Arzt, der sie sofort einweisen wollte. Sie behauptete, der Arzt hätte ihr bestätigt, dass sie sich richtig behandelt habe.

Ein paar Tage später gerieten wir in einen furchtbaren Streit. Es war ein Tag, an dem es mir selber nicht besonders gut ging. Ich war furchtbar deprimiert, weil ich das Gefühl hatte, dass sich die künstlerische Arbeit von meinem Mann und mir mittlerweile komplett auseinanderentwickelt hatte und er überhaupt nichts mehr mit meiner anfangen konnte. Ich erkannte auf einmal, dass ich ihm schon alleine wegen meines Namens wohl immer im Weg gestanden war. Während der gesamten Beziehung hatte ich mich immer schuldig gefühlt, wenn er meinetwegen nicht erwähnt worden war. Ich hatte damit begonnen, mich immer kleiner und kleiner zu machen, um ja nicht aufzufallen. Auf Dauer tat mir das alles andere als gut. All das erzählte ich meiner Mutter. Sie wurde entsetzlich wütend und begann auf mich einzuhacken. Ich glaube, sie konnte nicht ertragen, dass ich mich so klein gemacht hatte und so schuldig fühlte. Sie bombardierte mich mit Vorwürfen und verlangte von mir, ich solle mich endlich selbstständig machen. Sie warf mir sogar vor, dass ich mich zu viel um mein Kind kümmerte. Das empfand ich als so ungerecht, dass ich aufsprang und davonrannte, mit dem Satz:

»Du verstehst mich nicht und du wirst mich auch nie verstehen!«

Was nun folgte, war eine Aneinanderreihung von Ereignissen, die ich lange nicht verstehen konnte. Meine Mutter schrieb mir SMS-Nachrichten, in denen sie mich beschuldigte, mit ihren Feinden unter einer Decke zu stecken und meinen Vater und sie verraten zu haben. Es war unmöglich, sie telefonisch zu erreichen. Ich fuhr etliche Male zum Haus meiner Eltern, doch sie öffnete nicht und hatte den Schlüssel von innen stecken gelassen, sodass ich die Tür nicht aufschließen konnte. Beinahe wahnsinnig vor Sorge, schlich ich um das Haus herum, um zu sehen, ob sie noch lebte. Ich war kurz davor, mich ans Kriseninterventionszentrum zu wenden und das Haus aufbrechen zu lassen. Ich schrieb ihr, dass ich mir manchmal, wenn sie so gemeine Dinge behauptete, nicht sicher sei, ob sie eigentlich wüsste, was sie da sagte. Daraufhin rief sie mich an. Ich erschrak furchtbar, weil ihre Stimme vollkommen verändert war. Sie klang ganz merkwürdig, als würde sie eine Märchenhexe imitieren, und sagte in bedrohlichem Ton: »So, du glaubst also, dass ich verrückt bin? Dann komm her. Komm in mein Haus und sag mir das ins Gesicht!« Ich befand mich mit meinem Auto noch in der Nähe des Hauses, wagte aber nicht umzukehren. Ich hatte wirklich Angst vor meiner Mutter, also sagte ich: »Nein, das werde ich nicht tun.« – »Was willst du dann von mir?«, fragte sie wieder in diesem eigenartigen Hexenton. Ich antwortete, dass ich gar nichts von ihr wollte. Daraufhin legte sie auf. Ich hinterließ zahllose weitere Nachrichten auf ihrer Mailbox. Sie antwortete nicht.

Mittlerweile riefen mich auch schon ein paar Freunde meiner Eltern an, die sich Sorgen machten, weil meine Mutter nicht erreichbar war, darunter auch Karin Bergmann. Die Buchpräsentation im Burgtheater musste vorbereitet werden. Wieder sprach ich meiner Mutter auf Band, dass sie sich dringend bei mir melden solle und dass ich vollkommen verzweifelt sei. Sie rief mich zurück. Ihre Stimme klang wieder ganz anders, sehr tief, und sie schien Schwierigkeiten mit der Artikulation zu haben. Sie sei sehr müde und müsse dauernd schlafen, habe furchtbare Schmerzen in den Nieren, könne kaum aufstehen, aber die Tabletten würden helfen. Ich flehte sie an, mich ins Haus zu lassen, um sie zum Arzt bringen zu können. Das sei nicht notwendig, ich solle mich um mich selber kümmern, herrschte sie mich an. Ich fing an zu weinen und bat sie, zumindest das Handy abzunehmen, damit ich sie anrufen konnte. Das versprach sie. Drei Stunden später hob sie wieder nicht ab, als ich sie anrief. Es folgten zwei bange Tage des Wartens und Sorgens. Am Höhepunkt meiner Angst schrieb ich ihr eine E-Mail, in der ich kapitulierte. Ich schrieb ihr, dass ich aufgeben würde, dass ich alles versucht hätte, um ihr Lebenswillen zu geben und meinen Vater irgendwie zu ersetzen, aber das ich nun am Ende sei und erkannt habe, dass ich es einfach nicht konnte. Das könne nur sie ganz alleine. Ich schrieb ihr auch, dass sie mir sehr wehgetan hätte und ich auf ein Zeichen von ihr warten würde, mit dem sie mir zu verstehen geben sollte, dass es ihr leidtäte.

Ich musste diese Zeilen schreiben, es war wie ein innerer Zwang, ein Befreiungsschlag. Gleichzeitig fürchtete ich in der Sekunde, als ich auf *Senden* gedrückt hatte, ihr nun den Rest gegeben zu haben, als hätte ich sie gleichzeitig ver- und in einen Abgrund gestoßen. Dieses Schuldgefühl hat mich die letzten drei Jahre verfolgt. Meine Mutter antwortete relativ schnell, ich solle mich um mich selber kümmern, sie funktioniere und sei in den nächsten Wochen sehr beschäftigt. Diese Antwort war für mich schwer einzuordnen.

Eine meiner beiden Siamkatzen war schwer krank und ich dachte, sie würde sterben. Ollie war die einzige weibliche Verstärkung, die ich in meiner kleinen, ansonsten sehr testosteronlastigen Familie, die neben mir noch aus meinem Mann, meinem Sohn und meinem Kater Jimmy bestand, hatte. Sie war unglaublich zart, ein Drittel ihres Bruders Jimmy, und bestand eigentlich nur aus einem riesigen Paar blauer Augen. Während meines sehr lange dauernden, morgendlichen Zahnputzrituals, bei dem ich immer schon besonders gut über die wichtigen Dinge des Lebens nachdenken konnte, saß sie stets neben mir auf der Waschmaschine und betrachtete mich mit ihren großen, liebevollen Augen. Wir hatten eine sehr innige Verbindung und ich hatte das Gefühl, wir verstünden einander sehr gut, vor allem im Hinblick auf alles, was wir von unseren männlichen Familienmitgliedern tolerierten. Der Gedanke, auch sie noch verlieren zu müssen, machte mich fast krank. Ich saß um acht Uhr früh beim Tierarzt und wartete angespannt auf den Befund. Da klingelte mein Handy. Es war meine Mutter. Sie sagte, ich solle mir keine Sorgen machen, sie habe sich um drei Uhr früh ein Taxi gerufen und sei ins Krankenhaus gefahren, weil sie ihr rechtes Auge nicht mehr öffnen konnte. Nun läge sie auf der Nephrologie und würde behandelt. Sie habe schlechte Zuckerwerte, die Niere würde auch behandelt und sie habe zusätzlich noch eine hochgradig ansteckende Augenentzündung, ich dürfe sie daher auch nicht besuchen. Ich erschrak und wusste zugleich nicht genau, was ich mit dieser merkwürdigen Schilderung oder zumindest mit Teilen davon anfangen sollte. Schließlich willigte ich ein, erst am übernächsten Tag ins Krankenhaus zu kommen.

Inzwischen war bei meiner Katze ein inoperabler Tumor in der Schnauze diagnostiziert worden. Ich nahm sie wieder mit nach Hause und hoffte, uns würde noch ein bisschen Zeit miteinander geschenkt werden. Erneut rief ich meine Mutter an. Mit einem Mal klang sie wieder relativ vertraut und wirkte auch nicht mehr so kalt und distanziert, vielmehr fragte sie mich, wie es mir ginge, ob ich klarkäme oder ob sie mir irgendwie helfen könne. Mir fiel ein riesiger Stein vom Herzen. Vielleicht würde ja doch alles gut werden.

Als ich am 22.11.2014 ihr Krankenhauszimmer betrat, war ich schockiert. Meine Mutter war eine sehr hübsche Frau gewesen, nun war ihr Gesicht vollkommen entstellt. Es war rechts stark angeschwollen, besonders um das Auge herum, das sie nicht mehr öffnen konnte. Ihr linkes Auge wirkte, als ob es von innen herausgedrückt worden wäre. Ich umarmte sie, streichelte über ihr zerzaustes Haar und nahm ihre Hand. Sie klagte über furchtbare Kopfschmerzen auf der rechten Seite. Ich hatte ihr ein paar Dinge von zu Hause mitgebracht, Waschsachen, ihre Gesichtscrème, das iPad und ein sehr schönes Foto von ihr und meinem Vater. Sie fragte mich, was denn nun eigentlich zwischen uns vorgefallen sei und warum wir gestritten hätten. Ich wollte erst überhaupt nicht darüber sprechen und versicherte ihr, dass alles wieder in Ordnung sei, weil ich fand, dass sich im Angesicht dieser neuen katastrophalen Situation jeder Streit erübrigte. Sie bestand jedoch darauf, sprach sehr langsam und gefasst und mit ruhiger Stimme. Wir hatten eine sehr schöne und berührende Aussprache.

Die nächsten drei Wochen verliefen so, dass ich, nachdem ich meinen Sohn in die Schule gebracht hatte, zum Haus meiner Eltern fuhr, dort ihre Katze versorgte, anschließend noch Dinge suchte oder besorgte, die meine Mutter brauchte, dann zum Krankenhaus fuhr, dort zwei bis drei Stunden blieb, dann meinen Sohn von der Schule abholte, versorgte, meinen Haushalt irgendwie machte und gegen Abend fallweise wieder meine Mutter besuchte. Dann musste ich wieder zum Haus meiner Eltern fahren, um die Katze zu füttern.

Meine Mutter lag zwar in einem Einzelzimmer, da sie eine Zusatzversicherung hatte, dennoch war ich jedes Mal von Neuem schockiert über die mangelnde Hygiene. Unmittelbar gegenüber von ihrem Bett standen zwei große Müllbehälter. Auf ihrem Nachttisch türmten sich kleine Plastikbehälter mit Tabletten, die sie teilweise verweigerte oder auch vergaß. In ihrem Bett sammelten sich blutige Tupfer und Hülsen von

Nadeln, unter ihrem Kopfkissen fand ich einen alten Verband. Auch gebrauchte Spritzen wurden hier einfach auf den Boden geworfen. Ich hatte den Eindruck, meine Mutter diente als Versuchskaninchen für alle möglichen Medikamente und Therapien. Zum Teil war sie nicht ansprechbar, weil sie so vollgepumpt mit Medikamenten war. Während sie schlief, versuchte ich in tagelanger Kleinarbeit, ihr vollkommen verfilztes Haar vorsichtig wieder zu entwirren. Sie klagte ständig über rasende Kopfschmerzen, wurde andauernd von unfreundlichen Krankenschwestern in den Finger gestochen, weil ihr Blutzucker kontrolliert wurde, und wenn ich die Schwestern darauf aufmerksam machte, dass meine Mutter offensichtlich ihre Tabletten nicht genommen hatte, erklärten sie mir, dass das nicht ihr Problem sei. Ich suchte wiederholt das Gespräch mit den behandelnden Ärzten, die mir endlos lange auflisteten, was sie meiner Mutter alles in welcher Dosis verabreichten, und mir mitteilten, dass sie auf der rechten Seite des Gehirnfrontallappens eine Durchblutungsstörung hatte. Man vermutete, sie habe eine Herpesinfektion am Auge.

Bereits am dritten Tag im Krankenhaus veränderte sich die Stimme meiner Mutter wieder. Sie wurde ganz hoch. Sie selbst begann, sich merkwürdig und übertrieben höflich auszudrücken. Auf die Ärzte hatte sie eine furchtbare Wut, weil sie meinte, dass sie sie falsch behandelten und ihr nichts gegen die Schmerzen geben würden. Ich war alarmiert, fühlte mich zugleich aber vollkommen machtlos aufgrund meiner medizinischen Unkenntnis. Mein Gefühl sagte mir jedoch, dass hier etwas ganz und gar nicht in Ordnung war.

Eines Vormittags kam ich in das Zimmer meiner Mutter und sie erzählte mir mit schwacher Stimme, dass sie die Tabletten nicht vertragen und sich in der Früh übergeben hatte. Sie war vollkommen verschmiert. Ich lief in ihr Bad, um einen Waschlappen zu holen. Die Toilette und der Boden waren noch immer bedeckt mit ihrem Erbrochenen. Eine unsagbare Wut

223

stieg in mir auf. Ich säuberte sie vorsichtig und cremte behutsam ihr Gesicht ein, weil sie rechts furchtbar empfindlich war. Sie fing bitterlich an zu weinen vor Dankbarkeit, dass ich all diese Dinge für sie tat. Es war für mich selbstverständlich und brach mir fast das Herz, dass meine Mutter so hilflos und ausgeliefert war. Ich ballte die Fäuste und verließ das Zimmer, um mich zu beschweren und eine sofortige Reinigung ihres Zimmers zu erwirken. Ein Arzt sagte, er würde es veranlassen, aber meine Mutter sei auch ausgesprochen schwierig, und ich müsse mit ihnen kooperieren und ihnen helfen, damit sie den angeordneten Untersuchungen auch zustimmen würde. Also erklärte ich meiner Mutter, dass die Untersuchungen wichtig seien und sie sie doch bitte machen solle. Sie versprach es.

Am nächsten Tag, dem 26. November, war ihr siebenundsechzigster Geburtstag. Ich hatte eine asiatische Suppe für sie gekocht und etwas für sie gebastelt als ultimatives Versöhnungszeichen, weil sie ein paar Jahre zuvor drei Skulpturen, die ich für sie gemacht hatte, demontiert und damit in gewisser Weise zensuriert hatte. Das war ein schwelender Konflikt zwischen uns gewesen, der meinerseits zu einer tiefen Gekränktheit und dem Entschluss geführt hatte, nie wieder etwas für meine Mutter zu basteln ...

Mein Sohn hatte ein wunderschönes Bild für sie gemalt und ich betrat freudig erregt das Krankenzimmer. Sie blickte mich mit ihrem einen hervorstehenden Auge an und fragte, wer ich sei. Ich ging zu ihrem Bett, wollte sie umarmen und ihr gratulieren, doch sie wandte sich ab, machte eine abwehrende Geste und fragte mich wieder, wer ich sei. Ich blickte in ihr linkes Auge. Sie schaute mich vollkommen distanziert an, ganz so, als wäre ich eine Fremde. Ich stammelte: »Ich bin's, Grischka!« Ihr Blick drückte Befremden, Irritation, vielleicht sogar ein wenig Angst aus. »Gehen Sie weg!«, sagte sie zu mir. Ich konnte es nicht fassen, begriff einfach nicht, dass sie mich nicht erkannte, und glaubte ganz fest daran, dass sie sich jeden

Moment würde erinnern müssen. Schließlich setzte sie sich auf, herrschte mich an, ich solle sofort das Zimmer verlassen, und versuchte aufzustehen. Sie bekam ständig Infusionen und hing auch jetzt an einer, merkte offenbar aber nichts davon. Ich wollte ihr helfen, weil sie sich in den Schläuchen verhedderte und an dem Infusionswagen riss. Sie stieß mich wieder weg und sagte ganz böse: »Lassen Sie mich und gehen Sie endlich!« Sie stolperte über die am Boden liegenden alten Spritzen und rutschte aus. Ich konnte sie gerade noch auffangen. Sie schob sich mit ungeheurer Kraft weiter ins Bad. Der Infusionswagen blieb in der Tür hängen, er war zu hoch. Ich hatte Angst, dass sie sich verletzen würde und hielt sie am Arm fest, mit der anderen Hand versuchte ich verzweifelt, den Wagen zu kippen, damit er durch die Tür passte. Dazwischen stammelte ich, mit den Tränen kämpfend: »Ich bin es doch, Mami! Erkennst du mich nicht?« Jeder ihrer befremdeten, immer aggressiver werdenden Blicke traf mich wie ein Harpunenstich ins Herz. Schließlich rangen wir fast miteinander und es gelang mir, den Infusionswagen mit ins Bad zu befördern. Sie setzte sich in ihrem Bademantel auf den Toilettendeckel. Ich fragte sie, was sie denn eigentlich tun wolle. Sie starrte mich nur böse an. Ich konnte nicht mehr und begann zu weinen, weil es so unendlich wehtat, von der eigenen Mutter nicht wiedererkannt zu werden.

Immer wieder starrte ich voller Hoffnung in ihr linkes Auge. Es war ganz so, als überlegte sie etwas, als versuchte sie zu verstehen, was ich sagte, offenbar sprach ich jedoch in einer Sprache, die sie nicht verstand. Zumindest schien sie zu begreifen, dass ich ihr nichts Böses, sondern ihr vielmehr helfen wollte. Sie sagte, sie müsse auf die Toilette. Ich erklärte ihr, dass wir dazu zuerst den Klodeckel hochheben müssten und sie bitte kurz aufstehen solle. Sie sah mich lange sehr misstrauisch an, ließ sich dann aber von mir helfen. Als sie fertig war, brachte ich sie wieder ins Bett und nahm ihre Hand. Das schien sie irgendwie zu amüsieren und sie lächelte mich verständnislos an. »Ich muss schlafen. Auf Wiedersehen!« Ich deutete auf die Geschenke und die Thermoskanne mit der Suppe und sagte, dass ich ihr das mitgebracht habe, weil heute ihr Geburtstag sei. Sie drehte den Kopf zur Seite und schloss ihr Auge.

Das war mit Abstand einer der schrecklichsten Tage meines Lebens. Ich ging auf den Gang hinaus und verlangte nach dem diensthabenden Arzt. Die Ärzte seien gerade alle unterwegs, hieß es. Ich sah auf die Uhr und bemerkte, dass ich schon beinahe zu spät dran war, um meinen Sohn rechtzeitig von der Schule abzuholen, also rannte ich zum Auto und versuchte immer wieder, im Krankenhaus jemanden zu erreichen, dem ich über den Zustand meiner Mutter berichten konnte. Schließlich erklärte mir ein Arzt, das könne an den Medikamenten liegen, ich solle bis zum nächsten Tag warten. Ich rief meine Mutter an. Sie hob nicht mehr ab.

Am nächsten Morgen legte ich meine Hand ganz langsam außen auf die Türklinke und drückte sie leise herunter. Ich hatte Angst, wieder einer Frau gegenüber zu stehen, die mich nicht erkannte. Ich öffnete die Tür einen Spaltbreit. Meine Mutter schien zu schlafen. Also trat ich ein, setzte mich neben ihr Bett und umarmte und streichelte sie heimlich. Ich hatte solche Sehnsucht nach ihr, nach dem Menschen, den ich im Grunde schon zwei Wochen zuvor verloren hatte. Da hatte ihre Wesensveränderung bereits begonnen. Plötzlich erwachte sie. Ich erschrak und zuckte zurück. Ihr linkes Auge tastete mein Gesicht ab. Ich zog scharf die Luft ein, bereit, wieder zurückgewiesen zu werden, ihr Blick wurde jedoch weich und freundlich, und sie sagte freudig meinen Namen.

Was für ein wundervoller und erleichternder Moment! Sie sagte: »Grischi! Wie schön, dass du da bist!« Ich erzählte ihr, was geschehen war. Das sei ja schrecklich, meinte sie, und es täte ihr furchtbar leid. Im weiteren Gespräch fielen mir jedoch immer mehr Merkwürdigkeiten auf, sie behauptete Dinge, die nicht stimmten, brachte alles durcheinander. Sie warf mir plötzlich vor, ihr Handy gestohlen zu haben. »Aber da liegt es doch!«, sagte ich. Sie schüttelte verdrossen den Kopf und sagte sehr böse: »Das ist nicht mein Handy, das weißt du ganz genau!« Beinahe erwuchs daraus wieder ein Konflikt, weil ich zu argumentieren versuchte. Kurz bevor sie regelrecht explodierte, lenkte ich schnell ein.

Sie erzählte mir, dass mein Sohn ja vor Kurzem bei ihr war und sie eine Party für ihn veranstaltet hat. Sie hatte jedoch das Gefühl, dass er sich nicht wirklich amüsierte, und sie hat dann alle Kinder nach Hause geschickt. Mein Sohn hätte ihr dann gesagt, dass die Kinder ihn geschlagen haben, vor allem die Mädchen. Um ihn zu trösten, hat sie ihm eine Tasse Kaffee angeboten. Ich fragte amüsiert: »Emil trinkt schon Kaffee?« Sie antwortete: »Natürlich, er ist ja schließlich ein Weltbürger, war lange in China.« Derart war unsere neue Form der Konversation nun. Ich lernte blitzschnell zu improvisieren und versuchte zu erforschen, welche Erinnerungen und Bilder sie miteinander verwob. Ihre Stimme und ihre Art sich auszudrücken waren mittlerweile vollkommen verändert. Aus einem mir so lange vertrauten Gesicht sprach ein mir völlig fremder Mensch. Das machte mich sehr traurig, gleichzeitig gewöhnte ich mich aber auch überraschend schnell daran.

Endlich erwischte ich eine Ärztin und konnte ihr von den Veränderungen berichten, ihr sagen, dass ich davon überzeugt war, dass etwas mit dem Gehirn meiner Mutter passiert sein musste. Die Ärztin sah mich ungläubig an, betrat das Zimmer meiner Mutter und sprach sie an. Meine Mutter antwortete ihr. Daraufhin sah mich die Ärztin an, als wolle sie sagen: »Was haben Sie denn? Ist doch alles in Ordnung!« Ich erklärte ihr, dass meine Mutter mich nicht mehr erkannt hatte, dass sie unzusammenhängende Dinge sagte und dass ihr linkes Auge merkwürdig vorstand. »Ja, sieht denn Ihre Mutter nicht immer so aus?«, fragte mich die Ärztin. Für den Bruchteil einer

Sekunde war ich zerrissen zwischen dem plötzlichen Impuls, die Ärztin zu ohrfeigen, und einem hysterischen Lachanfall. Wie immer, siegte das Lachen bei mir. Ich kiekste: »Nein, meine Mutter sieht nicht immer so aus!« Die Ärztin runzelte die Stirn, wandte sich wieder meiner Mutter zu und sagte: »Frau Voss, machen Sie bitte einmal das Auge auf.« Meine Mutter hatte in der Zwischenzeit ihr Auge geschlossen und schien sich auszuruhen. Nun riss sie brav ihren Mund auf, ganz weit, wie beim Zahnarzt, als wolle sie es besonders recht machen. Ein prustendes Lachen entkam mir. Das war alles dermaßen absurd, dass ich mich einfach nicht mehr beherrschen konnte. Ich fragte die Ärztin nun, ob sie verstünde, was ich meinte. Sie sah mich ernst an und nickte. Meine Mutter hatte immer noch den Mund weit aufgerissen. Die Ärztin sagte: »Sie können – den Mund wieder zumachen, Frau Voss.« Ich glaubte einen Moment lang, sie würde sagen »Sie können das Auge wieder zumachen« und musste wieder lachen. Nachdem die Ärztin das Zimmer verlassen hatte, erzählte ich meiner Mutter, was gerade passiert war. Ungläubig sah sie mich an und musste dann auch furchtbar lachen, ich stimmte mit ein, und wir blödelten noch eine ganze Weile weiter. Ich fragte meine Mutter, ob sie sicher sei, dass sie mit dem geschlossenen Auge noch sehen könne. Sie war sich ganz sicher.

Wieder sprach ich mit einem Arzt und drückte meine wachsende Sorge über den geistigen Zustand meiner Mutter aus. Er räumte ein, dass sich mittlerweile die nicht durchblutete Region in ihrem Gehirn vergrößert hätte und man vermute, sie hätte einen oder mehrere Schlaganfälle gehabt. Ihr Zustand könne sich aber durchaus wieder bessern.

Einen Tag später wurde meine Mutter gerade von einem Augenarzt untersucht, als ich das Zimmer betrat. Er hatte ihr rechtes Augenlid in die Höhe gezogen und leuchtete ihr ins Auge. Die Pupille reagierte nicht im Geringsten auf das Licht. Der Augenarzt schloss ihr Auge wieder, empfahl, die Salbe gegen Herpes weiterzuschmieren und ging wieder. Ich war vollkommen schockiert, weil für mich klar war, dass meine Mutter auf dem rechten Auge definitiv nichts mehr sehen konnte.

Von einem Tag auf den anderen wandte sich das Blatt und die Ärzte wollten nun bei jedem meiner Besuche vorab mit mir sprechen. Sie baten mich, positiv auf meine Mutter einzuwirken, weil sie unberechenbar sei. Ich versuchte, die Fassung zu bewahren und höflich zu bleiben, weil ich fürchtete, dass es, würde ich damit anfangen, Szenen zu machen, Folgen für meine Mutter haben könnte. Das Verhalten der Schwestern meiner Mutter gegenüber war mittlerweile respektlos und geradezu aggressiv. Ich verbrachte Stunden damit, den Schwestern zu erklären, dass meine Mutter schwer verwirrt und wesensverändert, vollkommen verunsichert und verängstigt sei und man mit ihr wie mit einem kleinen Kind reden müsse. Sie erklärten mir, sie hätten für so etwas keine Zeit, ich solle selber darauf achten, dass meine Mutter ihre Medikamente einnahm. Ich antwortete resigniert, ich könne nicht rund um die Uhr im Krankenhaus bleiben, sie seien doch schließlich Krankenschwestern und müssten auch mit schwierigen Patienten umgehen können. Lediglich ein türkischer und ein philippinischer Pfleger wirkten zugänglich und zeigten einen respektvollen und liebevollen Umgang mit meiner Mutter. Es war wirklich zum Verzweifeln. Die Fingernägel meiner Mutter waren ganz kaputt, ich feilte sie ihr wieder schön und fragte mich, was eigentlich mit Patienten geschah, die keine Angehörigen hatten, die sich um sie kümmerten. Verwahrlosten die dann einfach?

Meine Oma Melli war im Krieg Krankenschwester gewesen und hatte aufopfernd und liebevoll Soldaten mit grauenvollen Verbrennungen über Wochen gepflegt. Zwei dieser Männer hatten aus Dankbarkeit noch über Jahre hinweg den Kontakt zu ihr gehalten. Was war mit unserem Krankenhaussystem passiert? Wo waren die Menschlichkeit und das Mitgefühl geblieben?

Man erklärte mir das Verhalten meiner Mutter damit, dass sie depressiv sei. Ehrlich gestanden, fand ich das überhaupt nicht. Sie war tief traurig, weil sie den wichtigsten Menschen in ihrem Leben verloren hatte. Ich fand, dass sie sich dort trotz der voranschreitenden Zerstörung ihres Gehirns so verhielt, wie es so mancher in der gleichen Situation getan hätte. Sie wehrte sich verzweifelt, weil sie spürte, dass man sie falsch behandelte, was ja auch den Tatsachen entsprach, wie sich später herausstellte, als ich ihren Obduktionsbefund einforderte. Sie war sicher eine eher renitente Persönlichkeit und nicht immer einfach, aber ich bin ungeheuer stolz auf sie und finde, dass sie sich bis zum Schluss heldenhaft im Krankenhaus geschlagen hat.

Nach zwei Wochen wurde mir mitgeteilt, dass man auf der Nephrologie nichts mehr für sie tun konnte und sie auf die Neurologische Abteilung verlegt wurde. Karin Bergmann hatte sie besucht und noch einmal versucht, durch ihre Präsenz und die Nennung des Burgtheaters mehr Respekt für meine Mutter zu erwirken. Am nächsten Tag sollte die Präsentation des Buches meiner Mutter im Burgtheater stattfinden. Karin und ich waren beide sehr traurig, dass meine Mutter bei dieser Ehrung ihrer großartigen Arbeit nicht dabei sein konnte. Es war wirklich bitter, weil meine Mutter zeitlebens im Schatten meines Vaters gestanden war und dies endlich der Moment war, in dem sie aus diesem Schatten heraustreten hätte können, und man ihre Arbeit öffentlich würdigte. Meiner Mutter war das zu diesem Zeitpunkt bereits vollkommen egal. Außer wenn ihr einfiel, dass mein Vater tot war, was sie manchmal vergaß, gab es nichts mehr, was sie traurig machen konnte. Ausgerechnet an dem Tag, als sie überstellt wurde, brach bei mir ebenfalls ein Magen-Darm-Virus aus, das meinen Sohn

und meinen Mann bereits lahmgelegt hatte. Erst am übernächsten Tag konnte ich sie wieder besuchen. Die Leiterin der
Neurologischen Abteilung bat mich in ihr Büro. Sie sprach sehr
behutsam und teilte mir mit, meine Mutter habe eine schwere
Gehirnentzündung und da sie so spät zu ihnen gekommen sei,
könne man im Grunde nicht mehr viel machen. Der gesamte
Frontallappen sei betroffen, das rechte Auge bereits blind. Mit
diesem niederschmetternden Wissen betrat ich das winzige,
an eine Besenkammer gemahnende Zimmer, in dem meine
Mutter nun lag. Das Bett stand vor dem Fenster, mit Blick auf
den Gang. Rechts neben der Tür befanden sich ein Spint und
ein Waschbecken. Sie freute sich wahnsinnig, mich zu sehen.
Ich ging langsam auf sie zu und versuchte, die Tränen zu unterdrücken, weil ich ja nun wusste, dass sie im Sterben lag. Ich
wollte sie so gerne berühren, hatte aber Angst, sie mit dem
Virus anzustecken. Sie lächelte und nahm trotzdem meine
Hand. Ich umschloss sie ganz fest. Im Grunde war das ja jetzt
auch schon egal. Sie fragte, ob ich ihr vielleicht ein Radio mit-
bringen könnte, sie würde so gerne Musik hören. Ich versuchte
ihr am iPad zu zeigen, wie man Musik hören konnte. Mein
Vater, der ein unglaublicher Musikliebhaber gewesen war,
hatte eine tolle Audiothek gespeichert, ich merkte jedoch sehr
bald, dass sie einfach nicht mehr in der Lage dazu war, das iPad
zu bedienen. Auch telefonieren war nicht mehr wirklich möglich, weil sie dauernd ihr Handy abdrehte und sich dann nicht
mehr an den Code erinnern konnte. Von ihren vier Handys gab
es nur noch eines, das wir bedienen konnten. Immer wieder
erhielt ich mitten in der Nacht eine SMS von ihr, in der sie mir
mitteilte, dass sie furchtbar Hunger und Durst habe. Manchmal kam auch ein »Bitte, machen Sie die Tür zu.« Die letzte
Nachricht lautete nur noch »Leh«. Sie fragte mich andauernd
nach Schokolade, war geradezu besessen davon, wie ein Junkie. Man hatte mir erklärt, sie dürfe keine Schokolade essen
wegen ihrer Blutzuckerwerte. Ich versuchte sie abzulenken,

231

aber sie fing immer wieder davon an. Am nächsten Tag kaufte ich ihre Lieblingsschokolade und beschloss, ihr ab nun alles zu geben, wonach sie fragte, ihr jeden Wunsch zu erfüllen, weil ich einfach wollte, dass sie es noch einmal schön hatte und glücklich war. Ich hängte das farbenfrohe Bild meines Sohnes an den Spint, damit sie wenigstens auf etwas Schönes blicken konnte, anstatt auf den trostlosen Gang starren zu müssen. Man ließ die Tür zum Gang fortwährend offen – um sie beobachten zu können, hieß es. Sie sagte immer wieder, sie würde so gerne aus dem Fenster sehen, aber das ging nicht.

Am nächsten Tag fing mich ein anderer Arzt auf dem Gang ab und sagte, sie seien sehr zuversichtlich, dass sie meine Mutter wieder hinbekämen, zu Weihnachten wäre sie wahrscheinlich wieder zu Hause. Ich war vollkommen verwirrt und eine unbeschreibliche Freude erfüllte mich. Ich sprang ins Zimmer und breitete die verschiedenen Schokoladen vor ihr aus. Ihr linkes Auge strahlte. Ich brachte ihr auch eine Suppe, über die sie sich sehr freute. Wir schmiedeten Pläne, was sie als Erstes tun würde, wenn sie wieder zu Hause wäre, und was wir zu Weihnachten kochen könnten. Insgeheim dachte ich, wir würden das mit dem einen Auge schon irgendwie hinbekommen.

Einen Tag später las sie in Anwesenheit des Arztes ein paar Sätze aus der *Zeit* vor. Dann legte sie ihre Lindt-Schokoladentafel auf die Titelseite und begann, sie genüsslich zu vertilgen. Zum Entsetzen des Arztes stopfte sie sich mit beiden Händen riesige Stücke in den Mund. Ich lächelte dem Arzt aufmunternd zu. Dann weiteten sich seine Augen und ich sah, wie meine Mutter begann, die schmelzende Schokolade auf der Zeitung zu verreiben und dann voller Freude abzuschlecken. Ihr ganzes Gesicht war mit Schokolade verschmiert. Der Arzt stöhnte. Ich versuchte, die Zeitung vorsichtig wegzuziehen und schlug meiner Mutter vor, sich ein bisschen abzuwischen. Empört richtete sie ihr linkes Auge auf mich und sagte: »Mach du dich erst mal selber sauber!« Ich musste furchtbar lachen, und der Arzt verließ entnervt das Zimmer.

Auch hier war der Umgang der Schwestern mit meiner Mutter extrem respektlos und unfreundlich. Einmal herrschte ich eine Schwester an, die einfach, ohne zu klopfen – wenn ich bei meiner Mutter war, schloss ich immer die Tür, damit sie zumindest kurz so etwas wie eine Intimsphäre hatte –, hereinkam, irgendetwas am Bett tat und dann grußlos wieder das Zimmer verließ. Dabei ließ sie die Tür offen stehen. Ich sprang auf und rief sehr laut: »Grüß Gott! Wissen Sie, normalerweise klopft man an, wartet, betritt dann den Raum, grüßt, stellt sich vor, sagt, was man will und verabschiedet sich wieder.« Die Schwester erstarrte, drehte sich zu mir um, gab einen grunzenden Laut von sich und ging. Immerhin schloss sie hinter sich die Türe. Ich versprach meiner Mutter, am Nachmittag noch einmal mit meinem Sohn zu kommen. Sie wünschte sich ein Stück Sachertorte mit Schlagsahne.

Als ich mit meinem Sohn wiederkam, war gerade eine Schwester bei ihr, die empört auf die Torte deutete. Ich lächelte und sagte: »Wir feiern heute eine Party! Stören Sie uns bitte nicht!« Mein Sohn sah meine Mutter zum ersten Mal in diesem Zustand und war ein wenig eingeschüchtert. Ich war zerrissen zwischen Schuldgefühlen, ihm das zuzumuten, andererseits wollte ich meiner Mutter eine Freude machen. Sie bemerkte Emils Befangenheit und wurde sehr traurig. Ich verfluchte mich innerlich. Zusätzlich konnte sie sich plötzlich fast nicht mehr artikulieren und hatte große Schwierigkeiten, Worte richtig auszusprechen. Mein Sohn verstand sie kaum und es kam immer wieder zu unfassbar komischen Missverständnissen. Wir lachten Tränen. Dann erzählte sie mir, man habe ihr heute gesagt, dass sie auf dem rechten Auge blind sei. Eine grenzenlose Wut stieg in mir auf. Ich verstand nicht, wie man derart herzlos sein und einer Frau, die bereits alles, was ihr wichtig war, verloren hatte und ohnehin im Sterben lag, auch noch diese vernichtende Tatsache unter die Nase reiben konnte. Ich behauptete, das sei überhaupt nicht sicher, und es gäbe immer Hoffnung. Sie nahm die Hände von meinem Sohn und mir und sagte, sie wünschte sich, dass mein Sohn und ich mit einem riesigen weißen Ballon in den Himmel aufsteigen würden, und sie selbst würde in eine Grube in der Erde zu meinem Vater hinabsteigen, wo auch ein großer weißer Ballon sei. Ich stöhnte, betrachtete meinen Sohn, der ganz blass geworden war, und sagte schließlich, dass es wohl Zeit sei zu gehen. Sie lächelte meinen Sohn an und sagte zur Verabschiedung zu ihm: »Also dann, guten Appetit!« Das waren die letzten Worte, die mein Sohn von meiner Mutter hörte. Draußen auf dem Gang musste mein Sohn wahnsinnig darüber lachen, und ich war unendlich froh darüber. Noch lange blieb »Guten Appetit!« zum Abschied zu sagen, ein lustiges Ritual zwischen ihm und mir.

Wieder einen Tag später erwartete mich der Arzt auf dem Gang und sagte, bei einer Rückenmarkpunktierung habe man wohl versehentlich meine Mutter mit dem Krankenhauskeim infiziert, da sei eigentlich nicht mehr sehr viel zu machen, das zweite Auge würde sie auch noch verlieren, und man müsse ihr nun einen Zugang am Hals legen, weil sie noch mehr Infusionen bräuchte. In diesem Moment dachte ich bei mir, die Tatsache, dass meine Mutter meinen Vater verloren hatte, war schon ein derartiger Schicksalsschlag gewesen, dass die Vorstellung, dass sie in ihrer tiefen Trauer auch noch blind werden und in die Finsternis gehen sollte, einfach unerträglich war. Ich betete zu Gott, dass er das nicht geschehen ließe, dass er Erbarmen haben und sie erlösen möge.

Es war der Nikolaustag und ich hatte einen Tannenzweig mit vielen Schokoladennikoläusen, Krampussen und Rentieren für sie mitgebracht. Mir liefen die Tränen über die Wangen und ich blieb bei der Tür stehen, damit sie nicht sehen konnte, dass ich weinte. Sie war zu meiner großen Überraschung aufgestanden. Die einzige nette Schwester der Abteilung half ihr, und sie freute sich wahnsinnig, weil sie aus dem Fenster schauen konnte. Sie betrachtete jedes kleinste Detail im Zimmer, indem sie ganz nah mit ihrem Kopf heranging, sogar den Heizkörper. Alles schien sie zu begeistern. Sie drückte sich aus, als käme sie aus dem vorigen Jahrhundert und begrüßte mich formvollendet in ihrer hohen Stimme: »Was für eine außerordentliche Freude, dass du mir die Ehre erweist, an diesem so besonderen Tag deine Aufwartung bei mir zu machen!« Ich schluckte meine Tränen hinunter und sagte: »Heute ist Nikolaus!« Sie setzte fort: »An diesem besonderen Tag erfreust du mich mit deinem Erscheinen, der mein Geburtstag ist!« Ich lächelte und wiederholte: »Nein, heute ist Nikolaustag! Schau, am Zweig hängen lauter kleine Nikoläuse.« Sie strahlte und rief: »Oh, was für eine unermessliche Gnade und Freude. Ich danke dir von ganzem Herzen für dieses schöne Geschenk an meinem Ehrentage.« Ich gab auf und feierte mit ihr ihren Geburtstag. Dann behauptete ich, die Regressforderung sei zurückgezogen worden, sie müsse sich keine Sorgen mehr machen. Sie war sehr erleichtert. Ich fragte, ob ihr die Suppe geschmeckt habe und ob ich das Gefäß wieder mitnehmen solle. Sie schwärmte von der Suppe, wie überaus köstlich sie gewesen sei. Ich hob das Gefäß hoch und merkte, dass es noch ganz schwer war. Ich öffnete es und sah, dass die Suppe vollkommen unberührt war. Zwei Tage alt. Das deprimierte mich unsäglich, schon weil es mich an den Tod meines Vaters erinnerte. Nun aß auch meine Mutter meine Suppe nicht mehr und konnte das, was ich damit geben wollte, die Liebe und Fürsorge, nicht mehr aufnehmen.

Meine Mutter wirkte plötzlich sehr niedergeschlagen. Sie nahm meine Hand und sagte: »Ich muss dir etwas sagen.« Sie sah mich sehr ernst mit ihrem linken Auge an, sagte aber kein Wort. Nur ihre Hand drückte die meine in merkwürdig rhythmischen Intervallen. Ich wurde unendlich traurig, weil ich genau wusste, was meine Mutter mir sagen wollte. Sie sah mich erwartungsvoll an. Ich atmete durch die Nase aus und sagte: »Aber du hast ja gar nichts gesagt!« Sie antwortete: »Doch!« Wieder drückte sie entschlossen meine Hand, immer wieder, als wolle sie mir durch ein gedrücktes Morsealphabet mitteilen – dass sie sterben wolle. Das war es nämlich, was meine Mutter mir sagen wollte. Das spürte ich sehr klar. Irgendetwas in mir wollte es aber nicht zugeben, hatte noch die Hoffnung, dass ich mich irrte. Also behauptete ich, ich verstünde sie nicht. Erneut drückte sie meine Hand und sah mich ganz lange an. Schließlich senkte ich meinen Kopf und presste durch die Lippen: »Okay, ich habe verstanden.« An diesem Tag wollte sie nicht und nicht, dass ich ging. Immer wieder erfand sie neue Vorwände, um mich bei sich zu behalten. Schließlich musste ich jedoch wirklich gehen, um meinen Sohn bei einem Freund abzuholen. Ich küsste sie auf die Stirn, auf beide Wangen und auf den Mund und sagte ihr, dass ich sie ganz fest lieb hätte. Langsam ging ich rückwärts zur Tür. Sie lächelte mir unentwegt fröhlich zu, wie ein Kind. Ich schloss ganz langsam die Tür, und wir sahen uns durch den immer schmäler werdenden Spalt an, bis es nichts mehr zu sehen gab. Etwas später rief sie noch einmal an, um mir gute Nacht zu sagen und dass sie mich lieb hätte. Ich war überrascht, dass sie plötzlich wieder telefonieren konnte.

Gemeinsam mit dem Freund meines Sohnes und seiner Mutter besuchten wir am Abend noch einen Weihnachtsmarkt und ich kaufte einen herrlich duftenden Engel aus Bienenwachs für meine Mutter.

Nachdem ich meinen Sohn ins Bett gebracht hatte, sah ich auf meinem Handydisplay, dass das Krankenhaus bereits zweimal angerufen hatte. Ich wusste sofort, dass das kein gutes Zeichen war, und rief zurück. Der Arzt erklärte mir, meine Mutter habe eine Gehirnblutung gehabt und wenn ich sie noch einmal sehen wollte, müsste ich auf der Stelle kommen. Ich

fing an zu weinen und schluchzte: »Ich komme sofort!« Der
Arzt riet mir, auf keinen Fall selber zu fahren, sondern unbedingt ein Taxi zu nehmen. Ich gehorchte. Mein Mann blieb bei
meinem Sohn. Ich konnte mich einfach nicht mehr beherrschen und weinte in einem fort. Ich versuchte dem Taxifahrer
zu sagen, wohin ich musste und dass es sehr eilig war, weil
meine Mutter im Sterben lag. Er fuhr wie ein Irrer, sogar über
eine rote Ampel. Ich dankte ihm. Es war stockdunkel auf dem
Krankenhausgelände und ich suchte verzweifelt die Notaufnahme, dort befände sich meine Mutter, hieß es. Ich verlor in
der Aufregung vollkommen die Orientierung und rollte eine
Böschung hinunter. Zumindest stand ich dann endlich vor
dem richtigen Gebäude. Kein Mensch war zu sehen. Ich rannte
immer weiter die Treppen hinauf. Ein Mann in OP-Kleidung
kam mir entgegen und fragte, was ich wollte. Ich nannte ihm
den Namen meiner Mutter. Er antwortete, man habe zwar
angerufen und meine Mutter angekündigt, dann aber gesagt,
es sei nicht mehr nötig. Ich bekam kaum noch Luft, mein Herz
raste und ich fragte, wo denn meine Mutter nun sei. In ihrem
Zimmer auf der Neurologie, hieß es.

Ich rannte die Treppen wieder hinunter, raus auf das fins-
tere Gelände. Ich hatte keine Ahnung, wo der Pavillon mit meiner Mutter war. Ich glaubte, wahnsinnig zu werden, rannte
kopflos hin und her, suchte nach einem Schild, verlor jedoch
immer wieder die Orientierung. Ich war wie besessen von dem
Gedanken, meine Mutter nicht alleine sterben lassen zu wollen. Ich wollte alles tun, damit sie in diesem letzten Moment
nicht alleine war. Auf einmal wurde ich ganz ruhig. Oh Gott,
jetzt ist sie tot!, dachte ich. Dann entdeckte ich endlich den
richtigen Pavillon. Mein Herz raste wieder und ich rannte
durch den Gang. In der Ferne sah ich einen Arzt mit einem
Defibrillator. Er kam aus dem Zimmer meiner Mutter. Das ist
kein gutes Zeichen, dachte ich und rannte weiter. Als ich atemlos die Tür aufriss, standen zwei Ärzte über meine Mutter

237

gebeugt. Alles war mit Blut angespritzt. Die Nasenspitze meiner Mutter war weiß. Sie sah aus, als ob sie tot wäre, aber ihr linkes Auge war offen und blickte irgendwohin in die Ferne. Die Ärztin stellte sich mir mehrfach vor. Ich fragte mich, warum sie das tat. Sie sagte, man habe noch versucht, meine Mutter zu intubieren. Sie sei gehirntot, ihr Herz schlüge jedoch noch. Auf dem Bett meiner Mutter lag ein Kästchen, auf dem man die Herzlinie sehen konnte. Es schlug tatsächlich noch. Keine Flatline. Ich sagte, ich würde mich gerne von meiner Mutter verabschieden und wolle mit ihr allein sein. Der Arzt versicherte mir, im Nebenraum zu bleiben, falls ich ihn bräuchte. Ich trat näher. Ich wusste nicht, was das für ein Zustand war, in dem sich meine Mutter befand. Sie sah aus, als wäre sie tot, und ich erwartete, dass sie sich bereits kalt anfühlte. Ich setzte mich neben sie und nahm ihre Hand. Warm. Ich streichelte ihre Wange. Warm. Ich küsste ihre Stirn. Warm. Meine Hand streichelte über ihr zartes Haar. Ich küsste ihren warmen Kopf und roch an ihrem Haar. Meine Mutter roch noch nach meiner Mutter. Ich sah immer wieder in ihr linkes Auge und versuchte, ihren Blick einzufangen, aber ihr Auge sah an einen fernen Ort. Ich begann, mit ihr zu sprechen, sagte ihr, dass ich da sei. Immer wieder starrte ich auf das kleine Kästchen, um zu sehen, ob ihr Herz noch schlug. Es schlug. Ich legte meine Hand auf ihren Bauch, auf ihre Schulter, streichelte ihre Füße. Ich weiß nicht, wie lange das so ging. Aber irgendwann hatte ich das Gefühl, etwas tun zu müssen. Ich stand auf, beugte mich ganz nah über das Gesicht meiner Mutter, legte meine linke Hand auf ihren Kopf und begann zu ihr zu sprechen: »Ich bin bei dir, Mami, ich hab' dich ganz fest lieb. Du kannst jetzt zu Papi gehen. Keine Angst. Ich bin bei dir.« Ich sah in ihr Auge, küsste sie noch einmal auf die Wange und sagte noch einmal: »Geh jetzt zu Papi, ich bin bei dir!« Plötzlich schloss sich ganz langsam ihr linkes Auge. Ich sah auf das Kästchen. Die Linie war flach.

Ich war so erleichtert, dass ich meine Mutter doch nicht im Stich gelassen hatte und sie hinübergeleiten hatte dürfen. Sie war nicht alleine gestorben. Noch lange saß ich bei ihr. So lange, bis ich auch bei ihr das Gefühl hatte, sie sei aus ihrem Körper herausgetreten.

Ich stand schließlich auf und ging hinüber zu dem Arzt. Er hatte alles an einem Monitor verfolgt, wünschte mir herzliches Beileid und wollte mir dann anhand der Monitorbilder von ihrem Gehirn zeigen, was genau passiert war. Die Blutgefäße in ihrem Gehirn hatten sich regelrecht aufgelöst und das Gehirn mit Blut überflutet. Ich sagte, ich sei im Moment nicht in der Lage dazu, ihm zu folgen. Er meinte, ich würde das sicher eines Tages alles wissen wollen, darum zeige er mir diese Bilder. Ich war überfordert. Meine Mutter würde obduziert werden müssen, sagte er. Die Schwestern gaben mir ein Glas Wasser und baten mich, auf dem Gang zu warten, bis sie meine Mutter hergerichtet hätten. Ich kannte die Prozedur ja bereits. Ich sah auf mein Handy. Keine Nachricht von meinem Mann. Ich schrieb eine SMS an die Ärztin und Freundin meiner Eltern, Andrea Podczek, die auch meine Mutter einige Male besucht hatte, und teilte ihr mit, dass meine Mutter soeben gestorben sei. Sie rief mich sofort zurück. Ich war froh, in diesem Moment mit jemandem sprechen zu können. Dann durfte ich das Zimmer wieder betreten. Ich legte eine gelbe Tulpe, die ich meiner Mutter mitgebracht hatte, in ihre gefalteten Hände. Nach einer Weile kamen die Schwestern wieder. Ich fragte, ob sie eine Tüte für die Sachen meiner Mutter hätten. Ich stopfte alles, was meiner Mutter gehört hatte, in eine Krankenhaustüte. Wie unwürdig und erbärmlich, dachte ich bei mir. Dann musste ich unterschreiben, dass ich alle Habseligkeiten, auch die Eheringe meiner Eltern, an mich genommen hatte. Ich bat die Schwestern, mir ein Taxi zu rufen. Sie standen mit mir auf dem Gang, während ich wartete, und lachten dauernd über irgendetwas. Ich war kurz davor, sie darauf aufmerksam zu machen, dass meine Mutter gerade gestorben sei, nur vier Monate nach meinem Vater, ich also gerade meine gesamte Familie verloren hatte und mir nicht wirklich zum Lachen zumute war. Bevor ich dazu kam, hieß es, das Taxi sei da. Ich ging hinaus und beobachtete mit wachsender Frustration, dass der Taxifahrer offensichtlich keinen Weg fand, um direkt zum Pavillon zu fahren, weil dort eine Baustelle war. Im Endeffekt fuhr er einfach wieder weg. Es regnete in Strömen und war kalt. Ich hatte kein Bedürfnis, wieder zu den lustigen Schwestern hineinzugehen und stapfte in den Regen hinaus. Kaum war ich auf dem offenen Gelände, fing es richtig an zu schütten. Ich hatte weder eine Kapuze noch eine Mütze. Aber im Grunde spielte das auch keine Rolle mehr.

Es dauerte ewig, bis ich den Ausgang von dem Krankenhausgelände fand. Der Taxistand war leer. Ich zückte mein Handy und bestellte mir ein Taxi. Dann sah ich zum dunklen Himmel hinauf und musste lachen. Unfassbar, meine Mutter ist gerade gestorben, ich stehe hier mit ihren Sachen in einer verdammten würdelosen Plastiktüte, das Taxi ist mir davongefahren und es schüttet. Wirklich toll! Als ich zu Hause ankam, war mein Mann bereits eingeschlafen. Ich machte einen halbherzigen Versuch, ihn zu wecken, ließ es dann aber sein. Ich stellte mich in den Flur, in der einen Hand die Krankenhausplastiktüte und umarmte mich mit der anderen selber. Wie so oft in meinem Leben fragte ich mich, warum eigentlich nie jemand da war, wenn ich einmal eine Umarmung brauchte. Jetzt wäre zum Beispiel der perfekte Moment dafür! Aber scheinbar glaubte da oben irgendjemand, dass ich das nicht brauchte oder selber am besten konnte ...

Die Vorbereitungen für die Beerdigung meiner Mutter waren naturgemäß wesentlich einfacher als bei der meines Vaters. Ich wählte einen sehr schönen, asiatisch anmutenden, zierlichen Sarg für sie aus dunklem Holz aus. Diesmal traute ich mich den Bestatter zu fragen, warum die Toten ohne Schuhe begraben würden. Nun kannten wir einander ja schon besser und ich dachte, ich könnte ihm diese Frage stellen. Er lächelte und erklärte mir, man dürfe schon Schuhe bringen, aber die müssten ganz weit, eher zu groß sein, weil sonst die Gefahr bestünde, dass den Toten beim Anziehen die Zehen gebrochen würden. Das wolle man aus Respekt natürlich keinesfalls riskieren. Ich fand das einleuchtend und verzichtete auf die Schuhe für meine Mutter. Ich suchte ein schönes, schwarzes Abendkleid von Yves Saint Laurent für sie aus, passend zum Smoking meines Vaters. Da jedoch Winter war, packte ich noch einen dicken fellbesetzten Wollumhang dazu. Es war mir klar, dass das natürlich vollkommen absurd war, weil Tote nicht froren, dennoch frage ich mich bis heute jeden Winter, ob ich meine Mutter nicht zu leicht angezogen habe und ob ihr das Kleid wirklich noch passte.

Zu meiner großen Freude kamen doch ein paar Menschen zur Beerdigung meiner Mutter, um ihr die letzte Ehre zu erweisen. Ich hatte ein Märchen über meine Eltern geschrieben, über das Verwandeln, da auch Kinder anwesend waren. Es war ein eisiger, sehr klarer Tag, und der Zentralfriedhof war mit Schnee bedeckt. Wir folgten dem Sarg, der auf einer Art Rollwagen von den Totenträgern begleitet wurde. Die Kinder lockerten den kleinen Trauerzug in ihrer Unbefangenheit immer wieder auf, was ich sehr schön fand. Ich war sehr froh, dass meine Mutter auch in das Ehrengrab durfte. Als der Sarg meiner Mutter herabgelassen wurde zu meinem Vater, stieg ein gewaltiger Luftstrom auf, eine gigantische Böe, als hätten meine Eltern beide vor Erleichterung, endlich wieder zusammengekommen zu sein, aufgeatmet.

Jeder der Trauergäste durfte eine große Hand voller bunter Rosenblätter über dem Grab in die Luft werfen. Der Wind trug die zarten, im Weiß des Schnees leuchtenden Blättchen hoch hinauf und ließ sie sanft herabregnen. Es war ein wundervolles Bild, und ich war sehr glücklich, zumindest einen meiner Eltern so intim und in aller Ruhe beerdigen zu dürfen.

Ich denke, der Tod der Eltern ist der letzte Schritt des Erwachsenwerdens und symbolisiert eine Entwicklungsstufe, die zwar sehr schmerzhaft zu erklimmen ist, aber in einer Art und Weise erst zur wirklichen Selbstverantwortung führt. Ich bin sehr froh, dass ich meine beiden Eltern bei diesem Prozess begleiten durfte und anwesend sein konnte im jeweils magischen Moment der Trennung von Leib und Seele, oder wie auch immer man es nennen möchte.

Für immer zusammen

Der Tod gehört neben der Geburt sicher zum wichtigsten und berührendsten Erlebnis und ist ein elementares Ereignis. Der Augenblick, in dem man die winzige Hand des Säuglings oder die des Sterbenden umschließt, ist für mich die wichtigste Verbindung und Berührung in das Leben hinein oder wieder hinaus. Die Hand ist für mich das ultimative Symbol für Menschlichkeit und Leben. Hände faszinieren mich zutiefst und ich studiere sie geradezu.

Mein Vater hatte sehr lange, feingliedrige, exaltierte Finger, die er wie tastende Fühler bewegte, um alles, was ihn umgab, zu erfassen. Meine Mutter hatte eher rund wirkende, schützende und behütende lange Finger, denen man ansah, dass sie viel mit ihnen arbeitete.

Kurzfristig hatte ich die Hoffnung, die Regresskatastrophe würde sich nun in Luft auflösen, aber das war natürlich illusorisch. Ich zog in einen zermürbenden Nervenkrieg, der sich noch über weitere Monate zog, und kämpfte für die Ehre, die Existenz und Wahrung der Privatsphäre meiner Familie. Etliche Flehbriefe an einflussreiche Menschen aus dem Umfeld meiner Eltern verfasste ich, und schließlich gelang es, mit der Hilfe von sehr vielen großartigen Menschen, allen voran Josef Ostermayer, André Heller und Alfred Noll an meiner Seite, die Katastrophe abzuwenden. Als mir Josef Ostermayer eines Morgens um acht Uhr Früh mitteilte »Es ist vorbei!« konnte ich mich nicht einmal adäquat bedanken und freuen, sondern sagte nur mechanisch »Danke, ich bin sehr froh!«, legte mich aufs Bett und fiel für etwa drei Stunden in einen komaartigen Schlaf.

Nun konnte ich endlich das Haus meiner Eltern räumen. Zuvor musste ich jedoch noch einen Platz für die Katze meiner Eltern, die ich nach wie vor zweimal täglich füttern musste, finden ... Sie lebt heute Tür an Tür mit mir bei meiner Nachbarin.

Das Haus meiner Familie zu räumen, war ein langwieriger und überaus schmerzhafter Prozess, den ich alleine durchlaufen musste und der mich täglich vor neue Herausforderungen stellte. Anfänglich empfand ich es als ungeheuer schwierig, die

Schubladen und Schränke meiner Eltern öffnen zu müssen. Es kam mir wie das unerhörte Eindringen in ihre Privatsphäre vor. Das Traurigste sind die Kleider eines Verstorbenen, die Erinnerung daran, wie man das Kleidungsstück mit dem warmen, duftenden Körper des geliebten Menschen berührt hat, wie es sich angefühlt hat. Damit begann ich.

Die meisten Dinge spendete oder verschenkte ich, um meine Eltern in gewisser Weise zu verstreuen. Als das gesamte Haus nach drei Monaten endlich geleert war und ich den Schlüssel abgab, kam das für mich einem endgültigen Heimatverlust gleich. Es gab nun keinen Clan mehr, zu dem ich gehörte, keine Menschen, die so sprachen wie ich, dieselben Dinge mochten wie ich, keinen Ort mehr, an den ich immer wieder zurückkehren konnte. Umso wichtiger wurde für mich nun meine eigene kleine Familie. Ich klammerte mich an sie wie eine Ertrinkende.

Wenig später musste ich meine Katze Ollie einschläfern. Ihr Leiden war ins Unermessliche gestiegen und ich musste diese Entscheidung treffen. Der Tag, an dem die Tierärztin zu uns nach Hause kam, das heimliche Wissen, wenn ich meine Katze streichelte, dass es am Abend zu Ende gehen würde, war noch einmal ein emotionaler Höllenritt, der mich noch lange mit tiefen Schuldgefühlen verfolgte. Es ist sehr schwer, das, was man liebt, loszulassen, beinahe noch schwerer ist es, die Verantwortung für den Tod eines Lebewesens zu übernehmen, auch wenn es »nur« ein Tier ist.

Ich kann mich noch gut erinnern, wie ich Karin erzählt habe, dass nun auch noch meine Katze tot sei, und sie einen Lachanfall bekam. Ich dachte mir: »Stimmt, das ist ja im Grunde auch wirklich wahnsinnig komisch! Mein Leben verläuft eigentlich wie in einem jüdischen Witz!« Ich liebe jüdische Witze, sie treffen in ihrer Radikalität genau meinen Sinn für Humor.

Ein halbes Jahr später trennte sich mein Mann von mir ...

Wiederauferstehung

Eindeutig schien das Thema Loslassen in meinem Leben zumindest damals an oberster Stelle zu stehen, und auch der Begriff Familie musste neu überdacht und definiert werden.

Ich würde lügen, wenn ich behauptete, dass das Scheitern meiner fast zwanzigjährigen Beziehung, das Scheitern meines Traumes von einer eigenen Familie, mich nicht auf die gefühlte Größe einer Berberitze hätte zusammenschrumpeln lassen. Um nicht zu sagen, an den Rand der Verzweiflung brachte, weil das Timing dafür denkbar ungünstig war, und man könnte sagen, diese Entwicklung oder Auflösung konvenierte alles andere als gut mit meiner ohnehin etwas angeschlagenen Gesamtverfassung. Andererseits, wie der Titel meines absoluten Lieblingsfilms, mit meinem Vater und Harald Schmidt von André Heller, sagt: »Scheitern, scheitern, besser scheitern!«

Mein Vater und Harald Schmidt bei Dreharbeiten zu *Scheitern, scheitern, besser scheitern* **von André Heller**

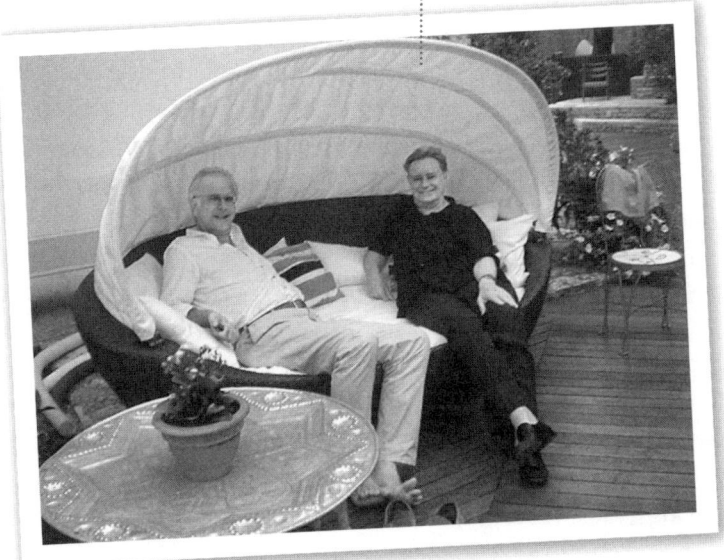

Im Grunde muss ich meinem Exmann geradezu dankbar für diese Entscheidung sein, weil ich mir vorgenommen hatte, mithilfe eines Familientherapeuten zumindest noch bis Jahresende weiter um die Beziehung zu kämpfen. Aber manchmal, so erkannte ich nun, musste man sich auch einfach eingestehen, dass eine Schlacht verloren war, und mit verbeultem Harnisch nach Hause ziehen. Was auch immer dieses Zuhause war – das musste ich nun für mich neu definieren.

Zurück an den Start war eine Karte bei Monopoly gewesen, die ich immer gehasst hatte ... In den folgenden Wochen schmiss ich mich mit aller Entschlossenheit in die Organisation einer Kindersiedlung gemeinsam mit den Schülern aus der Klasse meines Sohnes. Ich genoss die berührende Unbeschwertheit, die nur Kinder ausstrahlen, wie einen alles heilenden Balsam, und bewies mir selber wieder einmal, dass man auch mit völliger Inkompetenz ans Ziel kommen und ein derartig aufwendiges Bauprojekt realisieren konnte, ohne das geringste Vorwissen zu haben.

Ich versuchte, für meinen Sohn der Fels in der Brandung zu sein, der immer da war, ihm sein Zuhause, seine Heimat zu geben. Bewusst fing ich an, Anteile von meinen Eltern zu übernehmen, sie in mich aufzunehmen. Von meiner Mutter die Fähigkeit, sich etwas vollkommen hinzugeben, und von meinem Vater das Durchhaltevermögen, den Mut und den Kampfgeist. Insofern kam es gewissermaßen dazu, dass sich die feminine und die maskuline Seite in mir endlich zumindest einander die Hand gaben. Andererseits, vielleicht ist es auch gar nicht so wichtig, genau zu definieren, was feminin und was maskulin ist.

Ich glaube, mein Vater war ein sehr misstrauischer Künstler, der sich nur schwer einem anderen Regisseur gegenüber öffnen konnte, aus Angst, verletzt, verunsichert oder angegriffen zu werden. Ich denke, diese Empfindlichkeit hat er auch in mir vermutet, als er mir erklärte, ich sei zu sensibel für diesen Beruf. Er hatte auch recht damit, weil ich für den herkömmlichen Schauspielweg wohl nie geeignet war. Leistungsdruck, Beweiszwang und Wettbewerbssituationen sind mein Tod. Ich musste und muss meinen ganz eigenen Weg finden, um mich trotzdem öffnen und entfalten zu können.

Trotzdem finde ich es immer wert, für diese Überempfindsamkeit, diese Naivität und Überoffenheit gegenüber den Dingen des Lebens, zu kämpfen und sie sich zu bewahren, egal wie viel Spott und Prügel man auch in einer Leistungsgesellschaft dafür erntet, weil diese Sensibilität mich mit den Menschen und mit der Welt auf eine Weise verbindet, die so intensiv ist, dass ich manchmal vor Freude fast explodiere und manchmal vor Schmerz und Verzweiflung beinahe zerbreche.

Nach der Trennung dachte ich: »Na toll! Ich bin 47 Jahre alt, die Welt wartet auf mich ...« Ich hatte mich über Jahre hinweg ausschließlich unserer gemeinsamen Theaterarbeit und meinem Sohn gewidmet. Nun stand ich vor der Aufgabe, mir eine neue Existenz aufzubauen und mich als Künstlerin vollkommen neu zu positionieren. Das Bewusstsein, für meinen Sohn und mich gemeinsam in den Kampf zu ziehen, verlieh mir ungeahnten Antrieb und auch ein neues Selbstverständnis. Ich bin offen für alles, bin inzwischen 48 Jahre alt und davon überzeugt: Ja, die Welt wartet auf mich!

Auch was das Thema Familie angeht, so denke ich, dass ich den Begriff vielleicht nicht so eng fassen darf. Familie kann auch eine Zusammensetzung aus Menschen sein, die einander bedingungslos akzeptieren und lieben, ohne miteinander verwandt zu sein. Mein Gefühl sagt mir, dass mein Sohn und ich in eine glückliche Zukunft voller neuer Möglichkeiten blicken ... Wer nicht kämpft, hat schon verloren! – mein Lieblingssatz von meinem Vater.

Epilog

Als mein Sohn etwa zwei Jahre alt war, ließ ich ihn für etwa fünf Minuten mit meinem Vater alleine. Sie saßen nebeneinander auf einem Sofa vor einer Tüte mit Mürbteigkeksen. Als ich zurückkam, waren Tisch, Boden und sowohl mein Vater als auch mein Sohn über und über mit Krümeln und Keksresten bedeckt, das Zimmer glich einem Schlachtfeld. Ich sah meinen Vater fragend an. Blitzschnell deutete er mit dem Finger auf meinen Sohn und sagte mit entwaffnendem Lächeln: »Das war er!«

Emil erinnert mich manchmal sehr an meinen Vater. Er ist auch der einzige Mensch, mit dem ich so wahnsinnig lachen kann, dass lediglich die pure Lust am Lachen der Auslöser sein kann.

Mein Vater und mein Sohn

Personenregister

Achternbusch, Herbert 75
Affolter, Therese 16, 120
Allen, Woody 141, 202
Anouilh, Jean 154, 160

Baader, Andreas 21, 23
Bacall, Lauren 89
Becker, Peter von 80
Beckett, Samuel 164
Beginnen, Ortrud 76
Beil, Hermann 75f., 121
Benrath, Martin 137
Beppo, Ehemann von Barbara 51, 64
Bergman, Ingrid 34
Bergmann, Karin 110, 205, 211f., 219, 320, 244
Bernhard, Thomas 35, 103–105, 124, 127, 174, 185
Bertolucci, Bernardo 59
Bloch, Simone 151f.
Bogart, Humphrey 34, 89

Bondy, Luc 137f., 190, 212
Brack, Katrin 164
Brando, Marlon 130
Braque, Georges 119
Breth, Andrea 165
Brunner, Lore 15, 32
Buback, Siegfried 22
Buhre, Traugott 16, 35
Bundy, Ted 149

Carpenter, John 85
Chabrol, Claude 128
Chantal (Freundin) 93, 95, 97, 99
Clift, Montgomery 89
Cooper, Gary 89
Crawford, Joan 34
Curtis, Tony 95

Dahmer, Jeffrey 149
Dalí, Salvador 207
Dean, James 89, 144
de Funès, Louis 190
Degen, Michael 120
Dene, Kirsten 15, 79, 104f., 164f.
Deneuve, Catherine 127
Dick, Kajetan 175

Doll, Hans Peter 15
Dossow, Lehrerin 80

Ensslin, Gudrun 21, 23

Fenz, Silvia 120
Fleischmann, Bernhard 191
Fleischmann, Krista 127
Flimm, Jürgen 159–162
Flossmann, Gabriele 127
Flynn, Errol 119
Fo, Dario 77
Frankenberg, Emanuela von 95
Freyer, Achim 33
Freyer, Ilona 33
Fried, Martin 141

Gable, Clark 89
Ganz, Bruno 137
Garbo, Greta 144
Gazzara, Ben 141
Genet, Jean 164
Giacometti, Alberto 207f.
Grant, Cary 16, 34, 89

Grillparzer, Franz 81

Haberl, Klaus 174
Haider, Jörg 124
Harlow, Jean 99
Hartmann, Matthias 185, 214
Hawlicek, Hilde 115
Hayworth, Rita 89
Heerdegen, Edith 16, 32
Hefti, Urs 77
Heino 97
Heller, André 185, 208, 243, 245
Henrichs, Benjamin 80
Hepburn, Katherine 34
Hermann, Karl Ernst 113
Hesse, Hermann 74
Hitchcock, Alfred 86
Hitler, Adolf 56, 124
Hoffmann, Jutta 95
Holtzmann, Thomas 137
Höpfner, Ursula 120f., 157
Houdini, Harry 187
Huppert, Isabelle 127

Iden, Peter 80

Jelinek, Elfriede 128
Jenisch, Georg 169f.
Jensen, Uwe Jens 76
Josephus, Flavius 121

Kai-shek, Chiang 56, 58
Kaufmann, Christine 95
Kaye, Mary M. 98
Kirchner, Alfred 33, 77
Kirchner, Ignaz 131f., 164f.
Knebel, Hans Dieter 159
Kubrick, Stanley 86
Kukura, Juraj 95

Lampe, Jutta 137f.
Lancaster, Burt 89
Lauder, Aerin 114, 118f.
Lauder, Estée 113
Laughton, Charles 142f.
Lause, Hermann 95f.
Léaud, Jean-Pierre 128
Lehmann, Hausbesitzerin 38f.
Lepage, Robert 170
Lindenberg, Udo 123
Löbl, Hermi 122
Löbl, Karl 123, 129
Löffler, Sigrid 126
López, Pedro Alonso 149
Lüttge, Martin 32
Lyssewski, Dörte 137

Macho, Günter 4, 191f.

Manson, Charles 149
Mastroianni, Marcello 127
Maupin, Armistead 138
Meinhof, Ulrike 21f.
Meins, Holger 21
Menrad, Karl 159
Minetti, Bernhard 78
Minichmayr, Birgit 138
Miró, Joan 206f.
Mnouchkine, Ariane 170
Monroe, Marilyn 89

Nannini, Gianna 98
Nicholson, Jack 86
Nina (Freundin) 138f., 171f., 174
Noll, Alfred 243

Oest, Johann Adam 76f., 211
Ostermayer, Josef 243
Ostermeier, Thomas 166, 185

Pacino, Al 142, 150
Pasterk, Ursula 115
Peck, Gregory 34, 89
Petrides, Avra 144–146, 148, 150
Peymann, Claus 17, 23, 34, 70, 75–79, 102–104, 109f., 113, 120, 124, 127, 130, 136, 185
Picasso, Pablo 119

Pleskow, Eric 147
Podczek, Andrea 239
Ponto, Jürgen 22
Puyi, Aisin Gioro 53,
  56

Raspe, Jan-Carl 21,
  23
Ritter, Ilse 104
Römer, Anneliese
  33f.

Samarovski, Branko
  16, 34f.
Sanders, Otto 137
Sattmann, Peter 16,
  30f., 35
Scheinhütte, Gert 53
Scheinhütte, Ida
  46–48, 53, 58, 61,
  82
Scheinhütte, Julius
  53, 58
Schenk, Otto 162
Schily, Otto 22
Schleyer, Hanns
  Martin 20, 23
Schmahl, Hildegard
  120
Schmidt, Harald 245
Schmidt, Helmut 21,
  23
Schneider, Christiane
  110
Scholten, Rudolf 115
Schottenberg,
  Michael 166
Schwab, Inga 78
Schwab, Martin 16,
  78

Schwärzler (Haus-
  hälterin) 46
Scott, Ridley 86
Sessler, Josef »Jupp«
  25, 44, 64, 66, 73,
  189f.
Sessler, Melita »Melli«
  18, 42f., 64, 66, 90,
  92, 189f., 229
Shakespeare, William
  160
Stadelmaier, Gerhard
  80
Stefano (Freund) 98f.
Stein, Peter 137, 157
Strasberg, Lee 141–
  143
Streep, Meryl 154
Sturm, Vera 76

Tabori, George 102,
  120f., 131f., 141,
  157, 159, 161, 164,
  166
Thate, Hilmar 120
Tobisch, Lotte 114f.
Tolstoi, Lew Nikola-
  jewitsch 74
Trintignant, Jean-
  Louis 128
Tripp, Jan Peter 33
Tschikatilo, Andrei R.
  149
Turrini, Peter 128f.,
  184
Turturro, John 152

Vergeen, Regine 31
Voss, Barbara 44,
  51f., 68

Voss, Christian 44,
  48–50, 54f., 58f. ,
  68
Voss, Gert 14f., 17,
  24–27, 29–36,
  39–44, 48f., 51f.,
  54–56, 58–62,
  67–70, 72, 75–82,
  84f., 87, 89, 91–96,
  99–105, 107, 111,
  113–116, 122f.,
  125f., 130–133,
  135–138, 148,
  152–157, 159,
  162–166, 170,
  175f., 179, 183,
  185–188, 190,
  192–206, 209–211,
  213, 215f., 219f.,
  230, 234f., 240f.,
  243, 245–248
Voss, Marion 10, 43,
  46, 49, 52, 54–56,
  58, 64, 66, 69, 82,
  84f., 87f., 98f.,
  122f., 132f.
Voss, Ursula 14–20,
  23–29, 36, 38–40,
  42–44, 66f., 76, 80,
  83f., 89, 91f., 97,
  99, 101, 104, 106f.,
  116, 120f., 125f.,
  131, 135, 148, 152,
  166, 176, 187–190,
  193–209, 211–241,
  243, 246
Voss, Wilhelm 44,
  49–51, 54, 58, 82,
  136
Vranitzky, Franz 115

Vyhnalek, Klaus 4, 183f.

Waigel, Theo 76
Wayne, John 89
Wazir, Lehrer 117
Weigel, Emil 180–183, 199f., 203, 206–209, 211, 213–215, 217f., 221f., 224, 227, 230, 232–234, 236f., 246–248
Weigel, Ernst Kurt 170f., 174, 180f., 183, 199f., 203, 209, 215, 218, 220, 231, 237, 239f., 244
Wildgruber, Ulrich 95
Williams, Robin 128

Wolf (Klassenlehrer) 73f.

Yalom, Irvin 203

Zadek, Peter 93–96, 100, 130f.
Zapatka, Manfred 31
Zedong, Mao 58
Zoglauer, Franz 127
Zweig, Stefan 74

.

Erinnerungen eines Theaterzauberers

Ignaz Kirchner, ein leidenschaftlich Suchender, ein charismatischer, neugieriger Künstler mit einem Hang zu dunklen Rollen, liebt die Verwandlung. Er hat mit allen großen Regisseuren zusammengearbeitet, Maßstäbe gesetzt, legendäre Soloprogramme gestaltet und ist mit einer kurzen Unterbrechung seit fast dreißig Jahren am Wiener Burgtheater.

In seinem Buch versammelt er unvergessliche Erlebnisse, außergewöhnliche Begegnungen, pointiert erzählte Geschichten und Anekdoten um bedeutende Regisseure und namhafte Schauspielerkollegen: Jan Bosse, Jürgen Gosch, Klaus Michael Grüber, Leander Haußmann, Martin Kušej, Thomas und Matthias Langhoff, Antú Romero Nunes, René Pollesch, George Tabori, Peter Zadek, Kirsten Dene, Bruno Ganz, Joachim Meyerhoff – und immer wieder Gert Voss.

»Alles, was Ignaz in Wien gespielt hat, war kulthaft.« *Gert Voss*

»Sobald ich Ignaz Kirchner die Bühne betreten sehe, erschrecke ich jedes Mal. Jedes Mal von Neuem.« *Klaus Pohl*

»Bei jeder Geschichte, die Ignaz Kirchner erzählt, spürt man die Leidenschaft, die all sein Tun begleitet.« *Haide Tenner*

....

Ignaz Kirchner

„Immer an der Grenze der Verrücktheit"

Aufgezeichnet von Haide Tenner

208 Seiten, mit zahlreichen Privat- und Theaterfotos
ISBN 978-3-99050-059-0

Amalthea   amalthea.at